JN157255

安居院作『神道集』の成立

AKIRA FUKUDA
福田　晃　著

三弥井書店

目次　安居院作『神道集』の成立

第一部　『神道集』と諏訪信仰

第一章　諏訪の中世神話――『神道集』の時代

はじめに――「中世神話」の論

およそ「中世神話」という用語は、日本中世の神話叙述を古代神話と区別するため、昭和四十年（一九六五）代より用いられるようになった。管見によれば、それは藤井貞和・長谷川政春の両氏によって言挙げされ[1]、これを享《う》けて、中世の本地物や寺社縁起などの唱導文学における神話的性格をさす用語として使われてきた[2]。一方、右の藤井氏らの論にやや先立って、伊藤正義氏によって「中世日本紀」の提唱があり[3]、やがてこれを享けて、中世神道を含む中世における神々をめぐる諸言説全般を中世神話と称して論じられるようになった[4]。

近年、この「中世神話」について、山本ひろ子氏は、中世に作成されたおびただしい注釈書・神道書・寺社縁起・本地物語などに含まれる、宇宙の創成や神々の物語・言説をまとめ、その世界をおよそ「中世日本紀」「中世神道」「本地物語」の三つに分別されている[5]。要領のよい説明なので、それをあげてみる。

〈その一〉中世日本紀

中世の文献を見ると、「日本紀に云う」という形で、しばしば「日本書紀」が引用されているが、その内容は「日本書紀」の原文とは大きくかけ離れている。それが「中世日本紀」と呼ばれるもので、中世の学問の一大領野というべき「注釈」の場で形成されてきた。その起点は、古くは「日本書紀」成立時に遡《さかのぼ》る。舎人親王を中心に編纂された「日本書紀」は養老四年（七二〇）の成立とすると、時をおかず講書が行われ、訓読を基本として注釈が開始された。それは傍注・割注に始まり、やがて口訣《くけつ》や物語を派生させ、独自の成文が編まれ、中世日本紀の流れが誕生する。またその営みは、ことばの始まり＝和歌の発生を神代に求めていく、歌学の流れとも分ち難く結びついていた。そんな中世日本紀のひとつの達成を、鎌倉中期成立の、卜部《うらべ》兼文・兼方親子による「釈日本紀」や兼方本「日本書紀神代巻」に求めることができよう。

〈その二〉中世神道

中世日本紀成立の一大源泉となったのが、中世神道である。その中世日本紀の根幹をなしていた「神代巻」は、文字通り、神々の事項を叙述した物語であった。その神典の注釈活動は、これまたニューウェイブというべき中世神道論の世界と切り結ぶ形で進んでいくことになる。（中略）周知のように、中世は本地垂跡説を旗印とする神仏習合の時代であった。本地としての仏・菩薩が神になってこの世に迹《あと》を垂れて衆生を救うという思潮で、平安末期から鎌倉にかけてそれぞれの神々に、仏・菩薩が配当されていく。（中略）多彩な神道の潮流と厖大な神道書は、そうした神々の変貌や、新しい宗教観を引き受け、またはそれを強力に牽引するべく成立・展開された。有力寺社や山岳寺院の僧侶・神官たちを担い手として、神々の変貌を旗印とする神信仰の刷新は、宇宙や神々の始原・その意味相を捉え返し、再創造する。そこに記紀神話の秩序を大きく逸脱した、新しい神話的な思考が醸成される。

〈その三〉中世の本地物語

この本地物語は、神々の本地や前生を語るもので、釈迦が前世の菩薩時代に衆生を救ったという、本生譚（ジャータカ）の形成をもつものが多い。十四世紀に成立した『神道集』というテクストを代表的なものとみなすことができる。本地物語は地方郷村社会を基盤とし、廻国の宗教者たちによって運ばれ、唱導文芸として発達しつつ、やがてお伽草子のように室町小説にまで発展していく。「光を和らげ、塵を同うす」、本地垂迹説は、この「和光同塵」という標語に集約させることができよう。（中略）本地物語は、まさしくその「和光同塵」を身をもって実践する、悩める神々を主人公としていた。人の生まれて苦しみ、愛し、受難の旅を経て、神として転生する――。

右によれば、「中世神話」は、三つの分野に判別されるのであるが、その説明にもうかがえるように、それはお互いに響き合い、あるいは複合して叙述される場合も少なくない。ちなみに本稿がとりあげる『神道集』は、右の第三の「中世の本地物語」を多くかかえているのであるが、第一の「中世日本紀」、第二の「中世神道」を含んで構成されるものである。

一　『神道集』の世界

Ⅰ　編成・叙述

『神道集』は、全十巻から成り、それは次のように編成されている。

巻第一

一　神道由来之事
二　宇佐八幡宮事
三　正八幡宮事
四　鳥居事
五　御正躰事

巻第二

六　熊野権現事

およそ巻第一は、総論とも言うべきもので日本の神明の代表として伊勢大神宮の縁起をあげ、それに準じて宇佐八幡宮・正八幡宮のそれをあげた上で、神道の玄義論を添えている。しかして、巻二から巻十まで（巻五後半に、玄義論的章段を添えながら）、南海道の紀伊を含んだ畿内地方から、東海道・東山道・北陸道に及ぶ、代表的な神明（権現〔菩薩〕・明神・大明神）をとりあげ、その縁起を収めている。これによると、それぞれの神明は、全国にわたるというよりは、東国に片寄っていることは明らかである。すなわち西国は巻一の2宇佐八幡・3正八幡のみで、畿内は12祇園・13赤山・14稲荷・25春日・32象王・38橋姫・42葦苅・49北野にとどまり、南海道（紀伊）の6熊野・37蟻通・39玉津嶋を含んでいる。しかして東海道が1伊勢（神道由来事）・7二所・9鹿嶋・10香取・11熱田・15武蔵六所・33三嶋・46富士、そして東山道が8高座（日吉）・16上野九ケ所・17諏訪（秋山祭）・18諏訪（五月会）・23日光・24宇都宮・32羽黒・34児持山・36上野一宮・40赤城・41伊香保・43赤城三所・44鏡宮・45釜神事・47群馬八ヶ権現・48那波八郎・50諏訪に及んでいる。しかも北陸道は19矢射子・20立山・21石動・35白山にとどまっている。東山道がきわだって濃密であり、特に上州および信州（諏訪）に対する重視が認められる。[6] つまり明確ではないにしても、そこには一定の編成意識がうかがえるのである。

その内容については、はやく筑土鈴寛氏が分類を試みられており、[7] 神道大系の『神道集』[8] は、ほぼそのまま受け継いでおられる。まずそれをあげておく。

（一）神道論的なるもの
イ　玄義的なるもの　第1章
ロ　形文篇的なるもの・神器・神宝の玄義的説明　第4・5・30章等
ハ　元初神・祖神の問題　第27・28章等
ニ　禁誡問題　第29・31章等

（二）垂迹縁起的なるもの
イ　公式的縁起に近いもの　第2・3・8〜11・13〜16・19〜25・32・35・36章等
ロ　物語的縁起　第6・7・17・18・33・34・37〜50章

この分類は、便宜的ではあるが、ほぼ実際に即したものと、認め得るであろう。これによると、本書には、「神道」の玄義論が示され、それに沿って神明の縁起が各巻に配置されていると言える。ただし（一）「神道論的なもの」として あげる第一章「神道由来事」は、前半に伊勢神明の縁起を掲げ、後半に問答体によって「玄義的なるもの」を添えている。またロ・ハ・ニは「準玄義的なるもの」であるが、これが巻一・巻五に分置されており、かならずしも明確な編纂意識によって編成されているとは言えない。

この（一）「神道論的なもの」に対する、（二）「垂迹縁起的なるもの」は、さらにイ「公式的縁起に近いもの」とロ

「物語的縁起」と分別されているが、「公式的縁起」に対するものとして「物語的縁起」をあげることは、分類上の矛盾がある。「公式的縁起」に対する分類は「非公式的縁起」とすべきであるが、「物語的縁起」を「非公式的縁起」と称することはできない。おそらくその「公式的縁起」の呼称は、国家の神社制度に応じた諸国の有力神社をとりあげるゆえのものと推察されるが、叙述内容からみると、その多くは、垂迹の本地（仏）の由来を仏説（教義）によって説く縁起群である。それに対してあげられる「物語的縁起」は、叙述の物語性による呼称であるが、その内容からは、垂迹（神明）の前生を語る縁起群と垂迹（神明）の祭祀起源を説く縁起群とに分別される。したがって、「垂迹縁起的なるもの」は叙述の内容からすると、

1　本地由来縁起（「公式的縁起」）
2　垂迹由来縁起（「物語的縁起」〈その一〉）
3　祭祀由来縁起（「物語的縁起」〈その二〉）

と三部に分別されるであろう。しかも各縁起は、常に単独で示されるとは限らず、しばしば複合して叙されている。一応、右のように分類されるものではあるが、およそ本書は明確な編纂意識をもって叙述されるものではなく、それぞれの原拠の縁起（説草に準ずるもの）をほぼそのまま取り上げて編成したものと推察される。それゆえにその叙述内容による分類も、大まかに示さざるを得ないと言えよう。

Ⅱ　成立・年代・編者

『神道集』の成立年代については、はやく小山田与清が彰考館本において、その本文のなかに見出される記述から延文三年（一三五八）撰としている。その成立年代をうかがわせる記事をあげてみる。

巻二・第六　熊野権現事

抑神武天王四十二年壬《みつのへ》寅ノ年ヨリ、今延文三年戊戌至テ、一千九百八十一年ナリ

巻五・廿三　日光権現事

彼ノ天暦二年ヨリ、今ノ延文三年戊戌年マテハ五百五十四年ナリ

巻七・四十一　上野国第三宮伊香保大明神事

彼大宝二年壬寅年ヨリ、延文三年戊戌年ニ至マテ七百一年也

これに加えて近藤喜博氏は、東洋文庫本の解説(10)において、次の条を指摘されている。

巻五・廿六　御神楽事

神武天皇元年辛酉年ヨリ　今ノ文和三年甲午ノ年ニ至テ二千四十七年ナリ

これらによって近藤喜博氏は、『神道集』の著録が、およそ文和三年（一三五四）から延文三年（一三五八）ごろであったとされた。ほぼ肯定すべき想定であり、少なくとも古本系本文は、それ以後まもなくの成立とも考えられている。

これによれば、『神道集』の撰録は、南北朝時代の半ば頃ということになる。しかし『神道集』十巻の各章を読むと、そのまま肯定することは躊躇せざるを得ない。少なくともその原拠の縁起（説草）は、もっと時代を遡るものと判じられるのである。

例えば冒頭の巻一の第一「神道由来事」における伊勢大神宮の縁起は、鎌倉時代の中・後期の神道説に通じるものではないか(11)。同巻・第二「宇佐八幡事」は、元亨三・四年（一三二三・二四）成立の「平家打開」に先行すると判じられるが(12)、『神道集』の文和・延文撰録説と矛盾しないか。また巻二の第六「熊野権現事」の原縁起は、すでに平安末

期、長寛元年（一一六三）には存していたことが明らかである。[13] 同巻・第七「二所権現事」に準ずる「箱根権現絵巻」の成立は、南北朝時代以前であることが五来重氏によって指摘されている。[14] また巻三・第八の「高座天王事」における「伝教慈覚御在生ノ時、御本地ト顕ハレ玉ヒシヨリ以来、既ニ五百歳ニ及ヘリ」の記述は、およそ正和三年（一三一四）～元亨二年（一三二二）があたり、文和・延文の神道集成立期を三、四十年遡ることが、佐藤真人氏によって指摘されている。[15] あるいは巻六・第四十六「富士浅間大菩薩事」の原拠ともいうべき「富士山縁起」の成立は、鎌倉末期、あるいはそれ以前に遡ることをわたくしは別稿「富士山縁起と放鷹文化」[16] の論考で論じている。そして後に詳しく説く巻十・第五十「諏方縁起」の原拠の成立は、鎌倉中・末期と想定されるのである。

しかも、その『神道集』（草稿）の時代には、神仏習合思想が大いに進展し、本地垂跡思想が、各地の社寺にも及んでいたのである。すなわち各神社には祭神と本地仏が設定され、神官・社僧が連携して祭祀・運営に当る体制が整えられた。およそそれは、鎌倉時代の半ばと想定されるであろう。しかもこれに応じて、天台・真言それぞれの神仏習合の神道説が展開されたが、『神道集』に限定して言えば、それは東国に及んだ天台・安居院流の「神道の法」ともいうべきものと推される。

その編者については、『神道集』の各巻の内題の下に「安居院作」とあり、これを信ずれば、それは安居院流の唱導の台本であったと推される。すなわちそれは、梶井門跡・檀那流に属した安居院澄憲・聖覚の流れを受けた唱導僧が編者に擬されるであろう。そしてこの安居院法印の東国における活動については別稿「東国と安居院」[17] にふれたことであり、[18] それは鎌倉時代の前期から末期にまで及んでいた。その安居院流の唱導は、各地を遊行して説経を実践する僧団によるものである。その東国における活動の中心は鎌倉であったが、それは関東一円の天台寺院（いわゆる関東天台）に至っていたと推測される。しかも『神道集』の編成は、すでにあげたごとく、東山道、上信地方に片寄っている。(19)それならば安居院流の活動の有力な寺院が、この方面にも認められるにちがいあるまい。それはとりもなおさず『神道集』の編者、あるいは元編者をその方向に認めることでもある。あえて言えば、それは西上州の天台・檀那流の寺院に見出されるであろうというのである。(20)

二　『神道集』の「神道由来の事」

本書の巻一の冒頭に掲げる第一「神道由来の事」は、全体の総論的意義を有するものである。そしてその前半は、本朝の神明の根元とも言うべき伊勢大神宮の縁起を表白体に準ずるヨミの文体で語り、後半は神明神道の玄義を問答体によるハナシの文体によって説くものである。

まずその伊勢大神宮の縁起は、天照大御神の垂跡の由来をあげる。

夫レ日本秋津島ト申ハ、天地開闢ノ時、空ノ中ニ一ノ物有リ。形ハ葦菌《あしかび》の如シ。即チ化シテ神ト成ル。此《これ》ヲ国《くに》常立尊《とこたちのみこと》ト号ス。次に国狭槌尊《くにさづちのみこと》世ニ出玉ヘリ。陽神ニシテ男ナリ。其《その》次ニ豊斟淳尊《とよくむぬのみこと》世ニ出玉ヘリ。此《これ》陽神ニシテ男ナリ。乾ノ道独リ化ス。其次ニ泥土煮尊《うひぢにのみこと》世ニ出玉ヘリ。此モ陽神ニシテ男ナリ。其次ニ沙土煮尊《さひぢにのみこと》世ニ出玉ヘリ。陰神ニシテ女ナリ。(中略)其次ニ伊弉諾尊《いさなぎみこと》世ニ出玉ヘリ。此ハ陽神ニシテ男ナリ。其次ニ伊弉冊《いざなみ》尊《のみこと》世ニ出玉ヘリ。此陰神ニシテ女ナリ、亦ハ妹ナリ。此ニ神始テ夫婦ノ義ヲ顕玉ヘリ。此天神七代ト云ナリ。

(中略)

地神五代ハ、伊弉諾・伊弉冊尊ノ太子、天照太神宮ノ始ナリ。即チ日神是ナリ。父母此子ヲ生ムトテ喜ヒツ、美《ほめ》テ、此児ハ是霊異ノ子ナリ。此国ニ久ク留ルベシトテ、即チ天下ヲ授ク。其次ニ正哉吾勝々速日天忍穂耳尊《まさやかつかつはやひあまのおしほみみのみこと》世ニ出玉ヘリ。此ハ天照太神ノ御子ナリ。天照大（マヽ）神御弟、素戔鳥尊《すさのをのみこと》ト倶ニ契約シテ化生セシムル処ナリ。已上ニ神ハ天ニ在ス。其次ニ天津彦々火瓊々杵尊《あまつひこひこほのににぎのみこと》出玉ヘリ。正哉吾勝々速日天忍穂耳命ノ太子ナリ。御母ハ拷幡千々《たくはたちぢの》姫《ひめ》ナリ。高皇産霊尊《たかむらうみめの》ノ御子ナリ。始テ天下リ、日向国千穂《ちほ》ノ峯ニ在リ。其後日向国宇解山ニ住ミ玉ヒテ、天下治メ玉フ事、五（三カ）十一万八千一百四十二年ナリ。（中略）其次ニ彦火々出見尊《ひこほほでみのみこと》世ニ出玉ヘリ。此ハ天津彦々火瓊々杵尊ノ太子ナリ。御母ハ木花開耶姫《このはなさくやひめ》ナリ。大山祇神《おほやまつみのかみ》ノ娘ナリ。天下治メ玉フ事六十三万七千八百九十二年ナリ。太陵《ふとみささぎ》ノ日向国高尾山ニ在ス。其次ニ彦波激鵜萱葺不合尊《ひこなぎさたけうのかやふきあへずのみこと》世ニ出玉ヘリ。彦火々出見尊の太子ナリ。御母ハ豊玉姫是ナリ。海童《わたつみ》ノ第二ノ姫ナリ。天下治メ玉フ事八十三万六千四百十二年ナリ。日向国吾平《みら》山ノ上ニ在ス。已上此ヲ地神五代トハ云ヘリ。此尊ノ第四ノ太子世ニ出玉ヘリ。此ヲ神武天皇トハ申ナリ。

すなわちこれは、日本書紀以来の神世十二代を天神七代・地神五代によって神武天皇に至る神統譜を示す、いわゆる中世日本紀にしたがう叙述である。[21] しかも最後に、「抑伊弉諾・伊弉冊尊ノ御子三男一女トハ、一者素盞鳥尊（中略）今ノ代ニ出雲大社ト申ハ是ナリ。二者日神、今ノ伊勢太神宮是ナリ。亦は日霊尊トモ号ス。今ノ伊勢国渡会郡ノ五十鈴河ノ源上ニ宮柱ヲ太敷立テ住ミ給フ。三者月神、亦月弓霊尊トモ号ス。今ハ鎮西豊後国ニ跡ヲ垂レテ、本満ノ宮是ナリ。一女トハ、姪児尊是ナリ。（中略）今ノ代ニ西宮ト申スハ是ナリ」と、それぞれの垂跡の地も示して結ぶのである。

次にこの縁起は、本朝諸神の父母なる伊勢大神宮の三宝守護の由来をあげる。

抑モ伊勢太神宮、此国ニ下タリシ時、第六天魔王ニ合玉ヒテ、我ハ三宝ノ名字ヲ云ハズ、我身ニモ近付ケジ、疾々《とく》返り玉ヘト誘《こしら》ヘ玉ヒケレハ帰リ玉フ。其約束ニ違ヘシトテ、僧ハ御殿近クニ参ラズ、社壇ニシテ経ヲ顕《あら》ハニハ持タズ、三宝ノ名ヲモ正クハ言ハズ。仏ヲハ立スクミ、経ヲハ染髪トモ、僧ヲハ髪長、堂ヲハ木焼《こりたき》ナントト云テ、外ニハ仏法ヲ疎カニシ、内ニハ三宝ヲ守護シ御在ス故ニ、我国ノ仏法偏《ひとへ》ニ伊勢太神宮ノ守護ニ依ル。当社ハ本朝諸神ノ父母ニテ御在スナリ。

これは、鎌倉初期から現れた大日如来なる伊勢大神と第六天魔王との契約説で、おそらく日本書紀の大巳貴神の国譲り神話を越えた中世日本紀のなかで示された叙述である。(22) しかも本書のそれは、『沙石集』巻一、「大神宮御事」の叙述と近似することが、はやくに指摘されている。(23) 次いで本書は、天岩戸の神話をあげた後に、内宮・外宮の祭祀由来を説くのである。

凡ソ大海ノ底ノ大日ノ印文ヨリ事起リテ、内宮・外宮ノ両部ノ大日ナリ。天ノ岩戸トハ都率天也。高天原トモ云ナリ。神代ノ事ハ皆故有ル事ニシテ、真言の意ニハ都率天ヲハ内証ノ法界宮殿、密厳浄土ト云フナリ。彼《かの》内証ノ都ヲ出テ、日域ニ跡ヲ垂玉フカ故ニ、内宮ハ胎蔵界ノ大日ニテ、四種曼陀羅ヲ方取リテ、囲垣《いかき》・玉垣・水垣・荒垣トテ重々ナリ。勝雄木九ツ有リ。胎蔵界ノ九尊ヲ方取ル。外宮ハ金剛界ノ大日ナリ。或ハ阿弥陀トモ云テ、金剛界ノ五智ヲ方取リテ、月輪モ五ツ有リ。胎金両部ハ陰陽ニ官《つかさど》ル。陰ハ女、陽ハ男ナルカ故ニ、胎蔵ニ片取リテ、八人女《やうとめ》トテ八人有リ。金剛界ハ五智ニ官リ、五人ノ神楽男ト云ルハ是也。(中略) サレバ正直クシテ、民ノ煩ヒ、国の貴ヲ思フ人ハ、神慮ニモ叶フベキ者也。

つまり内宮・外宮は、高天原なる都率天・密厳浄土より、伊勢大神なる大日如来がそれぞれに垂迹されたもので、内宮は胎蔵界、外宮は金剛界の曼陀羅を片取り、それに応じてそれぞれに祭祀が営まれるという。それは当代の両部神道説(24)によって伊勢大神宮の祭祀の起源を説くものともいえよう。

次いで「神道由来の事」は、問答体による神明神道の玄義論に入る。それはおよそ「諸仏菩薩の三身」から「権者の龍王」まで、二十五条に及ぶ問答体説経というべきものである。しかもその和光垂跡の理論は、先の伊勢大神宮縁起にうかがえるごとく、先行の両部神道と響き合いながら、はやく村上学氏が説かれたごとく、本覚思想にもとづく天台神道説（初期の山王神道説）によるものと推される。(25) しかしそれは、安居院流の唱導、またはその流れを受けた説経僧が活躍する東国在地の現実に相応した神祇論を展開していると言える。しかしてここでは、諏訪関連の縁起と直接かかわる「畜類祭供」と「神明の三熱苦」をあげる。

その前者は「魚鳥祭供」に続く第八条の問答である。

問、利益ノ為ニハ、仏菩薩ノ慈悲神力不可思議ニシテ、肉食セント云フトモ、利益スベキハ如何《いかん》ヤ。

答　難スル所尤モ爾ナリ。人倫ニ罪根深重ノ輩ハ利益シ難シ。今モ利益ストモ、尚悪人ノ為ニハ悪戒ヲ成ス。何況ヤ、畜類愚鈍ニシテ無智卑賤ナレバ、利益シ難シ。大論ニ云ク、懺悔ノ心ノ無ケレバ、畜生道に堕ツ已上。釈義六ニ云ク、恭敬ノ心無クシテ、憍慢瞋念ノ心ヲ以テ肉食セハ畜生道ニ堕ツ。（中略）是ヲ以テ道宣律師諸経要集ニ云ク。衆生ヲ以テ故ニ地獄ニ堕ツ。年ヲ窮メ劫ヲ極メテ、更ニ別離ノ苦シミヲ具ス、復畜生ノ中ニ堕テ、諸ノ牛・猪・羊・鶏・狗・魚・鳥ト成リテ、人ノ為ニ殺サレ、命終テ後ニ返ル事ヲ得ズ、死テ殖ノ山ヲ飾ル。禽獣ニ無量ノ生死有リ。若シ微善モ無クハ、永ク出兎ノ期無ケン。爰ニ知リヌ、仏法ノ習《ならひ》、善縁無ケレバ解脱難シ。肉食ヲ以テ微少ノ善縁トシテ、畜生ノ苦ヲ救フ。垂跡ノ仏菩薩化現ナレバ、腹ノ内ニ満足シテ広大ノ善根ヲ成ス。生死ニ沈淪セズシテ遂ニ仏果ヲ得ベシ。（中略）此故ニ祭供ニ肉食ノ類ヲ用イル。（中略）善ヲ修ル故ニ、肉祭ヲ備ル事利生ノ方便ナリ。

まずその質問は、肉食する者に仏菩薩の利益があるかどうかである。それに対する解答は、およそ罪根深い人間の場合は利益はない。それは畜生道に堕ちる輩である。しかして畜生道に堕ちれば、命終わって生死を輪廻して出離の機会がない。ただし微善があればその限りではない。そこで肉食なる微少の善縁によって畜生も輪廻の苦から救われる。垂跡の仏菩薩の腹中に入って仏果を得るのである。肉食の類を祭供とするのは、そのためであるという。それならば、この畜類祭供論は、後にあげる諏訪狩祭の「業尽有情・同証仏果」論に通じるものと言える。

さてその後者の「神明の三熱苦」は、最終近くの第二十四条の問答である。しかもこれは、第五条の「神明の権実」（実者は蛇鬼、権者は如来・菩薩）、第十三条の「神明の三分別」（権現・大菩薩・大明神）を踏まえての論である。

問　権現・大明神・大菩薩トテ三所ノ明神在ス。而レトモ或経文ニ云ク、我等ハ般若ニ於テ修行、法楽荘厳スレバ、神ハ三熱及ビ五衰ヲ離レ、必定法界空ニ遊戯ス已上。此ノ文ハ明神ニ限テ受クト聞キヌルハ弥不審ナリ。各々究意ノ妙位ヲ分証シツヽ、下リテ衆生化度ノ為ニ穢悪ノ塵ニ交ル。何レノ利生カ愚ナラン。然ルニ何ゾ明神独リ此ヲ受クルヤ。

会シテ云ク、三熱ノ苦ヲ権現・大菩薩ハ之ヲ受クベカラズ。其故ハ何スレバ、垂跡ノ中ニハ権者・実者有リ。仏菩薩ノ化現シ玉フハ権者ナリ。応化ニハ非《あら》ズ。神道ノ実業ヲ以テ神明ノ名ヲ得タルハ、是実者ナリ。仏菩薩ノ垂跡ハ之ヲ受クベカラズ。実者ハ此ヲ亦受クルナリ。

そもそも権現・大明神・大菩薩は、いずれも衆生化度ノ為ニ、穢悪ノ塵の地に垂跡なさったのに、明神のみ三熱の苦を受けなさるのは何故かというのが質問である。これに対する解答は、垂迹の神明には権者・実者の別があり、権者は仏菩薩の化現なさったもので三熱の苦は受けないが、実者は神道の実業（功徳の善行）によって神明と仰がれたもので、三熱の苦を受けるという。これは先行の「神明の権実」の叙述――「実者ナリト云ヘトモ終ニハ権者ノ眷属ナルヘシ」「其本地ニハ豈仏菩薩ニアランヤ」――にいささか矛盾するが、むしろそれは、最終の第五十「諏方縁起」がこれを承けて、あえて三熱の苦を克服する「神道ノ法」を説くものと言えるであろう。

三　『神道集』「諏方大明神秋山祭事」「諏方大明神五月会事」

右にあげたごとく『神道集』の成立は、文和・延文の時期であるが、その原拠は多く鎌倉時代に遡るものと言える。諏訪関連の縁起もそれに準ずるものと判じられる。しかるに、その縁起を説くのに、従来は円忠著の「諏訪大明神縁起画詞」によってきている。言うまでもなく円忠は、北条氏の滅びた後は、足利尊氏に仕え、諏訪祝家の分家筋ながら、諏訪本家の再興に力を尽くした人物である。(26) 北条政権の互解、さらに中先代の乱を終て壊滅状態に陥った諏訪祝家である。その支流に過ぎない小坂円忠が、本家の再興とそのあかしともいうべき「画詞」を作成するには、並々ならぬ努力があってのことである。しかしそれは、京都の地においての作成であり、貞和二年（一三四六）頃から資料が集められ、およそ十年を経て完成したものである。(27) その「縁起」「祭記」は、前代の祭祀・縁起を知る重要な資料であるが、『神道集』を論ずるに当ってはそれがあくまでも京都在住の編者によるものであり、南北朝時代の制作であることが留意されねばならないであろう。

さて『神道集』の巻四・第十七は「信濃国鎮守諏方大明神秋山祭事」であり、第十八は「諏方大明神五月会事」である。それは諏訪秋山祭と五月会という狩祭にかかわる祭祀由来縁起で、巻十・巻五十の「諏方縁起」の諏訪大明神の垂迹由来縁起と対応するものである。

その前者の「秋山祭事」は、諏訪本社における一年・四度にわたって営まれる御狩の神事のなかで、その中心をなすものであり、旧七月二十六日から三十日にかけて催される狩祭の起源を説くものである。それは冒頭に、

抑モ信濃国ノ一宮ヲハ、諏訪ノ上ノ宮ト申ス。本地普賢菩薩ナリ。此ノ仏ハ是レ諸仏ノ長子トシテ、恒順衆生

ノ願深シ。閑カニ以《おもんみ》レハ、乗象ノ普賢は未タ三有ルニ見ヘサレトモ、本覚ノ法身ハ十界ヲ動ス事、色像ヲ見ルカ如シ。懺悔其ノ慈悲ノ事、甚タ遅シト云ヘトモ、三生ヲ過ギズ。名号ヲ唱ルニ、煩悩ヲ断尽シ給フ事速カナリ。（中略）二ノ宮ヲスワノ下ノ宮ト申ス。本地ハ千手観音ナリ。亦ハ大悲観世音ト名ヅク。此ノ仏ハ是覚薬ヲ九品ノ蓮ニ開テ、仏果ヲ三明ノ月ニ備ヘタリ。願ハ一音ノ歌歎ヲ以テ、普ク法界衆生ニ及ビツヽ、自他共ニ仏果ノ道ヲ成セン。誠ニ有リ難キ御本地ナリ。

と叙している。すなわちそれは、まず諏訪社の上社・下社の本地仏をあげる。そして「委細ノ縁起ハ別紙ニ有リ、尋テ見ルベシ」とあってその和光同塵の思想にもとずき、普賢菩薩・千手観音を本地とする諏訪大明神の垂跡縁起は、別紙、つまり巻十・第五十の「諏方縁起」によるべしと注している。その上で、秋山祭の由来縁起をあげている。

それはまず田村丸の悪事高丸退治譚を掲げるのであるが、本説ともいうべき「元亨釈書」の「延鎮伝」や「清水寺縁起」（「清水寺縁起絵巻」）に準じながら、本説が清水寺の勝軍地蔵・勝敵毘沙門（多聞天）の助力による退治譚とするのに対して、これは諏訪明神・住吉明神のそれによって果たしたとする。詳しくは別稿[28]をご覧いただくこととして、その梗概をあげ各段落名を添えて示す。（以下も同じ）

（1） 人王五十五代・桓武天皇の御時、奥州に悪事の高丸という者が国を塞ぎ人民を悩まし、朝廷に叛く。

〈奥州高丸の反乱〉

（2） 時にわが国に並びなき強弓の精兵、大力の賢人なる田村丸と称する人物がいる。これは元は震旦の国の人で、漢の高祖の重臣・朝広（趙高）の兵であったが、来朝して勝田宰相の養子となり、稲瀬五郎田村丸と称していた。大国にても勝れた早り人と聞かれた天皇は、田村丸を悪事高丸退治の大将軍に任ぜられる。

〈田村丸出自・追討使任命〉

（3）田村丸は、清水に参り千手観音に祈願すると、ご示現あって、眷属・鞍馬の毘沙門の慳貧の剣を賜わる。

〈清水観音祈願・霊験〉

（4）田村丸が東征に赴く途次、信濃国伊那郡にて、梶葉の水干、萌黄縅の鎧を着て、白葦毛なる馬に乗った殿原（諏訪明神）が助力を申し出られる。またある処で、藍摺文の水干、黒糸縅の鎧を着て、黒馬に乗った殿原が、同じく助力を申し出られる。田村丸は、この二人を同道して、奥州悪事高丸の籠もる城郭に迫る。

〈梶葉・藍摺の両殿原同道〉

（5）まず田村丸に付いた副将軍の波多丸・憑丸が高丸を攻めるが、憑丸はかなわず退却し、波多丸は生け執られて、宙づりに吊される。田村丸はその波多丸の縛られた小手の縄を射落して助け出す。田村丸のはかりごとで、城郭の前にて鞠遊びを試みると、高丸の美女の娘がこれをのぞき見る。高丸もこれに誘われて、顔を出すと、いちばんに行合った梶葉殿の射る矢が、高丸の左の目を射抜く。田村丸は多門天の堅貪の剣をもって高丸の首を切り落す。行合った殿原二人とも城内に入って、高丸子息八人を討ち取らる。

〈田村丸一行の高丸退治〉

以上が田村丸の高丸退治譚で、それは清水観音の加護、諏訪明神・住吉明神の助力によると語るのである。そして眼目の「秋山祭」の起源に及ぶのである。

（6）将軍ハ信濃国ノ内ナル伊那ノ郡ノ大宿《トマリ》ト云フ処ニ着キ給ヘリ。（殿原たちも）彼ノ宿ニテ名残ヲ惜ミケル。梶葉ノ水干ノ殿ハ、我ハ是、此ノ国ノ鎮守、スワノ大明神ナリ。千手・普賢ノ垂跡ナリ。清水ノ観音ノ計ヒニテ、将軍ニ随ヘリ。

〈諏訪明神の名告り〉

（7）我ハ本ヨリ好シ事ハ、狩場ノ遊《アソビ》、此程トノ情ニハ崇《マツリ》置給へ。此間仏法ノ内證ヲ口案《コウアンズ》ルニ、今ニ当レリ。真実ニ申ス宣旨ニモ、彼ノ所ヲ繁昌、万衆ニ福智円満ノ田畠寄セ給へ。我物ヲ言フ事ハ、今計ナリト云テ失給ケ

リ。〈御狩神事の神託〉

（8）将軍ノ言ハク、我聞ク諸仏菩薩ノ本誓ニハ、大ジ大ヒナリ。何ソ千手・普賢ノサタ、何モ殺生ノ道ヲ好ミ給フヤ。明神答テノ給ハク、我ハ是無為ノ都ヲ出シヨリ以来《コノカタ》、殺生ノ者ヲ利益シ、有情ノ畜類ヲ助ン思フ志シ妙ヘナリ。其ヲ如何《イカン》ト尋ルニ、畜類無数広劫ナリ。々々々ニモ何カ仏ノ辺リニ近ツキ奉ルベキ。然レハ我カ宝前ニ懸テ、五戒十善ヲ以テ本来成仏スル所ヲ驚シ、直ニ無作ノ覚体ニ入ラシメンハ、善根ノ中ノ善根ナリ。良久シク御物語リ有リ、万畜ヲ助ク為ノ垂跡ナリ。〈畜類救剤問答〉

すなわち田村丸一行が帰途につき、信濃の国の伊那郡大泊において、先の梶葉殿が、われは当国の鎮守・諏訪大明神、千手・普賢の垂跡なりと名告られ、われは本より狩の遊びを好むゆえに、その狩場にわれを祭り、その狩祭のための田畠を寄進せよと神託を宣う（御狩神事の神託）。そこで将軍は、諸仏菩薩の本誓は大慈大悲なのに、千手・普賢を本地とする大明神がなぜ殺生の道を好み給うのかと問う。それに答えて明神は、多くの畜類をわが宝前に懸け、「無作ノ覚体」（仏菩薩の体内）に入らしめて、彼らを成仏させることと宣うのである（畜類救剤問答）。すなわちそれは、先の「神道由来の事」の「畜類祭供」の条において、「肉食ヲ以テ微少ノ善縁トシテ、畜生ノ苦ヲ救フ。垂跡ノ仏菩薩化現スレバ、腹ノ内ニ満足シテ広大ノ善根ヲ成ス。生死ニ沈淪セズシテ、遂ニ仏果ヲ得ベシ」と説かれたことに応ずるものと言える。

かくして「将軍佐ハトテ、スワノ郡へ入リツヽ、此所ヲハ明神ニ寄進ス」（諏訪の社領寄進）とあり、

国内ノ人ヲ催シツヽ、深山の狩ヲハ始メケル。御縁日ニハ、悪事ノ高丸ヲ亡ボセシ月日トテ、廿七日ヲハ祭リ給フ。此ノ祭ノ時必ス大風大雨ハ如何ト云ヘバ、死狂ノ日ト申スナリ。十悪ノ情ヲ滅シ、国ヲ相動ス。又云ハク、畜類ノ成仏ノ日ナル間、諸天感シテ動キ驚クトモ見エタリ。佐テ当時マテモ、秋山ノ祭ノ日ト定ムルナリ。

とある。旧八月二十七日、悪事ノ高丸を亡ぼした日時をもって、秋山の狩祭が始められたという。

さらに続けて、もう一人の藍摺殿が住吉大明神と名告られれば、この御神にも国郡を寄進されたという（住吉明神の名告り）。ついで高丸秘蔵の「不思議ノ天ニ通ル鼓」「高丸カ娘」「高丸の首」に及ぶ。特に「高丸カ娘ノ、十六ニ成ルヲハ、諏訪大明神生執《イケトリ》ニテ御前ニ置ケルカ、其腹ニ一人ノ王子在《マシマ》ス。則此ノ宮ノ神主ト定メラル」とあるのは注目される。諏訪大祝（社家）においては、容易には認め得ぬ叙述である。が、これは十二月廿四日のシンフクラの神事とかかわる伝承である。[29] しかして最後は、帰洛後に田村丸の立願にもとづき、清水の大堂を建立したことで結ぶ。本説の清水観音の霊験譚を忘れてはいないのである。

さて後者の「五月会事」は、秋山祭に準じる重要な御狩の神事で、旧五月二日から六日にかけて催されるもの、その狩祭の起源を説くものである。ただしこれは、「秋山祭事」のように、上社・下社の本地仏をあげずに縁起本文に入る。あるいはそれは「秋山祭事」との重複をさけたとも言えるが、末尾にもう一つの諏訪大明神の垂跡譚を用意して、その本地仏を説いていることとかかわるであろう。

それは満清（満政）将軍の鬼王退治譚を掲げるのであるが、その本説とすべきものは必ずしもうかがえない。ただしその前段の「鬼の笛」説話は、簡略ながら「続教訓抄」[30] 巻十二に見えており、室町期物語の『青葉の笛の物語』（別名「仁明天皇物語」）は、「五月会事」に準ずるものと言える。また後段の鬼王退治のそれは、平維茂の戸隠山鬼王退治譚（謡曲「紅葉狩」「戸隠山絵巻」[31]）に先行するものと言える。が、その主人公を美濃源氏の祖・多田満清とする趣向については、別に論じているので[32]、今はふれない。しかもこれは、戸隠山鬼王退治譚と違って、諏訪明神・熱田明神の助力によって果されたと説くのである。そしてこの「五月会事」はまずは、「抑　諏訪ノ大明神ノ五月会ト申スハ、人王五十八代、光孝天王ハ御時ヨリ始マレリ」として、鬼王退治譚が叙される。その梗概をあげれば、次のごとくである。

（1）この光孝天皇の御宇に、在原中将業平という臣下がいる。この人物は平城天王の五代の御孫子にて、歌道に秀でるのみならず文武二道に通じ、特に笛の上手とて、日本国のみならず、閻浮第一とうたわれていた。

〈笛の名手・業平〉

（2）その頃、信濃の国に一人の鬼王がいて都に登っては、人々を犯すことがしばしばであった。この鬼王は笛を好み、青葉の笛と称する名笛を吹く。これを聴いた業平は、これを奪い取って、本朝の財になさんと志す。

〈鬼王秘蔵の青葉の笛〉

（3）業平は、百ばかりの笛を用意してしばしば鬼王を誘い出し、笛を交換しては笛競べをいどむ。たまたま夜も更ける頃、木幡山の辺りで業平が鬼の笛を吹いていると、忽ちに鶏が鳴く。鬼王は慌てて笛を留めたまま、そこを立去る。業平はその鬼の笛を取って都へ戻り、それを帝に献上する。

〈業平の鬼の笛奪取〉

（4）鬼王は、笛を奪われたことに瞋りをなし激しく都を襲う。帝は、その鬼王退治の宣旨を満清に下さる。

〈鬼王の反乱〉〈満清の追討使任命〉

（5）満清将軍は、七月十日、大軍を率いて都を出立、東国に向かう。将軍が美濃・尾張の境、洲俣河の東岸にて、楠の葉の水干を着て、黒津羽の矢を負い、栗毛なる馬に乗った殿原（熱田明神）が助力を申し出られる。また黒田ノ宿を出て、伏屋という所で、梶の葉の水干を着て、白羽の矢を負い、鹿毛なる馬に乗った殿原（諏訪明神）が助力を申し出られる。将軍は二人を同道して、信濃国岡田という所に着くとき、戸隠の鬼王討罰の宣旨を二人の殿原に披露する。二人は鬼王はすでに戸隠を出て浅間ノ嶽にありとて、将軍を案内する。

〈楠葉・梶葉の両殿原同道〉

（6）浅間の嶽の鬼王が城へ着くと、まず二人の殿原が城内に入って戦う。やがて二人は鬼王に搦められて、その両手にさげられて城外に出てくる。これは鬼王を城外へ誘い出すはかりごとで、二人は忽ち変じて鬼を搦め取り、将軍に引き渡す。　〈将軍一行の鬼王捕縛〉

以上が満清の鬼王退治のおおよそである。続けて将軍一行が上洛して粟田口に着くとき楠葉殿は尾張の鎮守・熱田大明神、梶葉殿は信濃の鎮守・諏訪大明神と名告って姿を消されたと説く。また浅間が嶽で搦め取られた戸隠の鬼王は、貴践上下の見物するなか、三条河原において首を斬られたとする。そして最後は次のように叙している。

満清、大納言ニ成シツヽ、信濃国ヲ始メテ十五箇国ヲ不主（輪）ノ免ニ賜ハル。熱田ノ大明神ニハ其時始メテ四十八箇所トテ寄進シ奉リケリ。諏訪ノ大明神ニハ此ノ御時ヨリ、殊ニ十六人ノ大頭ヲ定メラレタル事ナリ。諏訪ノ郡ヲハ一向ニ寄進トナリケリ。桓武天王ノ御時ヨリ御頭有レトモ、此御時、殊ニ定メラル。（中略）此満清ノ立願ニテ、諏訪ノ五月会ハ始マルナリ。

秋山祭は、田村丸の奥州高丸退治の縁によって始められたのに対して、五月会は満清の信濃鬼王退治の縁によって始められたとするのである。そしてその退治が諏訪・熱田両神の助力によると説くのは、「秋山祭事」が諏訪・住吉両神のそれとすることに準ずるものである。しかも「秋山祭事」においては、その狩祭の起源を説くのみにならず、明神自ら、狩場の遊びを求め、そのための田畠寄進を求めておられたことが注目される。そしてこれに応じて田村丸は、諏訪郡を明神に寄進したとしている。これに対して「五月会事」は、その狩祭の起源を説くとともに、秋山祭・五月会など、諏訪の重要神事を支える大頭[33]（御頭《おとう》）を定められたというのである。しかしてそのために満清は改めて諏訪の郡を寄進したという。それは「桓武天王ノ御時」、つまり田村丸によって、すでにおこなわれたことであるが、この「御頭」は「此御時、殊ニ定メラル」と念を押して叙している。しかもその「御頭」のつとめる諏訪の神事は、秋山祭・五月会など、狩遊びが中心であることを主張していると見えるであろう。

さて右における「五月会事」は、その狩祭の起源を語る縁起に続けて、諏訪大明神の垂迹縁起をあげるのである。しかもそれは、巻十・第五十の「諏方縁起」とも違ったものであることが注目される。その縁起は、諏訪に伝わる金剛醜女譚であるが、これに先行する仏典『撰集百縁経』『法苑珠林』、あるいは外典の『今昔物語集』『私聚百因縁集』などの異同は、別稿で説いているので(34)、それに委せて、とりあえずその本文をあげてみる。

Ⅰ　抑、諏方大明神ト申ハ、天竺舎衛国ノ波斯匿王ノ御娘ニ、金剛女ノ宮ト申スハ、天下第一ノ美人ナリ。十七歳ヨリ俄ニ金色ノ体《カラダ》ト替ツヽ、生キナガラ鬼王ノ御形ト成リ給ヘリ。身ニハ鱗出テ来テ、青黄赤白ノ形近隣ヲ払ヒタリ。（中略）昔、善光王ト申ケル時、后ト為リ、三百人ノ女人ヲ妬ミ、大蛇ニ具シテ、椌舟ノ中責メ殺ス。此罪ニ依テ此御身トハ成リ給フ、順生業ト順現業ト順後業トハ遁レ難ケレハ、是ハ成ケル。

〈金剛女の鬼形変身〉

Ⅱ　折節祇陀大臣ト申ケル人ニ預テ、東ニ内裏ヲ造リツヽ、二人ナガラ押入レ奉ル。只口一ヲ闕ケテ、城宮トモ申ス。亦構宮トモ申スナリ。大臣ノ心ノ内ハ、鬼ト少キ者ト二人相合カ如シ。

〈金剛女・祇陀大臣の幽閉〉

Ⅲ　時ニ大王釈尊ヲ請シ奉リ、御説法有ルヘキ由ヲ、金剛女ノ宮ハ伝エ聞キ、思シ食シケルハ、利益ニ漏ル、事ヲ悲ミツヽ、王宮ノ方ヲ礼拝シテ、我ハ是閻浮堤濁悪ノ世ヲハ欣ハス、利益ヲ垂レ玉ヘト申サン時ニ、仏眉間ノ光ヲ放チ給ヘハ、金剛女ノ宮ノ御形、三十二相ヲ具足シテソ、聴聞ノ座ニ列リケル。

〈金剛女の三十二相変身〉

Ⅳ　大王不思議ニ思シ食ス事斜ナラス。別ノ聟有ルヘカラストテ、件ノ祇陀大臣ヲ聟ニ取リ給ヘリ。

〈金剛女・祇陀の婚姻〉

Ⅴ　金剛女ノ宮ノ隠ル、処ヲハ人知ラス。此ノ宮ハ仮ノ人ニテ御在《オハシマ》ス。会者定離ノ為ナリ。本地ハ千手観音ナリ。後ニハ日本国へ渡リテ住ミ給フ。　〈金剛女の日本国来留〉

Ⅵ　倩事ノ心ヲ思フニ、神武天王ハ此宮ノ御子ナリ。（中略）満清ハ彼ノ大明神ノ烏帽子々ナリ。其上ハ親ナリ。古跡ヲ尋テ守護シ給ヘリ。上下二所ノ諏方トハ是ナリ。上ノ宮ハ昔ノ祇陀大臣ナリ。本地ハ普賢菩薩ナリ。下ノ宮ハ昔ノ金剛女ノ宮ナリ。本地ハ千手観音ナリ。昔ノ事ヲ忘レ玉ハス。神功皇后ノ新羅ヲ迫メ玉フ時モ、守護トソ承ル。　〈祇陀・金剛女の諏訪示現〉

すなわち、諏訪明神の前生を天竺の金剛女・祇陀夫妻に求めるもので、鬼形変身の苦難を克服し、和光同塵の理にしたがって、信濃国の諏方大明神、上の宮・下の宮に垂迹・示現したとする。その本地は、上の宮が普賢菩薩、下の宮は千手観音であると、「秋山祭事」に準じて説くのである。

およそ神仏習合・本地垂迹の思想の深まりのなかで、その神明の前生を仏法始原の天竺に求める縁起が発想された。それは元来、神明を加護する神宮寺あるいは本地堂で説かれるものであったが、諏訪にあっては、はやく大祝（社家）にも取り込まれていたと言える。たとえば、嘉禎三年（一二三七）の「諏方上社物忌令」には、諏訪明神の本地（出自）を天竺に求める説があげられている。

一　倩惟、当社明神者、遠分二異朝雲一近交二南浮塵一給申。（中略）又奉レ訪二本地一者、西方捕処之薩埵浮二影於秋津州之波一ニ、一陰一陽之霊祠也。（中略）訪レハ二其濫觴一、或称シ二他国応生之霊一、又ハ号二我朝根之神一。南方幸キナリ二波斯国一降二伏悪霊一救二万民一。彼ノ国ヲ治メ為二阿波皇帝一。東方至二金色山一、殖ヘ二善廟一成仏給。其後移二我朝一給テ、接州滄海辺ニ垂レ跡、……終ニト二勝地於信濃諏方郡一垂跡給。

すなわちこの諏訪明神の天竺出自譚は、先の金剛女醜女譚をあげるものではないが、「波斯国」と言い「金色山」

と言い、それに通じる叙述がうかがえる。

また円忠の「諏訪大明神画詞」の「諏訪祭第一・巻上」には、普賢菩薩を本地とする上宮、千手観音を本地とする下宮、それぞれの出自を天竺に求める説をあげるが、同じく「諏訪大明神講式」（第二）には、

大明神者、本中天竺ノ国主也。為二師子頬王之玄孫一、作タリ二貴徳大王ノ之長子一。（中略）南ノカタ幸シテ二波戸国一ニ、射テ二悪龍一ヲ而救二民黎《レイ》一ヲ。即治メ二彼ノ国一ヲ号ス二諏波皇帝一ト。東ノカタ到テ二金色山一ニ。殖テ二善苗《ヘウ》一ヲ而行シ二仏道一、屢《シハシハ》住シ二彼ノ山一祈ル二紫金妙果一。時ニ血色ノ日光赫奕《カクヤク》トシテ照レ王。王即尋レ光、一臣二妃共ニ乗テ二白馬一届《イタル》二乎日域一ニ。……爰ニ逮《ヲロス》下乎終トシテ二勝地ヲ於信州一ニ永ク排ラキ中権扉於当郡上ニ。

とある。それは「諏方上社物忌令」の叙述を受け継ぎながら「一臣二妃共ニ〜届《イタル》二乎日域一」など「金剛女・祇陀夫妻」の上宮・下宮垂迹譚をしのばせている。

あるいはまた、諏訪下宮神宮寺本覚坊にあったと推される下野国日光輪寺蔵「諏訪縁起・上下二巻」(35)には「天レ聞ク天竺之師子頬王、御子四人御座ス。一人ハ甘呂飯王、二人ハ白飯王、三人ハ黒飯王、四人ハ浄飯王是也。甘露飯王ノ御子ノ貴飯王ハ諏訪ノ上之宮ノ大明神ノ御父也」などとある。(36)さらに、

一、下宮后ノ大明神、父ハ波斯匿王也。本朝千手観音也。此ノ上宮ト夫妻ノ契約ノ事ハ在二神家一ニ也云々

とある。金剛女の「醜女」の苦難を説くことはないが、それに準ずる伝承が隠されていると言える。

右のごとく「五月会事」に添えられた金剛女醜女譚に準ずる諏訪明神の天竺出自譚は諏訪本社においても伝承されていたことは明らかであるが、元来、本地仏由来を説く神明の天竺出自縁起は、その別当寺・神宮寺の社僧の発想によるものと察せられる。したがって、右の諏訪における金剛女醜女譚も、諏訪の本社というよりも、まずは本地の普賢菩薩・千手観音を祀る神宮寺に伝承されたとすべきであり、あえて言えば、金剛女の千手観音を祀る下社神宮寺の

管理するものであったということになる。ちなみにこの説話は、法華経の説経の場でしばしば開陳されていたものと推され、それは平安時代に遡る。[37]これにしたがえば、この説話は法華経を奉ずる諏訪社・神宮寺のよくするものであったと推される。[38]しかもそれのみならず、ここでとりあげた「秋山祭事」も、また「五月会事」も、諏訪本社の伝承によったのではなく、神宮寺の社僧によるものと推される。[39]『神道集』は、それにしたがって編集されたと言えるのである。

付　『諏訪信重解状』の祭祀伝承

さてここでは、先の『神道集』「秋山祭事」「五月会事」の叙述の傾向を明らかにするために、それに先行する諏訪社家がわの伝承事例をあげてみる。それは宝治三年（一二四九）の成立とされる『諏訪信重解状』[40]にみられるそれである。ちなみにこの解状は、上社と下社間でいずれが本宮であるかを争った際、上社大祝諏訪信重から幕府に提出された書状である。その信重とは、承久の大乱の折、父の大祝敦信（盛重）の嫡男として父に代って参戦し、大功をあげた人物である。その経緯については、この『解状』の末尾でもふれている。[41]が、大祝に着いたのが暦仁元年〈嘉禎四年〉（一二三八）、およそ二十年におよんでその任にあった。そしてその『解状』は、「当社為本宮条々」として、「守屋山麓御垂迹事」「当社五月会御射山濫觴事」「以大祝為御体事」「大奉幣勤行事」「春秋二季御祭事」「御造宮時上下宮御宝殿其外造営事」など六ヶ条に及んでいる。いずれも上宮・諏訪社の祭祀にかかわる重要な伝承を伝える記事である。

その最初の「守屋山麓御垂迹事」は、諏訪大明神の降臨神話をもって、上社の本宮なることを説くのである。[42]すなわちそれは、「右　謹検旧貫」として次のように叙している。段落に分けてあげる。

当砌昔者、守屋大臣所領也、大神天降御之刻、大臣者奉レ禦二明神之居住一、励二制止之方法一、明神者廻下可レ為二御敷地一之秘計、或致二諍論一、或及二合戦一之処、両方難レ決二雌雄一。　〈明神と守屋の対決〉

爰明神者持二藤鎰一、大臣者以二鉄鎰一、懸二此所一引之、明神即以二藤鎰一、令レ勝二得軍陣之諍一論給。　〈明神の藤鎰による勝利〉

而間令レ追二罰守屋大臣一、卜二居所当当社一以来、遙送二数百歳星霜一、久施二我神之称誉於天下一給応跡之方々是新哉。　〈明神の守屋山麓卜居〉

明神以二彼藤鎰一、自令レ植二当社之前一給、藤栄二枝葉一、号二藤諏方之森一、毎年二ケ度御神事勤之。〈藤島社の祭祀〉

自レ尓以来、以二当郡一名二諏方一、爰下宮者、当社依二夫婦一之契約、示二姫大明神之名一。〈上宮・下宮の夫婦契約〉

最後に右によれば、上社の本宮たるの条は「炳焉《へんえん》（明らか）なるかな」と結んでいる。が、今、注目するのは、ここでは諏訪明神の前生を天竺とする仏教的解釈は微塵もうかがえないことである。

次にかかげるのが、『神道集』の「秋山祭事」「五月会事」と対応する「当社五月会御射山濫觴事」である。同じく段落に分けてあげる。

Ⅰ　桓武天皇治世之昔、東夷高丸反逆之刻、聊被レ行二朝儀一、爰詔二坂上田村麿一、而賜二追討之官符一。　〈田村丸の高丸退治官符〉

Ⅱ　将軍忽於二九重之花城一、便赴二万里之抑塞一、心中祈念云、信州諏訪明神者、日本第一之軍人、辺域無二之霊社也、願納二受我祈願一給。　〈諏訪明神祈願〉

Ⅲ　爰信州之后於二大答《タ》切《ニ》一（伊那郡与外諏方郡堺）一騎武者、着二穀葉藍摺水干一、帯二鷹羽胡籙一、対二将軍一而下馬、将軍問云、汝何人、武者答云、殊有二宮仕之志一、被レ廻許二容之眸一者、是尤所レ望云々、将軍即令二随喜一、而相二具彼武者一、奥州下向。
〈穀葉の殿原同道〉

Ⅳ　已莅レ堺向レ城之時、高丸籠二居石城一之間、依レ難二寄討一、彼武者廻二秘計一、出二海上一、射二流鏑馬一、旁以二方便一、令レ誅二高丸一畢。
〈穀葉殿原の秘計・高丸退治〉

Ⅴ　将軍即遂二追討之本意一、令二上洛一之処、宿佐久郡与二諏方郡之堺一（将軍宿依レ宿号二大泊一）、爰彼武者云、我是諏訪明神也、且擁二護帝皇之聖運一、且依下令レ随二喜将軍一之祈願上、日来所レ令レ随二逐汝一也云、
〈諏方明神の名告り〉

Ⅵ　将軍始抽二敬神之誠一、専難レ抑二感傷之涙一、明神託云、典遊中以二狩猟一欲レ為二神事之詮一云々。
〈御狩神事の神託〉

Ⅶ　将軍云、本地者普賢菩薩也、何用二殺生之業一哉云、詫云、我明神者為二殺生之猪鹿一、彼真鏡即住此所、願以二今生交会之結縁一、翻為二当来引接之知識一云々
〈畜類救済問答〉

Ⅷ　将軍彌致二渇仰之誠一、且逗二留社壇一、奏宮廷之刻、被二宣下一状云、以二諏方郡四千町（山野三千町、海荒原二千丁）、為二御敷地一、配二四万八千束粮稲於二国中一、可レ充二神用一云々
〈諏方の社領寄進〉

Ⅸ　而間将軍任二御詫宣之旨一、被レ置二御狩一、所謂五月会・御作田・御射山・秋庵、以レ是名二四度御狩一、（中略）就レ中五月会御射山者　国中第一之大営神事也。
〈四度御狩の始まり〉

同じく最後は、この高丸退治に対する当郡・敷地などの勧賞は、当上社の諏訪明神に対するもので、当社が本宮たることは疑い得ないと主張して終わる。

さてここで、この『解状』の叙述と『神道集』の「秋山祭事」「五月会事」との異同をあらあらあげておこう。まずこれは、『神道集』のごとく秋山祭・五月会の由来を別々に説くのではなく、一括して「秋山祭事」の田村丸高丸退治譚をもって語るのである。しかもそれは、「五月会御射山濫觴」に留まらず、年四度の御狩の神事の始まりとし

て叙しているのである。しかも田村丸の高丸退治譚の叙述においては、「秋山祭事」とおおよそにおいて一致するのであるが、本説を刈り込んで簡略化をはかりながら、諏訪信仰に対するさらなる強調を試みている。たとえば「秋山祭事」前半の〈田村丸の出自〉、後半の〈住吉明神の名告り〉〈高丸秘蔵の鼓・高丸ガ娘・高丸の首〉の叙述は省いている。しかもⅡ〈諏訪明神祈願〉は、「秋山祭事」の〈清水観音祈願・霊験〉の叙述とすりかえている。またⅢ〈殺葉の殿原同道〉は、「秋山祭事」の〈両殿原同道〉から藍摺の殿原（住吉明神）の叙述を削りとったものと言える。当然、Ⅳ〈殺葉殿原の秘計・高丸退治〉は、諏訪明神のみの助力となって、それが強調される。しかもその秘計は、「秋山祭事」における「鞠遊び」は、諏訪の神事の「流鏑馬」に転換されている。しかし、Ⅵ〈御狩神事の神託〉、Ⅶ〈畜類の救済問答〉は諏訪の御狩神事の意義を端的に説くもので、きわめて重要な叙述であるが、これは「秋山祭事」と大きく変ることはない。つまりこの「諏訪信重解状」は、諏訪上社・大祝（社家）の立場から、諏訪信仰と直接かかわらぬ叙述は本説から省き、諏訪にかかわる伝承のみに純化して、諏訪明神の崇高さ、上社祭祀の尊さを説くのである。その点、諏訪神宮寺（社僧）によったと推される『神道集』の「秋山祭事」とは、その叙述を異にするのは当然とも言えるであろう。

ところで、この『解状』は、次に「以二大祝一為二御体一事」をあげる。それは、大明神が「御躰隠居之刻」に、「無二我別体一、以レ祝可為二御躰一」とのご誓願のあったことを記している。大祝が諏訪大明神そのものであるという、諏訪神道の本義を示している。またそれに続けて「以二明神之口筆一、祝令レ注二置神事記文一」にふれている。いわゆる『諏訪御記文』[43]とて大祝のみに伝えられたものである。が、この祝（法理）信仰は、次にあげる「諏訪縁起」（甲賀三郎の諏訪明神垂跡譚）と相容れないことは、二本松康宏氏の説くところである。[44]

四　『神道集』「諏方縁起」の叙述――『諏訪の本地』と比べて

およそ『神道集』巻十・第五十の「諏方縁起」は、中世における本地垂迹・和光同塵思想のなかで誕生した神明の垂迹由来縁起の一つである。しかもそれは、神明・本地の前生を狩猟の名手なる甲賀三郎の伝承にもとづくものである。その原拠は、甲賀三郎と称する以上、近江・甲賀地方に存したことが明らかである。それが信州に運ばれて、「諏訪縁起」が成立したことは、はやく筑土鈴寛氏(45)、柳田国男氏(46)の説かれることであった。この原拠の甲賀三郎譚は、近江がわでは主人公を兼家と称している。したがってこれが諏訪に運ばれて、それを諏方(頼方)に転じたと考えられる。ところが、これがそれぞれに草子化されると兼家系甲賀三郎譚は『諏方の本地』と称されており、諏方系のそれは、『神道集』および諏訪地方周縁に流布した「諏訪縁起」となっている。その出自からすれば、兼家系が先行したと推されるが、草子の段階では諏方系を先出としなければならない。すでにあげたように『神道集』の「諏方縁起」成立は、ほぼ鎌倉末期と推されるが、『諏訪の本地』のそれは、室町中期を遡れない。しかも近年の研究では、兼家系の『諏訪の本地』の成立も、東信地方の諏訪信仰の拠点においてであることが明らかになっている(47)。やや混乱を招きやすいが、中先代の乱を契機に諏訪の上社・下社を中心とする諏訪明神の信仰も大きく揺らいで変化していったと推される。

さて、その『神道集』の「諏方縁起」は、およそ次のように始められる。

夫レ日本秋津島ト申ハ、僅カニ六十余国ナリ。(中略)東山道ノ道ノ初メ、近江国廿四郡ノ内、甲賀ノ郡ト云フ処ヨリ、荒人神ト顕ハレ給ヒシ御神ヲハ、諏方ノ大明神トソ申ケル。此御神ノ応跡由来ヲ委ク尋ヌレハ、人王第三代ノ帝ヲハ安寧天王トソ申ケル。此帝ヨリ五代ノ御孫子、甲賀ノ権守諏胤《ヨリタネ》ト申スハ、甲賀ノ郡ノ地頭ニテ、威勢重キカ故ニ、畿内五箇国ハ申スニ及ハス、七道諸国ノ間ニモ人数ニ思ハレツヽ、不足ノ思ヒ無ク明シ暮ランケリ。（中略）其偕老ヲ尋レハ、同キ王孫、大和国添上ノ郡ノ地頭、春日ノ権ノ守第一ノ娘ナリ。（中略）男子三人御ス、第一ハ甲賀ノ太郎諏致《ヨリムネ》、第二ハ甲賀ノ二郎諏任《ヨリタウ》、第三ハ甲賀ノ三郎諏方《ヨリカタ》トソ申ケル。

右のごとく、主人公の甲賀三郎諏方の出自は、安寧天王の王孫として、天竺に求めることはない。ちなみに兼家系の『諏訪の本地』においては、その父は天竺の波羅奈国の大臣大将で、讒言によって国を追われ、近江国甲賀郡に至って、当時の地頭に任ぜられ、甲賀権守兼藤と称されたとしている。本地垂迹思想にもとづく本地物語の多くは、主人公の出自を天竺とする。それによれば、『諏訪の本地』が常套的な叙述と言えるが、あえて『諏方縁起』がそれにしたがわないことが注目される。しかしその天竺とのかかわりは、この縁起においては終末部分に用意されるのである。したがってそれは改めて後にとりあげるとして、まずは段落に分け、その梗概をあげることとする。

〈発端〉甲賀殿惣領の三郎

（1）人王第三代安寧天皇のご子孫に、甲賀権守諏胤という甲賀の地頭があり、その威勢は盛んで、大和添上郡の春日権守の娘を北の方として豊かに暮らしている。〈父の威勢〉

（2）甲賀権守には、太郎諏致、次郎諏任、三郎諏方の三人の男子がある。〈三人兄弟〉

（3）権守は、坂東三十三ケ国の惣追補使の任にあったが、その往生に臨んで、三郎には惣領として東海道十五ヶ国の惣追補使を委ね、太郎には東山道八ケ国、次郎には北陸道七ケ国を委ねる。〈末子惣領〉

〈展開・I〉三郎の魔王探索

（1）三郎は、春日権守の孫娘の春日姫を北の方に迎える。ある年の三月、三郎はその春日姫を具し、兄二人とと

もに、伊吹山に七日の巻狩を催したが、児と変じた魔物が春日姫を奪って去る。〈姫君誘拐〉
（2）三郎は天狗の仕業と思い、兄二人とともに、日本国中の山々をめぐるが、それを探し出せない。〈山めぐり〉
（3）乳母子の宮内判官が、信濃笹岡郡蓼科嶽を訪ねよと教えるので、それに従って赴く。〈老翁教示〉
〈展開・Ⅱ〉三郎の姫君救助
（1）三郎たちが蓼科嶽を訪ねると、北峰の丑寅の隅に楠の大木があり、その許に深い人穴のあるのを発見する。〈深穴発見〉
（2）三郎は藤蔓を集めさせ、大篭を組み八方に大綱を付けてその中に入る。綱を動かす合図を約し、日光剣と飽満食という冊子を持って、自ら地底へ降りる。〈穴底降下〉
（3）地底にたどり着き、東方の人穴・大原・大池のあたりを過ぎて行くと、桧皮葺きの小御所があり、法華経を読誦する春日姫が見出される。三郎は、急ぎ姫を肩にかけ、藤篭に乗って地上に戻る。〈姫君救助〉
〈展開・Ⅲ〉三郎の地下幽閉
（1）春日姫が、祖父春日権守からの面影の唐の鏡を地底に忘れたことを嘆くので、三郎は再び地底に降りる。〈姫君別離〉
（2）舎兄の次郎は、かねがね三郎を猜んでおり、三郎をなきものにして春日姫を妻にしようと、藤篭の縄を切り落とし、春日姫を自らの館に送らせる。太郎は、これを聞き、次郎を責めてひとり知行の下野に戻る。〈兄弟の裏切①〉
（3）甲賀に戻った次郎は、春日姫を妻にしようとするが、姫はこれを拒む。怒った次郎は、戸蔵山で姫の首を切らせようとするが、その途次、春日姫は大和の山辺左兵衛督に救助され、春日権守の許に送られる。それ以後、

姫は三笠山の岩屋に籠る。〈姫君拒絶〉

（4）三郎が唐の鏡をとり藤簍の許に戻ると、その縄は切り落されており、やむなく地底のお堂に籠る。〈兄弟の裏切②〉

〈展開・Ⅳ〉三郎の鹿狩国滞留

（1）三郎は、つれづれの余り、東へ差した細道を行き、大松原のなかの人穴に出る。それを抜けると、好賓国という大国へ出る。次いで草微国、草底国、雪降国、草留国、自在国、蛇飽国、道樹国、好樹国、陶倍国、半樹国など、七十三の人穴、七十二の国々を過ぎて、老翁が鹿室で鹿を追う維縵国へたどり着く。〈人穴めぐり〉

（2）三郎が日本国の者と名告ると、老翁は、当国が鹿狩国で、その主たる由を語り、三郎を自らの宿所に招き入れる。日暮れには、大勢の者が、鹿を取って翁の許に届ける。〈鹿狩翁歓待〉

（3）この翁は、自分は三万歳の好美翁と名告り、八百歳という三十四、五の嫡女、五百歳という二十四、五の次女、三百歳という十八、九の乙姫を紹介する。三郎は乙姫と契りをこめ、十三年六月を過ごす。〈乙姫婚姻〉

（4）三郎は故郷の春日姫を思い出し、帰郷の志を乙姫に訴える。その乙姫の勧めで狩場で忠節を尽くし、好美翁から帰郷の許しを得る。〈大鹿退治〉〈鹿狩忠節〉

（5）好美翁は、日本の物語にせよとて、三郎を伴い、鉄築地の銅の扉を立てる秘所をはじめ、銅築地に銀の扉、銀築地に金の扉、金築地に瑠璃の扉、瑠璃築地に珊瑚の扉のそれぞれを案内、さらに四季の門をも披露する。〈秘所披露〉

〈展開・Ⅴ〉三郎の地上帰還

（1）翁は別れの酒宴の後、本鳥俵を取り出し、千頭の鹿の生肝で作った一千枚の鹿餅を渡し、一日一枚ずつ食べ、一千日後に日本国へたどれと言う。さらに契河を渡るときの菅行騰、契原を通るときの御玉井紙、亡帰原を過ぎるときの初萩花、契陽山に入ったときの投鎌、荒原庭を過ぎるときに着る梶葉直垂、真藤山に入ったときの三葉柏の幡なども本鳥俵に入れてくれる。維縵姫は契陽山まで送り、神明の身となって忍妻たらんと歌を交わして別れる。〈鹿狩翁教示〉

（2）三郎は、翁の教えに従って、それぞれの難所を通り、最後の暗闇の地も自らの日光剣のあかりで通り抜けると、明星の輝く地に出る。そばの真藤に取り付いて昇り、九百九十九枚食べた最後の一枚の鹿餅を半分食べ、また大岩を昇って半分を食べ、そのすべてが尽きると、信濃浅間ヶ嶽に出る。そこから蓼科嶽に赴き、維縵国の財をそこに収める。〈地上帰還〉

〈結末〉三郎の諏訪明神示現

（1）三郎は、甲賀の笹岡釈迦堂に通夜し、礼盤に寄り懸って念誦する。夜が明けると、講に集った人々が三郎を見て、大蛇よと責めたてるので、仏壇の下に隠れる。〈蛇体帰郷〉

（2）講が済んだ日暮れ方、十余人の僧が集って法華経を読誦し、上座の老僧の求めに応じて、左座五番の老僧が、三郎の昔物語を語り、維縵国の着物を脱いで、蛇体を脱する法を述べる。三郎が着物を脱ぐと、老僧たちが三郎の装束を整えてくれる。〈人間復活〉

（3）三郎は、口立の老僧に導かれて、三笠山に入り、春日姫と再会、七十三の人穴を抜け、七十二の国を経て、維縵国など地底を滞留せる苦難を語る。〈姫君再会〉

（4）三郎と春日姫は、ともども震旦の南なる平城国へ赴き、早那起梨天子より神道の法を受け、日本に戻って信濃の諏訪に至り、上の宮・下の宮の明神と現われ、普賢菩薩・千手観音を本地として祀られる。〈神明示現〉

それは、甲賀権守の惣領・三郎がはからずも地底国に迷い込み、蛇体と化して帰国、後に諏訪明神に示現したという物語である。この物語の原話は、世界各地に伝承されるもので、アールネ／トンプソンの「昔話の型」においては、AT三〇一型「奪われた三人の王女」と題されて収載されている。(48)これがはやく信州から甲賀に及んだ望月氏によって、その始祖伝説としてとり込まれ、やがて甲賀望月氏の拠った近江の修験・飯道山信仰のなかで育成され、「諏訪縁起」『諏訪の本地』に生成されたと推される。(49)その生成の過程において諏訪の神事などが習合されていったことは、拙稿「諏訪縁起の成立と展開——甲賀三郎譚の成長——」(50)で説いてきたことである。したがって本稿では、その重複を避けて、右にあげた「諏訪縁起」の梗概にそって、先稿を補完するコメントを添えてみる。

およそ「諏訪縁起」の叙述において、中心になるのは、〈展開・Ⅳ〉の「三郎の鹿狩国滞留」である。これは勿論『諏訪の本地』にあっても同じことである。ここでの〈大鹿退治〉によって三郎は、諏訪の狩猟神と再生する資格を獲得したのであって、言うまでもなく諏訪の御狩の神事とかかわる叙述である。しかもそれに至る過程の〈展開・Ⅰ〉「三郎の魔王探索」が、日本国中の各霊山の「山々めぐり」をもって叙されることが注目される。しかも続く〈展開・Ⅱ〉の「三郎の姫君救助」は、蓼科嶽の北峯の隅から入る深い人穴としている。これは、後半の〈展開・Ⅴ〉「三郎の地上帰還」が、信濃浅間ケ嶽から蓼科山に及んで完成されていることとかかわる叙述である。つまりこのモチーフは、「諏訪縁起」が蓼科修験(51)の手によって育成されてきたことを示すものと推される。これは同じく『諏訪の本地』にもうかがえることであるが、その修験の系統を異にするらしきことは、二本松康宏氏が調査するところである。(52)

次に注目する叙述は、〈展開・Ⅱ〉「三郎の姫君救助」、〈展開・Ⅲ〉「三郎の地下幽閉」における春日姫にかかわることである。その山中における姫君救助は、およそは狩猟民の伝承する「山の神を助ける話」に準ずるものである。(53)

しかしこの山の神は、「春日姫」と称されることが問題である。この「諏訪縁起」は、大和の春日信仰とのかかわりを強調しているのである。すなわち、三郎の母も「春日ノ権守第一の娘」であった。しかも三郎の北の方の春日姫は、三郎の父が「春日ノ郡三笠山ノ明神ニ御参籠」の折、これをもてなした春日権守を通じて、その場に参じた「最愛孫子」の「春日姫」を見染めて、三郎の北の方として招いていたのである。しかもこの春日姫は、〈展開・Ⅲ〉の（3）〈姫君拒絶〉にあるごとく地下から救助された後は、舎兄次郎の横恋慕を避けて、「三笠山ノ奥ニ神出ノ岩屋ト云フ深谷」に籠るのである。しかして〈結末〉「三郎の諏訪明神示現」における（3）「姫君再会」においては、三郎が三笠山へ赴くと、「春日姫御宝殿ノ内ヨリ顕ハレ出テ、甲賀殿（三郎）ノ袂ニ取付給ツ、消入給モ哀ナリ」と叙されている。この春日姫は、春日明神と深くかかわる神女として叙されている。これが諏訪の下の宮に、姫宮大明神として垂跡・示現されたとする叙述は説得力がある。が、この「諏訪縁起」と春日信仰とのかかわりは、どこに見出されるのであろうか。おそらくそれは、この「縁起」が諏訪に運ばれる以前、近江の飯道山修験の手によって育成されていたこととがかかわるものと推される。この飯道山修験は大和の三輪山修験とつながり、そのなかに有力な春日修験のあることを近年、宮家準氏が説かれている[54]。この飯道山に三輪信仰の勢力が入っていたことは早く別稿でもあげている[55]。それが『諏訪の本地』において、地底から救助された山の神を「三輪の姫君」とする叙述に拠るところとして指摘したのである。

次に結末の「三郎の再会・示現」の（1）〈蛇体帰郷〉において、三郎の出現する聖地を甲賀の笹岡釈迦堂とすることに注目する。およそ、その笹岡の地名が問題で[56]、いまだ不明とせざるを得ないが、当縁起原本が飯道山文化圏で生成されたとすると、飯道山内の釈迦堂がこれに当ると推される。ちなみに飯道山の本地仏は、「古縁起[57]」によると釈迦・弥陀・薬師の三尊であった。この叙述に対して『諏訪の本地』は、蛇体の三郎の出現を甲賀の観音堂としている。これは早くより甲賀三郎の伝説を伝える寺院として世に知られた水口の龍王山大岡寺観音堂をさすものと推される。しかも当大岡寺には行者堂があり、同じく飯道山修験の一派を擁していたのである。つまり甲賀地方に誕生した甲賀三郎伝説は、一旦修験の飯道山文化圏において生成され、原「諏訪縁起」を成立したものと推されるが、その文化圏には、春日信仰（春日姫）を支持する流の者と三輪信仰（三輪姫君）を奉ずる人々とが存していたということになる。

右のごとく、この物語は、長く修験の手によって育成され、またその修験の道に沿って信州に及んだものと言える。しかもそれは、さらに諏訪本社とかかわる修験の人々の手によって生成されたもので、詳しく別稿に拠らねばなるまい。

五 「諏訪縁起」の「神道ノ法」

さてここで、冒頭の主人公の出自とかかわる〈結末〉「三郎の諏訪明神示現」の〈神明示現〉の叙述に注目してみよう。すなわち三郎は三笠山を訪ねて春日姫との再会を果すのであるが、「諏訪縁起」は続けて次のように叙している。（傍点は私に付している）

其ノ後、春日姫ニ仰セラル、心憂キ処ニ居テ憂タテカリシ、甲賀ノ次郎ノ行末ヲ聞カンモ心憂シ、去来《イサ》セ給へ、他国へ移ラントテ、天ノ早船ヲ設ケツ、、振旦ノ南、（天竺）平城ノ国へソ超サル、其ノ国ニテ早那起利ノ天子ニ値奉リツ、、神道ノ法ヲソ受ケラル。高天ノ原ニ神留リ坐シテ、末孫ノ神漏岐々々ノ専ヲ以テ受ケサセ給へハ、虚空ニ飛フ身ト成リ給フ。国ノ内ニ荒振神達ヲハ神仏ニ々々ト受給へハ、魔事外道ヲ他方へ打払フ通ヲ得給へリ。

科戸ノ風ノ天ノ八重雲ヲ吹払フ事ノ如クト受ケ給ヘハ、居ナカラ三千世界ヲ見ル徳ヲ得給ヘリ、焼鎌ヲ利鎌ヲ以テ茂木ノ本ヲ打払フ事ノ如クト受ケ給ヘハ、一切世間ノ有情非情ノ心ノ内ニ思フ事ヲ空ニ悟ル徳ヲ得給ヘリ、大津ノ辺リニ居ル大船ノ舳解キ放チ、大海ノ底ニ押シ放ツ事ノ如クト受ケ給ヘハ、賞罰新タニシテ衆生ヲ育ム徳ヲ得給ヘリ。

其ノ後亦日本国ヨリ、御氏神兵主ノ大明神ノ御使ヲ平城国ヘ挙セ給ヒテ、願ハ本朝ヘ帰リ、衆生守護ノ神明ト成給ヘト有ケレハ、早那起梨ノ天子ハ、尤モ此義謂レ有リトテ、天ノ早車ヲ奉ラレタリケレハ、夫婦二人此レニ乗リテ、兵主ノ大明神御在ス御使ト共ニ、信濃国蓼科ノ嶽ニ付カセ給フ。梅田・広田・大原・松尾・平野等ノ諸大明神御集リ御従ヒ有リテ、信濃国岡屋ノ里ニ立テ、御名乗ヲ諏方ト申ス間、諏方ノ大明神ト顕レ給フ。（中略）春日姫ハ下ノ宮ト顕レ給フ。（中略）甲賀ノ三郎諏方ハ上ノ宮ト顕ル、、本地普賢菩薩ナリ。春日姫ハ下ノ宮ト顕レ給フ。本地千手観音ナリ。仏菩薩ノ応跡ニ我カ国ニ遊ヒ給フ。必ス心身ニ苦悩ヲ受ケ、衆生ノ歎キヲ思ヒ知リ給ヘリ。

右のごとくであるが、三郎夫妻が神明示現の資格を得た「神道ノ法」とは何であろうか。ちなみに、巻六・第三十四の「上野国児持山之事」では、「而レハ汝等二人ニ神道ノ法ヲ授ケナントテ、大仲経最要ヲ与ヘタリ」とある。つまり、「大祠祓」にもとづく「中臣祓」の実修の謂いである。右の「諏方縁起」があげる「神道ノ法」の内容なる傍点部分は、およそ中臣祓の詞章[58]にしたがうものである。たとえば「高天ノ原ニ神留リテ、云々」は、中臣祓の「高天乃原仁神留坐須　皇親神漏岐神漏美乃御命遠以天」に拠っており、「国ノ内ニ荒振達ヲハ、云々」は「国中ニ荒振ル神達ヲハ神掃ニ掃」、「科戸ノ風ノ天ハ八重雲、云々」は「科戸乃風乃天乃八重雲ヲ吹掃支乃如」、「焼鎌ヲ利鎌ヲ以テ茂木ノ本ヲ、云々」は「彼方也繁木カ本乃焼鎌ノ利鎌ヲ以テ打掃フ如」、「大津ノ辺リニ居ル大船ノ舳、云々」は「大津乃辺仁居留大船ヲ舳解放艫解放テ大海原ニ押放如」に拠ることは明らかである。つまりこれによって「虚空ニ飛フ身ト成リ」「魔事外道ヲ他方へ打仏フ通ヲ得」「居ナカラ三千世界ヲ見ル徳ヲ得」など、五つの徳を得たとする。それこそが神明の徳の数々ということで、まさに神明に垂迹する資格を得たのである。そしてそれは、中臣祓の実修によって、蛇神たる甲賀三郎が、三熱の苦を脱して、本地が仏なる諏訪明神として祀られる条件を整えたということである。

ところで、この神明に転生する「神道ノ法」は、その中臣祓の実修をあげないまでも、「諏方縁起」以外の垂迹由来縁起に見えるのである。その一部はすでにあげたことであるが、改めてあげてみる[59]。

（1）巻六・第三十三「三嶋之大明神之事」

其後中将殿ハ夫婦二人烈テ、伊勢大神宮へ参ラセ給ヒツ、、神道ノ法ヲ受ケサセ給ヒテ、四国へ帰ツ、、御年八十一ト申セハ、神ト顕ハレ給テ、我生国ナレハ此ノ国ニ住マントテ、ヰヨノ国ノ一ノ宮ト申スハ、昔ノ玉王、中比ハ内蔵人、今ハイヨノ中将殿ノ御事ナリ。

（2）巻六　右に同じ

而レハ三嶋ノ大明神ノ御託宣ニハ、（中略）ワシハ鳥ノ王ナレハ、ワシニ取ラレタリシ我カ子モ、万民ノ王ト成レリ。争カ愚カニセントテ、神明ノ法ヲ授テ、ワシノ大明神ト号シテ、イヨノ国ノ一ノ宮ノ御前ニ御ス社ハ是ナリ。

（3）巻六・第三十四「上野国児持山之事」

加若殿ハ二人ノ殿原ニ向ヒ奉リテ、（中略）願クハ我等ニ神道ノ法ヲ授ケ給へ、（中略）我等カ別レノ憂カリシ事ヲ便リトシテ、悪世ノ衆生ヲ利益セント嘆カレケレハ、安キ御時ナリトテ、一人ノ殿ハ、我ハ是尾張ノ国ノ守護神ニ、熱田ノ大明神ト名乗リ給ヘハ、今一人ノ殿ハ、我ハ是信濃ノ国ノ鎮守、諏方ノ大明神トハ是也、

（中略）而テハ汝等二人ニ神道ノ法ヲ授ケナントテ、大仲臣経ノ最要ヲ与エタリ、各々利生早キ神道ノ身ト成リ給ヒス。

（4）巻七・第四十「上野国勢多郡鎮守赤城大明神事」

二人ノ姫君達モ、兄御前ノ左右ノ御袂ニ取付テ、何ニ兄御前、我等ハ此ノ山ノ主《ヌシ》ト成テ、神通ノ徳ヲ得タリ、妹ノ伊香保ノ姫モ神道ノ法ヲ悟テ、悪世ノ衆生ヲ導ク身ト成ルヘシ、君モ亦我等ト同心ノ神ト成リ給フヘシ。

およそ先の「諏訪縁起」においては、甲賀三郎が「神道ノ法」（中臣祓）を受けたのは天竺・平城ノ国の早那起利ノ天子からであった。しかし右の（1）「三嶋之大明神之事」によっては、中将殿夫妻は伊勢大神宮（天照大神）から「神道ノ法」を受けている。同じく（2）においては、三嶋大明神が「我カ子」（ワシノ大明神）に与えている。また（3）「上野国児持山之事」においては、加若殿は熱田大明神および諏方大明神から「神道ノ法」（大仲臣経ノ最要）を授けられている。これらの叙述からは、伊勢大神宮をはじめ、有力な社寺において中臣祓の実修が営まれていたことをしのばせるのである。が、もちろんそれは明らかではない。

ところで、岡田荘司氏は、神道大系の『中臣祓注釈』(60)の解題において、元来、中臣氏によって宣読された「大祠祓」が、奏申体の「中臣祓」に作り直されて神祇官の管掌するものとなっていたが、平安中期以降、これが陰陽師の「陰陽祓」として盛行、これに影響を受けた台密谷流系の「仏家の祓」（六字河臨法）が成立したと説かれる。しかしてそこで唱えられる中臣祓文は、『朝野群載』巻六、神祇官の項に載せられた「中臣祭文」に近いという。およそ十二世紀初頭に成立したもので、右に引用した「中臣祓」はこれである。さらに岡田氏は、伊勢神道成立以前に、園城寺と吉津の仙宮院を拠点に、伊勢の内外両宮を胎金両部に宛てた両部神道が成立、その伝書とし神道の中臣祓を仏家の側から理論的に注釈を試みた『中臣祓訓解』『中臣祓記解』が誕生したと説かれる。それは勿論、「中臣祓」の効用を説くものであれば、両部神道においては盛んに中臣祓の実修が営まれていたことでもある。この両部神道の流れが、本覚思想にもとづく天台神道にも導入され、安居院の『神道集』にも及んだというべきであろうか。ちなみに天台神道の『山家要略記』には、『神道集』に通じる実者神明説があることを村上学氏が指摘されている。(61)

一方、山本ひろ子氏は、奥三河の霜月神楽の「神楽大事」をとりあげ、これは中世にあっては神祇灌頂という宗教実践のシステムにおいて伝授されていたものであり、これにしたがう神楽の実修は、神を請じて五衰三熱の苦しみを除き去ることにあると説かれる。(62)しかも武井正弘氏は、その「奥三河の神楽」の祖型に、鎌倉半ばには存在した「諏訪神楽」があるとしてそれが『神道集』の「諏方縁起」の叙述に通じることを論じられている。(63)ところで『諏訪の本地』は、大和の杉立てる門を訪ねて、三輪の姫君と再会、ともども天竺に赴くが、そこで神道の法を受けることなく、無為のままに日本国に帰国し、後に諏訪に赴き、上の御射山、下の御射山に示現、御本地普賢菩薩・千手観音と仰がれたと語る。最後に、

神は本地をあらはし申せは、三ねつのくるしみをやすめおはしめすなり、あひかまへて〳〵大明神をしんかうしたてまつる人は、同心に御本地をたつね聞、人々に語りきかせて神徳をかふむるへきなり

（天文十二年絵巻「諏訪御由来之絵縁起」(64)）

と結んでいる。本地物語の常套であるが、それはこの『諏訪の本地』を読んで語れば、明神の三熱の苦を休められるという。それは明神に対する法楽としての意義を説くものである。それに対して「諏方縁起」は、甲賀三郎夫妻が中臣祓によって三熱の苦を脱して、仏菩薩に準じた諏訪大明神として上の宮・下の宮に祀られたという垂迹神話の意義を有しているのである。

おわりに――寛堤僧正の明神夢告譚

さて『神道集』の巻十・第五十「諏方縁起」の最後は、

抑《ソモソモ》、亦諏方明神ト申スハ、神ト顕ハレ給ヒテモ年久シ、過ギニシ方モ数ヲ知ラス。流浪シテ始メニ、人王第四代ノ帝、懿徳天王ノ治天ノ始メナレハ、宣化天王マテハ、年序九百八十歳ナリ。利生一早クシテ、賞罰国ニ並ヒ無シ。

と叙す。次いで当社への参詣の忌として、下の宮は、「我身女性タリシ故ニ心憂キ恥ヲ見タリシカハ」とて、荒膚《アラハダ》（男女の共寝）の忌、上の宮は、「我身ハ久シク他国ニ流浪シ、父母ノ恩ヲ報セサリシカハ」とて親の死の忌をあげ、「深ク深ク是ヲ忌ムヘシ」と説く。そして最後は次のように結んでいる。

明神ハ維縵国ノ御狩ノ時ノ例ニテ、狩庭ヲ宗トシ給フ。去シ四条ノ院ノ御字、嘉禎三年丁酉年ノ五月、長楽寺ノ長老、寛堤僧正供物共ニ不審ヲ成シテ、大明神ニ祈請ヲ込メツ、権者実者ノ垂跡、倶ニ仏菩薩ノ化身トテ、衆生済度ヲ方取リ給ヘリ、而ルヲ何ソ強チニ必獣ヲハ多ク殺シ給フヤト申シテ伏シ給ヘリ、夢ニ御前ニ懸ケ置キタリケル鹿・鳥・魚等マテモ、皆金仏《ホトケ》ト成リテ雲ノ上ニ登リ給ヘリ。其後大明神笏ヲ以テ御袖ヲ昇合セツ、、

野辺ニスムケタモノワレニエンナクハ　ウカリシヤミニナヲマヨハマシ

トテ、雲ノ上ニ昇ル仏達ヲ指差シテ、業尽有情、雖放不生、故宿人天、同証仏果ト言ヘリ。哀レナルカナ、業尽ナル有情ハ放ツト云ヘトモ助カラス、故ニ且ク人天ノ胎ニ宿シテ終ニ仏果ヲ証スルナリ。寛堤僧正随喜ノ涙ニ声ヲ立テ、泣ク泣ク下向セラレケルハ哀ナリ。

凡日本六十余州ニ神祇神社多シト云ヘトモ、心深クシテ神明ノ身ヲ受ケ、応跡示現ノ徳新タニ、衆生守護ノ方便ノ忝キ事、諏方ノ大明神ノ御方便ニ過キタルハ無キトカヤ。

およそ諏訪明神との〈畜類の救剤問答〉は、巻四の「秋山祭事」において、田村丸とによって示され、それは解決済みのことであったはずである。が、ここでは「維縵国ノ御狩ノ時」のこととして繰り返し、その相手を長楽寺の寛提僧正とする。それは、広く世に知られた「業尽有情、云々」の「諏訪の文[65]」の神託を改めて紹介することである。そしてこの二段にわたっての「諏訪の文」の紹介は、後の「諏方縁起画詞」や「諏方大明神講式」などにもうかがえるのであるが[66]、これを文献の上で見出せるのは、嘉禎四年（一二三八）の『諏訪上社物忌令』がまずは初出と言える[67]。すなわちこれは「流鏑馬之吏」に高丸御退治についてふれ、「神殿ノ下段」を説くに「業尽有情」をあげるが、「当社ノ御贄」におよんで、

慈悲ノ御贄ヲフクセム輩ハ、心中ニカノコウシムウシャウ（業尽有情）、スイハウフシャウ（雖放不生）、コシュクニンチウ（故宿人中）、トウセウフツクヮ（同証仏果）トセウスレハ、ウルトコロノ贄ハ忽ニ成仏得道ス。

と紹介する。しかしこれが、だれに対して発せられた神託であるかをあげることはない。しかるに「諏方縁起」は、これを嘉禎三年（一二三七）のこととし、長楽寺の寛提僧正に対する夢告として示されたと説くことが特異である。しかもこれは「野辺ニスム、云々」の神詠をも含むものとしている。ちなみにこの神詠については、『神道集』は巻五・第二十六「御神楽事」にもあげ、この寛提僧正を「越後ノ国出湯（花宝寺）の長老」とする。が、諏訪との地縁からすれば、「長楽寺ノ長老」とする方が妥当であると推される[68]。その長楽寺は、言うまでもなく、隣りの上州・世良田の長楽寺の謂いである。その長楽寺は栄西の弟子・栄朝の開く寺院であったが、それは臨済禅を伝えるのみならず、台密兼修の道場であり、葉上流・蓮華流・穴太流・梨本流（檀那流）などを継承する寺院であった[69]。しかもその

末寺は上州を中心に東国一円に及んで多く点在するが(70)、そのなかでも西上州・一宮貫前神社の別当寺光明院は、いっとき長楽寺が衰退するときには、これにかわって、その行法を伝えるほどの有力な天台寺院であったことが注目される(71)。ところで、「諏方縁起」のあげる長楽寺の長老・寛提僧正の出自は確認できないが、ひとまず嘉禎三年を史実によるとすれば、その頃の長楽寺の住持は、栄朝入寂の宝治元年（一二四七）の後にこれを嗣いだ第二世・朗誉と推される(73)。無住法師が学んだ学匠である(74)。その長楽寺草創期には各地から遊学する学僧がたいへん多かった(75)。そのような時期に、当寺に長老として寛提僧正なる学匠があったとすれば、長楽寺史としても留意されねばなるまい。が、ともかく、その寛提僧正が、諏訪明神から夢告を受けたとする「諏方縁起」の叙述は、そこに長楽寺の有力末寺の一宮・光明院を介在させると、いちだんと現実味を帯びることになるのである。

ちなみに『神道集』は、巻七・第三十に「上野国一宮事」をあげている。これは一宮抜鉾大明神の垂迹縁起を載せるものである。入王二十代安閑天皇の御字、南天竺拘留吠国の玉芳大臣の末娘・好美女が、大王の魔手を逃れて、我国に渡来、上野と信濃の国境の笹岡山に鉾を逆さに立てて住んでおられたという。そこへ諏訪大明神が、母御前のおられる日光山へ通う途中に、好美女を見染めて夫婦となられたが、明神の北の方・諏訪の下宮の腹立ちを聞き、好美女は甘楽郡尾崎郷に遷られ、社を建てて一宮に祀られたというのである。『神道集』の古本系・流布本系、および在地の縁起本との異同は、大島由紀夫氏が詳しく説かれている(76)。当然、この縁起の叙述は、上州一宮と諏訪社との並々ならぬ関係を示すものである。大島氏は一宮周辺に中世以来、諏訪信仰の勢力が進出していることを指摘されている(77)。しかも、この一宮・抜鉾大明神と諏訪明神とのかかわりを説く縁起が、「諏方縁起」のなかに同文的に引用されているのである。それは右にあげた寛提僧正の明神夢告譚の直前に収めている。神道集編者のよくするものであったと推される。

はやく角川源義氏は、「妙本寺本曽我物語攷[78]」の最後に、「世良田の長楽寺をおいて『神道集』の結集はあり得ない」と説かれた。それは神道集や真名本曽我物語の関係地を訪ね歩いた実感からの発想である。また近藤喜博氏は、「東洋文庫本神道集」のなかに「上州の語り物――神道集関係――」を収め、その解説「神道集について[79]」において、その編者と上信地方とのかかわりに注意をはらっておられる。わたくしも『神道集』の編者を東国の上信地方に求めて論を重ねてきた[80]。特に村上学氏は、先にあげた『神道集』の論攷、その実者権者の習合理論を通して西上州の縁起群に注目されている[81]。そして今、わたくしは、『神道集』の編者の面影を「長楽寺ノ寛提僧正」を通して、上州一宮の別当寺・光明院に認めている。先にあげたごとく当寺は、長楽寺のなかの最も有力な末寺であり、ときにはそれに代って東国天台の教学を支えた寺院であった。ちなみに『山家要略記』の編者・義源の出自は、この一宮・光明院とも伝える[82]。しかも世良田長楽寺文書の収載する「都法灌頂秘録」には、奥書ふうに円仁・承雲から明雲・顕真を経て義源に至る「秘録」を添えるが[83]、それは硲慈弘氏が引用される『師資相承血脈次第』の「付嘱梨本門跡・梶井正流」に準ずるものであった[84]。檀那流の安居流説経僧の活躍が当寺にまで及んでいたかと察せられるが、詳しくは別稿によることとする。

注

（1）藤井貞和氏「御伽草子における物語の問題―中世神話と語りと―」（『国文学　解釈と鑑賞』昭和四十九年〔一九七四〕一月号）、長谷川政春氏「性と僧房―稚児への祈り―」（右掲同誌）。

（2）徳田和失氏「中世神話」（『国文学　解釈と鑑賞』昭和五十五年〔一九八〇年〕二月号）、古橋信孝氏「中世神話としての寺社縁起―『神道集』「三島大明神事」を中心に―」（右掲同誌、昭和五十七年〔一九八二〕三月号）、徳田和夫氏「『中世神話』論の可能性」（『別冊　国文学』十六号『日本神話必携』昭和五十七年〔一九八二〕十月）、拙稿「中世文学と古代

文学―「中世神話論」をめぐって―」（古代文学講座　第一巻『古代文学とは何か』勉誠社、平成五年（一九九三）七月）など。

（3）伊藤正義氏「中世日本紀の輪郭―太平記における卜部兼員説をめぐって―」（『文学』昭和四十七年（一九七二）十月号）。これを受けて阿部泰郎氏の「中世王権と中世日本紀―即位法と三種神器説をめぐりて―」（『日本文学』昭和六十年（一九八五）五月号）、同氏「八幡縁起と中世日本紀―「百合若大臣」の世界から―」（『現代思潮』昭和六十三年（一九八八）四月号）、同氏「日本紀と説話」（『説話の場―唱導・注釈―』〈説話の講座〉第三巻、平成五年（一九九三）勉誠社）などがある。

（4）伊藤聡氏「神道の形成と中世神話」（『日本思想史講座』第二巻、平成二十四年（二〇一二）ぺりかん社）、同氏『神道とは何か―神と仏の日本史』（平成二十四年（二〇一二）、中央公論）第四章第三節「中世神話の諸相」参照。いちいち論文はあげないが、歴史学（思想史学）で、中世日本紀を中世神話として積極的にとりあげることになるのは、平成年間に入ってからである。

（5）『中世神話』（平成十年（一九九八）、岩波新書）。なお山本ひろ子氏は、はやく神語り研究会を主宰し、すでに『変成譜―中世神仏習合の世界』（平成五年（一九九三）、春秋社）、『異神―中世日本の秘教的世界』（平成十年（一九九八）、平凡社）を公刊している。

（6）はやく近藤喜博氏は『東洋文庫本　神道集』（昭和三十四年（一九五九）、角川書店）の「神道集について」において、この地域性を注目し、「神道集は関東信越の関心者にして消息を知る者、特に上州地方に深刻な関係をつなぐものの唱導によったとすることができる」と説かれている。拙稿「原神道集の編成―三十番神信仰をめぐって」（『立命館文学』第四三九～四四一号、拙著『神道集説話の成立』昭和五十九年（一九八四）、三弥井書店収載）においては、原神道書を東国上州向けの唱導台本を認めてそれを三十番神信仰にもとづくものと論じている。これに対して村上学氏は「神道集の構成原理」（『伝承文学研究』四十三号、平成六年（一九九四）十二月）において、神道集の枠組みを巻一・第一話～巻五・第二十五話の前半（上段）と巻五・二十六～巻十・五十の後半（下段）が対応する視座によるとし、その視座の中心は東国、おそらく西上州にあったのではないかと説かれている。しかも村上氏は、岩波講座『日本文学と仏教』第八巻「仏と神」

（平成六年〔一九九四〕）収載の『神道集』においても、これを受けて「神道集は西上州の神々の信仰体系の視座から中央の国家体制を支える神々を眺めた」ものかを論じられている。

（7）「神道集と近古小説」（『日本演劇史論叢』昭和十二年〔一九三七〕五月、巧芸社『筑土鈴寛著作集』第四巻、昭和五十一年〔一九七六〕、せりか書房、再録）。

（8）神道大系　文学編一『神道集』（岡見正雄・高橋喜一両氏校注、昭和六十三年〔一九八八〕）。

（9）井上寛司氏『日本の神社と「神道」』（平成十八年〔二〇〇六〕、校倉書房）第一章第三節「神道成立の歴史過程」〈二十二社・一宮制の成立〉参照。

（10）右掲注（6）同書「神道集について」。

（11）中世日本紀の達成の一つを「釈日本紀」に認めると、それは鎌倉中期となる。また伊勢大神と天魔王契約説は・伊藤聡氏の『中世天照大神信仰の研究』（平成二十三年〔二〇一一〕法蔵館）第三章「第六天魔王譚の成立―国土創成神話の中世的変奏―」によれば、その成立は「中世初期」に遡るが、その流行は鎌倉中期以降と言える。

（12）黒田彰氏「神道集、真名本曽我と平家打開」（『愛知県立大学文学部論集　国文学科編』第三十五号、昭和六十一年〔一九八六〕）。

（13）『長寛勘文』収載「熊野権現御垂迹縁起」。

（14）五来重氏「箱根山修験の二種の縁起について―『箱根山縁起并序』と『箱根山縁起絵巻』―」〈山岳宗教史研究叢書〉14、『修験道の美術・芸能・文学（1）』、昭和五十五年〔一九八〇〕、名著出版）、同氏「箱根権現縁起絵巻〔解題〕」（同上17、『修験道史料集（1）』、昭和五十八年〔一九八三〕、名著出版）。

（15）佐藤真人氏「天台神道と『神道集』」（『神道宗教』一〇八号、昭和五十七年〔一九八二〕九月）」。

（16）『唱導文学研究』第九集（平成二十五年〔二〇一三〕所収）。

（17）筑土鈴寛氏は、右掲注（7）の論考において、安居院が檀那流の学系に属することを注目されている。また故岡見正雄氏は『平家物語』巻二「座主流」において、澄憲法印がひとり明雲僧正を見送り「一心三観血脈相承」を授けられる条などをあげてしばしば安居院が梶井・檀那流に属することを強調されていた。

(18)『中世文学』第二十七号、昭和五十七年〔一九八二〕十月、拙著『神道集説話の成立』（昭和五十九年〔一九八四〕、三弥井書店収載）。

(19)これについての各氏の意見は、右掲注(6)にあげている。その後の拙稿としては、「『神道集』とヨミの縁起唱導―原神道集の可能性―」（『唱導文学研究』第一集、平成八年〔一九九六〕、三弥井書店）がある。

(20)詳しくは第三章に論じているが、それは『山家要略記』の編者・義源の出自を伝える上州一の宮の別当寺院・光明院と想定している。ちなみに光明院は世楽田長楽寺に属した有力寺院で、梶井・檀那流の学系によっている。

(21)阪口光太郎氏「中世神代紀管見―中世日本紀の一側面について―」（『伝承文学研究』第四十号、平成三年〔一九九一〕十二月）によると、『日本書紀』以来の神世十二代を「天神七代・地神五代」とする神代構成は、すでに仁安二年〔一一六七〕頃成立の勝命（藤原親重）の『古今序註』や平安末期の『簾中抄』に見出されている。それがやがて人皇の神統譜に位置づける中世日本紀と展開するのであるが、井上寛司氏は前掲注(9)同書の第一章第三節「神道成立の歴史過程」〈中世的神統譜の成立〉において、その成立過程を考察されている。

(22)右掲注(11)伊藤聡氏『中世天照大神信仰の研究』同書同章。

(23)右掲注(7)筑土鈴寛氏「神道集と近古小説」同論文。

(24)久保田収氏『中世神道の研究』（昭和三十四年〔一九五九〕、神道史学会）第三章第一節「両部神道の成立」、岡田荘司氏「両部神道の成立期」（安津素彦博士古希祝賀会『神道思想史研究』、昭和五十八年〔一九八三〕）。

(25)右掲注(6)岩波講座『日本文学と仏教』第八巻所収「神道集」。

(26)・(27)伊藤富雄氏「諏訪円忠の研究」（『著作集』第二巻、昭和五十三年〔一九七八〕永井出版企画）。

(28)拙稿「「馬の家」物語の系譜（上）―〈田村語り〉をめぐって―」（『立命館文学』第四八五～四八六号、昭和六十年〔一九八五〕十一月・十二月）。

(29)『諏訪大明神画詞』〈祭第七・冬〉「同廿四日、シンフクラヲ祭ル礼アリ」とて、鷹によってシンフクラという鳥を追う狂言が叙されている。それは「是則安倍高丸追罸ノ時、（中略）彼後見カ娘ヲメサレテ、其望ヲカナヘサセ給シ昔ノコトワサ、今モタエスト也」とある。これについては、二本松康宏氏「真名本『曽我物語』における畠山重忠の「鷹語り」」

（『伝承文学研究』第六十二号、平成二十五年〔二〇一三〕八月）参照。
(30) 狛朝葛著、文永七年〔一二七〇〕。
(31) 戸隠神社旧別当・久山家所蔵、江戸前期（寛文以前）書写（大島由紀夫氏「『戸隠山絵巻』考」）（『伝承文学研究』第三十四号、昭和六十二年〔一九八七〕七月）。
(32) 拙稿「神道集〈諏訪縁起〉の方法—「秋山祭事」「五月会事」をめぐって—」（『立命館文学』五〇五号、昭和六十三年〔一九八八〕）（『神話の中世』平成九年〔一九九七〕三弥井書店）。
(33) 古来諏訪上社の祭祀に奉仕する当番のことで、神使御頭・花会頭・五月会頭・御射山頭などがあった。中世には氏人や信仰者が輪番で祭事の費用・労役を負担し、これを「頭役」と称し祭事を「御頭」といった。鎌倉時代には幕府が信濃の地頭たちに頭役をあてて諏訪社の神事に奉仕させ、その年の鎌倉番役を免じていた。『諏訪市史』〈中巻　近世〉（昭和六十三年〔一九八八〕、諏訪市）第十五章「諏訪神社」第七節「御頭役」など参照。
(34) 拙稿「神道集における説話の形成—巻四「諏訪大明神五月会事」を中心に—」（『日本文学』二一—七、昭和四十七年〔一九七二〕七月）（『神道集説話の成立』昭和五十九年〔一九八四〕、三弥井書店、第四編第一章）。
(35) 『諏訪史料叢書』第四巻（復刻版、昭和五十九年〔一九八四〕、諏訪教育会）。
(36) 岩田勝氏（『神楽源流考』名著出版、昭和五十八年〔一九八三〕）第一章「死繁昌の杖—壬生井上家蔵天正十六年荒平舞詞—」第一章参照。これによると、「荒平舞詞」に登場する荒平は、その先祖を獅子頬王とし、その子・甘露王を生んだが、その子が荒平大王とする。すなわち、この伝承系譜は諏訪大明神の出自と重なるのである。
(37) 『源氏物語』末摘花の巻に、それがうかがえる。醜女の末摘花は、普賢菩薩の乗物である白象に喩えられている。川口久雄氏は、はやく「金剛醜女変文とわが国の説話文学」（『漢文教室』第五九号、昭和三十七年〔一九六二〕三月）においてこの金剛醜女譚が唱導のネタに用いられていたことを説かれている。最近、今井友子氏「源氏物語における末摘花の造型—金剛醜女説話の受容について—」（『和漢比較文学会』五二号、平成二十六年〔二〇一四〕二月）が公刊されている。これは源氏物語の末摘花造型をめぐる発想や表現に、この金剛醜酷女説話の受容があったことを考察されたものである。わたくしは、その発想や表現の背景に作者が体験した唱導説経があると考えている。

(38)神仏習合思想が本地垂跡思想へと展開するなかで、各国の名神大社の多くは本地仏が決定され、それを奉ずる神宮寺・別当寺、本地堂が用意されていった。諏訪本社においても、一の宮・上社の本地を普賢菩薩、二の宮・下社のそれを千手観音と決するのは、おそらく平安末期に遡るであろうが、神宮寺・別当寺の成立も鎌倉時代には誕生したと推されよう。しかし、それは明らかではなく上社の神宮寺普賢堂は正応五年〔一二九二〕に、知久敦幸入道行性によって建立され、また永仁五年〔一二九七〕に普賢堂銅鐘を寄進、延慶元年〔一三〇八〕、神宮寺境内に五重塔が建立されている。すなわち諏訪本社とかかわる仏寺は、鎌倉末期には大いに整備されたことは明らかである。鷲尾順敬氏『信濃諏訪神社神仏分離事件調査報告』(『新編明治維新・神仏分離史料』第五巻、平成十三年〔二〇〇一〕名著出版)、『諏訪市史』〔上巻〕(平成七年〔一九九五〕諏訪市史編纂委員会編、諏訪市)、第七章第五節「上社と仏教」参照。

(39)江戸時代において、上社の普賢菩薩を祀る寺院は「本社別当　普賢神変山神宮寺」、下社の千手観音を祀る寺院は、「秋宮別当　海岸山神宮寺」であった。(右掲注(38)鷲尾順敬氏論攷参照)。

(40)『諏訪史料叢書』第三巻(復刻版、昭和五十八年〔一九八三〕、諏訪教育会編、中央企画)。

(41)「就中承久兵乱事、可向山道之由、被仰下六月十二月御教書云云、(中略)依之信重引率一家者、向大井戸之討敵人、致合戦忠預勲功、相烈一家之輩同抽忠節、蒙勲賞者数十人也」とある。その戦況については、右掲注(38)『諏訪市史』〔上巻〕第二章第二節「諏訪武士団の活躍」が詳しい。

(42)真弓常忠氏は守矢の神の「鉄鐸」に対する明神の「藤鎰」は、鉄文化を拓いた「みすず」(藤枝)を意味すると説かれる。(『日本古代祭祀と鉄』昭和五十六年〔一九八一〕、学生社、昭和五十六年〔一九八一〕第二編第一章「みすず攷」第三章「鉄輪と藤枝」)。

(43)金井典美氏「金沢文庫の古書「陬波御記文」と「陬波私注」」(『諏訪信仰史』所収、昭和五十七年〔一九八二〕、名著出版)。

(44)「諏訪縁起と「諏訪本地」—甲賀三郎の子どもたちの風景—」(徳田和夫編『中世の寺社縁起と参詣』平成二十五年〔二〇一三〕、竹林舎)。

(45)筑土鈴寛氏「諏訪の本地・甲賀三郎—安居院作神道集について—」(『国語と国文学』六—一、昭和四年〔一九二九〕)

（『著作集』第三巻昭和五十一年〔一九七六〕）。

(46) 柳田国男氏「甲賀三郎の物語」（『文学』昭和十五年〔一九四〇〕十月号）（『物語と語り物』昭和四十一年〔一九六六〕、角川書店）（『定本柳田国男集』第七巻、昭和三十七年〔一九六二〕、筑摩書房）、同氏「民間伝承と文学」（岩波講座『日本文学史』第十六巻、昭和三十四年〔一九五九〕）。

(47) 右掲注（44）二本松康宏氏「諏訪縁起と「諏訪の本地」―甲賀三郎の子どもたちの風景―」。

(48) 拙稿「諏訪縁起・甲賀三郎譚の源流―その話型をめぐって」（『立命館文学』第四四六～四四七号、昭和五十七年〔一九八二〕八月）（『神道集説話の成立』昭和五十九年〔一九八四〕、三弥井書店）。

(49) 拙稿「甲賀三郎の後胤―甲賀三郎譚採集ノート―」（上）・（下）（『国学院雑誌』昭和三十七年〔一九六二〕六月・七月・八月）（右掲注（45）同『神道集説話の成立』）。

(50) 拙稿「諏訪縁起の成立と展開―甲賀三郎譚の成長（上）（下）『立命館文学』第四六〇～四六二号、四六三～四六五号、昭和五十八年〔一九八三〕十二月・五十九年〔一九八四〕三月、（右掲注（43）同『神道集説話の成立』）。

(51) 中世における蓼科山修験の活動は不明としなければならない。江戸時代においては、古田村下吉田の宮原に、当山派修験の立科山万法院（慶長三年）立科山万宝院（文政八年）大仙院（明治二十一年）など、あわせて七基の墓があって、その活動をしのばせている（『茅野市史』中巻（中世・近世）昭和六十二年〔一九八七〕、茅野市、第十二章第三節修験道）。

(52) 右掲注（44）「諏訪縁起と「諏訪本地」―甲賀三郎の子どもたちの風景―」。

(53) 柳田国男氏『神を助けた話』大正九年〔一九二〇〕玄文社刊（『定本柳田国男集』第十二巻、昭和三十八年〔一九六三〕筑摩書房）。

(54) 「中世の三輪山平等寺と大和の霊山修験」（『大美和』一二一号、平成二十三年〔二〇一一〕）。

(55) 右掲注（49）拙稿「甲賀三郎の後胤―甲賀三郎譚採集ノート」（上）（下）。

(56) 拙稿「『神道集』とヨミの縁起唱導―原神道集の可能性―」（『唱導文学研究』第一集、平成八年〔一九九六〕、三弥井書店）。

(57) 右掲注（49）拙稿『甲賀三郎の後胤―甲賀三郎譚採集ノート』。

(58)『朝野群載』巻第六〈神祇官〉「中臣祭文」。
(59)これについては、右掲注(6)の近藤喜博氏が『東洋文庫本　神道集』の解説「神道集について」にとりあげられている。山伏修験寺の影響が採り入れられていると論じておられる。
(60)昭和六十年(一九八五)、神道大系編纂会。
(61)右掲注(6)『神道集』(岩波講座『日本文学と仏教』第八巻)。
(62)『音と映像と文字による日本の歴史と芸能』第八巻〈修験と神楽〉(平成二年(一九九〇)、平凡社)山本ひろ子氏「浄土入り」のドラマトゥルギー―奥三河の霜月神楽をめぐって」。『大系日本歴史と芸能―音と映像と文字による―八修験と神楽』所収、網野善彦ほか編、なお、中国地方における荒神神楽も荒神を龍蛇にみたてて、その三熱の苦を除去する神儀であることも注目すべきであろう。(牛尾三千夫氏『神楽と神がかり』昭和六十年(一九八五)、名著出版、第一部・大元神楽とその周辺、第二部・荒神神楽とその周辺、岩田勝氏『神楽源流考』昭和五十八年(一九八三)、「神子と法者・死霊の鎮め」「荒神祭祀の構造と神楽事・神楽能の三類型」など)。
(63)武井正弘氏「花祭の世界」『日本祭祀研究集成』第四巻　祭りの諸形態(二)―中部・近畿篇』所収、岩崎敏夫・三隅治雄編、(昭和五十二年(一九七七)名著出版)「花祭の世界」。
(64)伝承文学研究会編『神道物語集(一)』、昭和四十一年(一九六六)三弥井書店。
(65)千葉徳爾氏「狩猟信仰としての諏訪神道」〈諏訪の神文〉(『狩猟伝承研究』昭和四十四年(一九六九)本編第七章　風間書房)。ここでは、全国各地の山間における狩猟民の間で唱えられる「諏訪の文」をあげておられる。またこれが鷹狩りを営む人々にも用いられていたことは、中澤克昭氏の「鷹書の世界―鷹狩と諏訪信仰―」(五味文彦氏編『芸能の中世』(平成十二年(二〇〇〇)、吉川弘文館)があげておられる。
(66)『諏訪大明神画詞』は、〈諏訪縁起・中〉において、田村丸との〈畜類救剤問答〉の後、「一巻記文」(諏訪御記文)を示され、〈諏訪祭〉において、五月会が「業尽有情ノ本誓」によると叙す。また『諏方大明神講式』は、第四の「称ニ讃種々ノ神変一」において、畜類救済の神託が御射山の時に示されたことをあげ、第五の「明ニ御斉山ノ根源ヲ一」において「記文陀羅尼ノ文」(諏訪御記文)と共に、「業尽有情、雖放不生、故宿人身、同証仏果」の四句の偈頌をあげている。なお同時代の文献としては、『神道雑々集』上巻・二十二「須婆明神御供前ニ備生類事」に「明神詫云、既入死門放入死門放トモ不可生我入腹中共成仏道」とあり、『渓嵐拾葉集』第四〈諏訪明神託宣事〉にも見えている。

(67) この『物忌令』は嘉禎四年十二月、大祝信濃権守信時の代に、鎌倉将軍藤原頼経が伊豆山別当弘実をして、諏訪社の大事神道の内より、秘密の所を詮議し、父母恩中経の説に基づき、日限を定め制定下付したものである。ただし、これは文保元年〔一三一七〕三月十五日、信時二男盛重の代に宮内の令に不審あり、その異なるものを焼き棄て、この「物忌令」と同間書を用いるよう、口の御判を据えられたものという。したがってその奥附「嘉禎四年戊戌十二月一日」および各神官の在判はそのまま信じ得ることはできない。前段の二十か条が当初のもので、それに諏訪に定め置かれた条々、七不思議・神宝・七石・七木等、神秘を忌むべきものは後に添えられたもので、文保元年以降のものとすべきであろう。

(68) 『渓嵐拾葉集』第四〈諏訪明神託宣事〉には、「業尽有情雖放不生放食身中同証仏果文謂意者。或聖参二詣諏訪大明神一之時。此神以二千頭鹿一ヲ奉レ祭事ミ会二不審一。奉二祈念一之時神託也云云 或説云。汝入死門放不得生我食身中共成仏道ト同神託ノ文也云云」とある。『三国伝記』巻第七には、これを第二十一「隆弁僧正諏方ノ明神示玉フ二夢想一事」としてあげている。

(69) 尾崎喜左雄氏「長楽寺の研究」(『上野国長楽寺の研究』昭和五十九年〔一九八四〕、尾崎先生著書刊行会)、小此木輝之氏「中世天台宗の展開と世良田長楽寺」(『中世寺院と関東武士』平成十四年〔二〇〇二〕、青史出版)など。

(70) 右掲注(69)尾崎氏論攷所収の元禄十三年〔一七〇〇〕「長楽寺末寺連印帳」、同注(66)小此木氏論攷所収の文化七年〔一八一〇〕「本末帳」参照。

(71) 右掲注(69)小柴木論攷によると、南北朝以降、当光明院の法系からは、長楽寺の長老とも称すべき学僧を輩出しており、中世末期に長楽寺の法流が衰退したとき、この一宮光明院から戻入したのが、『長楽寺文書』の『印信物目録』であった。

(72) 嘉禎三年は、諏訪祝家にとっては大きな屈折のあったときで、その文献にはしばしばその年記がうかがえる。したがってその書に記された年記は、そのままに信ずることには問題がある。それは、史実とみるよりは象徴的記述とみるべき場合が多い。

(73) 右掲注(69)尾崎氏論攷所収の『禅刹住持籍』には「第二世蔵叟諱朗誉号非願嗣号朝宝治元年丁未入寺歳五十五住院十二年後遷寿福寺建治二年丙子六月五日示寂寿八十四歳」とある。

(74)『雑談集』第三巻〈愚老述懐〉の項。
(75) 右掲注(69)小柴木論攷によると、貞応二年〔一二二三〕には東福寺の円爾が肥前の神子栄尊と同行して遊学、安貞二年〔一二二八〕には南禅寺の無関普門、次いで鎌倉光明寺の然阿良忠、さらに宝治元年〔一二四七〕には紀州由良の心地覚心が来寺している。
(76)・(77) 大島由紀夫氏「神道集所収『上野国一宮縁起』考—在地縁起との比較を通して—」(『説話文学研究』第二三号、昭和六十三年〔一九八八〕)(『中世衆庶の文芸文化—縁起・説話・物語の演変—』平成二十六年〔二〇一四〕三弥井書店)。
(78) 角川源義氏「妙本寺本曽我物語攷」『妙本寺本曽我物語』、貴重古典籍叢刊三、(昭和四十四年〔一九六九〕、角川書店)。
(79) 右掲注(6)同書、所収。
(80) 右掲注(6)拙稿「原神道集の編成—三十番神仰をめぐって」、右掲注(19)「神道集とヨミの縁起唱導—原神道集の可能性—」。
(81) 右掲注(6)「神道集」。
(82) 長楽寺文書所収「穴太流等印信惣目録」(上野国一宮光明院住物印信惣目録写・光明院)に応永二十五年〔一四一八〕皇源書写の光明院系譜(法脈)をあげる。が、その教祖に義源が掲げられており、「義源ハ八幡太郎義家の舎弟ナリ、一宮光明院ハ旦那ニナリ起立シ又開山ニモナルナリ」とある。野本覚成氏「成乗坊義源の行跡—鎌倉末比叡山の学匠—」(『天台学報』第二七号、昭和五十九年〔一九八四〕十一月)参照。
(83) 元弘四年〔一三三四〕二月二十五日、義源の法孫(上野一宮学頭・尾崎房源春の弟子)上野州・勧学寺俊源の書するものである。なお、この「秘録」の前段にも、円仁・承雲から義源に及ぶ法脈をあげ、その受法を義源は延慶二年〔一三〇九〕とし、以下守明が嘉暦元年〔一三二六〕、皇源が貞治五年〔一三六六〕皇澄が応永二十五年〔一四一八〕、什雄が享徳三年〔一四五四〕とする。
(84) 硲慈弘氏『日本仏教の開展とその基調』下(昭和二十三年〔一九四八〕三省堂)「恵檀両流の発生及び発達に関する研究」〈付、慧檀両流の関東伝播〉。

第二章　『神道集』「秋山祭事」「五月会事」の生成
――『諏訪信重解状』『諏訪社物忌令』とかかわって

はじめに――諏訪関連縁起の構成

わたくしは、前章「諏訪の中世神話―神道集の時代」[1]において、『神道集』の分類を筑土鈴寛氏の説に一応したがいながら、垂迹縁起的なるものを、イ・公式的縁起に近いものと、ロ・物語的縁起との二分類案を次のように補訂したのであった。

（一）　本地由来縁起（「公式的縁起」）
（二）　垂迹由来縁起（「物語的縁起」〈その一〉）
（三）　祭祀由来縁起（「物語的縁起」〈その二〉）

しかも各縁起は、まずは単独で示されるのであるが、しばしば複合して示される。たとえば、巻二・六「熊野権現事」は、右の三分類のそれぞれを複合してあげる[2]。まずは冒頭は、

（一）　抑熊野ノ権現ト申スハ、役ノ行者、婆羅門僧正、併ニ真ニ本地ヲ信仰シ給ヘリ、凡縁起ヲ見ルニ、往昔ニ甲寅、唐ノ霊山ヨリ、王子旧跡ヲ信シ給フ、日本鎮西豊前ノ国、彦根ノ大嶽ニ天下リ給フ、其ノ形ハ八角ノ水糖ノ石ナリ、高サハ三尺六寸、其後在々処々ニ御在所ヲ求メテ、遥カニ年序送テ後ニ、正キ熊野ノ権現ト顕給ヘリ、日本

ノ人王ノ始メ、神武天王ノ治天七十六年ノ内、第四十三年（二）壬《みつのへ》寅ノ年ナリ、其後モ仏法未タ本朝へ渡ラス、仏法渡リ奉ル後モ、上代尚幽微ナリキ、年序三百余歳ヲ経テ後、帝王四十余代ノ比ニ、役ノ行者・婆羅門僧正参詣シテ後、御本地ヲハ顕給ヘリ、所以二十二所権現内ニ、先三所権現ト申スハ、証誠権現ハ、本地アミタ如来ナリ、両所権現ノ中ノ御前薬師、西ノ御前ハ観音ナリ、五所王子ノ内ニ、若一王子ハ十一面、禅師ノ宮モ十一面、聖ノ宮ハ龍樹ナリ、児ノ宮ハ如意輪ナリ、子守ノ宮ハ請観音ナリ、四所ノ明神ト申スハ亦、一万・十万、千手・普賢・文殊ナリ、十五所ハ釈迦如来、飛行夜叉、米持権現ハ愛染王、亦ハ毘沙門トモ云フ、那智ノ滝本ハ飛瀧権現ナリ、本地千手ニテ在ス、総道ニテ八十四所ノ王子ノ宮立給ヘリ、又飛行夜叉ハ不動尊、此ヲ十二所権現トハ申スナリ。新宮・神ノ蔵ハ毘沙門天王ナリ、亦ハ愛染王共云フ、雷電八大金剛童子ハ本地弥勒ナリ、阿須賀大行事ハ七仏薬師ナリ、

とある。すなわち熊野十二所権現の本朝垂迹を説き、三所権現の証誠殿の本地・アミダ如来、両所権現・中ノ御前の本地・薬師、西の御前の本地・観音など、以下、それぞれの本地仏をあげる。次いで、

（二）　此権現ト申ハ、天照太神ノ時ノ人ニテ御在ストモ、示ス処ノ国土ハ遍ネシ、余ノ国ヲハ挙テ云ヘカラス、中天竺摩訶陀国六万国ノ主ハ、善財王ト申ス是ナリ、此帝ノ余ノ国王ニ勝タリシ事第一ニシテ、内裏ノ仰広ナリ、此内裏ノ分内ノ広サハ、七日七夜ニ行キ廻ル也、……此王ニ一千人ノ后在ス、一千ノ都ヲ構ヘテ居ケリ、此ノ一千人ノ后ノ中ニ、西ノ端ニ在ス后ト申ハ、源ノ中将ト申ス人ノ娘ナリ、御位ニ在シテ、五衰殿ノ女御ト申ケル、……鬼時谷ト云谷ニテ首切ルヘキ由、宣旨ヲ作シ書キ下サレケリ、……而ル程ニ、后ニハ千手経ヲ読給テ後、御産ノ色モ見ニケリ、一時計有テ生レ給ヘリ、……明玉ノ如クナル王子ニテソ御在ケル、……喜見上人ト云フ聖在ス、……聖人ハ王子ヲ抱キ奉テ、三ケ年ハ養ヒ奉ツヽ、王子七歳時生レ月ノ日ニ当テ、聖人ハ王子ヲ引具シ奉リ

ツ、、内裏へ参給ヘリ、……王子ハ子細モ無クシテ、大王ノ御膝ノ上ニ参リ給ヘリ、……大王仰ラレケルハ、本ヨリ女ハ怖シキ者ナリケリ、亦再ヒ返リ見ルヘカラス、則チ金ノ早車ヲ召ツ、大王ト王子ト聖人ト三人共ニ同シ車ニ召サレケリ、大王ハ五ノ剣ヲ取出シ仰セラル、ハ、我身ハ何クトハ差スマシ、私ノ剣トモ落付タラン処ヘ行カンスルナリトテ、北ヘ向テ投サセ給ヘリ、……僅カナル日本国秋津嶋ヘ来ル。……次第ニ転々シテ、五所ヲ示シ給ヘリ、而レ共第一ノ剣ニ付テ、終リニハ紀伊国武漏郡付カセ給ケリ、此ノ国ニ来リ、七千年ノ間ハ顕シ給ハス、

とある。すなわち熊野権現の前生の物語（五衰殿女御の山中出産譚）をあげ、その紀伊国武漏郡への垂跡を説くのである。次いで最後に、

（三）抑熊野権現ト申ハ、八尺ノ熊ト現シテ、飛鳥野ト云フ処ニ顕ハレ給ヘリ、佐コソ熊野ト申ケン、武漏ノ郡ニ摩那期ト云フ処ニ、千代包ト云フ狩師ナリ、……然八尺ノ烏《からす》出来レリ、大ナル猪ニ手ヲハ負共、力及ハス、……件ノ八尺ノ烏ハ先ニ立テ、閑々《シヅ》ト歩ミ行ケリ、狩師ハ怪ヲ成シテ行程ニ、大平野ト云フ処ニ、此烏ハ金色ニシテ見ヘケル、……件ノ狩師ハ烏ト列レテ行程ニ、曽那恵ト云フ処ヘ入ニケリ、猪ハ倒レ伏有ケリ、又烏ハ何クトモ無ク失ニケリ、……天ニ仰キ立ケル櫟ノ大ナル上ニ、光物ヲ見ケル、……彼ノ光物ニ問フ、我ハ十五歳ヨリ狩ヲシテ、六十ニ成マテ斯ル不思議ニ値ヘル事度々ナリ、然共未タ不覚ヲ現セス、何ニ物ナリトモ変シテ見ヘヨトソ云ケル、此ノ光物ハ三枚ノ鏡ナリテソ、答テ言ハク、我レハ是昔《シ》天照太神五代孫子、摩訶陀国ノ且クノ主、我国相伝ノ者ナリ、王ヲ始トシテ万人ヲ守ル者、熊野三所ト現スルモ我等カ事、誤チ仕事《スル》勿レ、宿縁ニ依テ汝ニ顕ル、ナリト仰セラレケレハ、狩師弓矢ヲ投捨テ、、袖ヲ合セツ、……彼ノ木ノ本ニ三ツ庵ヲ造リツ、、仰ノ如ナラハ、此ニ移ラセ給ヘト申ケレハ、三枚ノ鏡ハ三庵ニ移セ給ケリ、……宣旨ヲ申サントテ都上、……千代包ハ参テ此由ヲ申ケレハ、早ク御宝殿ヲ奉行シテ造リ奉ヘキ由仰付ラレケリ、……千代包ハ其宮ノ別当ナリ、

とある。すなわち熊野千代包の権現祭祀の由来を語るものである。

右によると、「熊野権現事」は、（一）の「本地由来縁起」（公式的縁起）、（二）の「垂迹由来縁起」（物語的縁起〈その一〉）、（三）の「祭祀由来縁起」（物語的縁起〈その二〉）の三部構成をもって叙されていると言えるであろう。

これに対して、諏訪関連縁起は、どのような叙述構成をとっているかを検してみる。が、それは、巻四と巻十とに分けて収載されている。勿論、それは、便宜的に分けられたもので、一応、全体としての構成を維持しているものと推される。

まず巻四、十七「信濃国鎮守諏方大明神秋山祭事」をあげる

（一）　仰信濃国ノ一ノ宮ヲハ、諏方ノ上ノ宮ト申ス、本地普賢菩薩是也、此仏ハ是《コレ》諸仏ノ長子トシテ、恒順衆生ノ願深シ、閑ニ以ハ、乗象ノ普賢ハ未タ三有ニ見ヘサレトモ、本覚ノ法身ハ十界ヲ動ス事、色像ヲ見ルカ如シ、懺悔其慈悲ノ事、甚タ遅シト云ヘトモ、三生ヲ過サス、名号ヲ唱ルニ、煩悩ヲ断尽シ給フ事速カ也、……花厳経ニ云ク、若人命終ノ時ニ臨テ、一切悉ク皆《ナ》捨離シ、随フ者ノ無ラン、唯此ノ願主ノミ相《ヒ》捨離セスシテ、一切ノ時ニ於テ、其《ノ》前ニ引導シツヽ、一刹那ノ内ニ、即チ極楽世界ニ往生スル事ヲ得畢リナハ、弥陀如来ノ所ニシテ、此《ノ》金言ヲ開カン、二ノ宮ヲスワノ下ノ宮ト申ス、本地ハ千手観音也、亦ハ大悲観世音ト名ク、此仏ハ是覚薬ヲ九品ノ蓮に開テ、仏果ヲ三明ノ月ニ備タリ、願ハ一音ノ歌歎ヲ以テ、普ク法界衆生ニ及ツヽ、自他共ニ仏果ノ道ヲ成セン、誠ニ有リ難キ御本地也、委細ノ縁起ハ別紙ニ有リ、尋テ見ル可シ、

右のごとく、それは一の宮・諏訪の上宮の本地・普賢菩薩、二の宮・諏訪の本地・千手観音をあげ、それぞれの本地仏の慈悲・仏果をあげる。それは本地由来縁起に当るものであるが、最後に「委細ノ縁起ハ別紙有リ」とは、ありがたき本地の垂迹物語は別紙にあるということで、それは巻十「諏訪縁起事」をさすものと思われる。次いで縁起は

「秋山祭事」に入る。

（三）　明神ハ信濃国ノ鎮守ト顕レ給フ事ハ、其由緒ヲ尋ルニ、人王五十五代、桓武天王ノ御時、奥州ニ悪事ノ高丸ト云フ者ノ有リ、国ヲ塞キ、人ヲ悩ス朝敵ニ成レリ、此時ニ亦一人ノ兵有リ、田村丸トソ申ケル、……彼ノ田村丸ハ悪事ノ高丸ヲ追罰ノ使《ヒ》ニ、御憑ミ有リ、……将軍ハ多門天ヨリ賜シ賢貧ノ剣ヲ抜ケハ、彼剣ハ高丸ニ懸テ、左右無ク高丸カ首ヲハ切ケリ、行合給シ殿原モ城ノ内ヘ乱レ入テ、高丸カ子息八人討執玉ヘハ、将軍ハ勝《チ》時ヲ作給ツヽ、都トテ上洛アリ、……将軍佐ハトテ、スワノ郡ヘ入ツヽ、此所ヲハ明神ニ寄進スルトテ、又云ク、此神明ヲ普賢・千手ト申也トテ、国内ノ人ヲ催ツヽ、深山ノ狩ヲハ始ケル、御縁日ニハ、悪事高丸ヲ亡セシ月日トテ、廿七日ヲハ祭給フ、…佐テ当時マテモ秋山ノ御祭日ノ日トハ定ムル也、……田村丸ハ本ノ立願ニ、清水ニ大堂ヲ造リ給ツヽ、公家・武家ニ末代マテ敬ヒ給ヘル御願所ト崇メ給ケリ、佐テコソ此寺ヲハ勝敵寺トハ申ケリ、此田村丸ハ鞍馬ト諏方トヲ建立シ奉リ、諏方ノ秋山ノ祭ノ次第、略シテ此ノ如シ、

右のごとく田村丸の悪事高丸退治譚が語られ、それが縁で諏訪の秋山祭が始まったことを説く。それは、諏訪秋山の祭祀由来縁起である。「諏方秋山ノ祭ノ次第、略シテ此ノ如シ」とあるので、その詳細を語る原拠のあったことが推される。

次に同じく巻四・十八「諏方大明神五月会事」をあげる。

（三）　抑諏方ノ大明神ノ五月会ト申ハ、人王五十八代、光孝天王ノ御時ヨリ始リ、其《ノ》故ヲ尋レハ、此御宇ニ臣下一人御在ス、此人ヲハ在中将業平トソ申ケル、……信濃国ニ一人ノ鬼王有リ、……差シテ業平ハ笛ヲハ取テ返ケリ、夜モ未タ明ケサルニ、笛ヲハ君ニ進セニケリ、……鬼瞋リヲ成シテ、本身ニ成ケリ、其《ノ》長《ケ》二丈許ニテ、五色ノ色ヲ顕シツヽ、身ヨリ火ヲ出シテ、燃ヘテ出ル気ハ風ト成テ、人民憂ヘ、京中ヲ動カス、……帝安ラスト思食シ

テ、追使ニ満清ヲ下レケリ、……将軍妻子ノ別レヲハ惜ミ、人間ノ栄花ハ只今計ト云ヒ、愁歎申計モ無ケリ、満清ハ廿九ト申ケル、七月十日ニハ都ヲ出ラレケリ、……浅間ノ嶽ニ候也、……鬼王ハ宣旨ノ御使ノ下リ玉フ申ヲ承テ、戸隠山ヲ出テ、……将軍ハ鬼王ノ気色ヲ見玉テ、耳目ヲ驚カス、長ヶノ高サハ二丈計リ也、身ヨリ火ヲ出ス、九足八面ノ鬼ナリ、将軍モ火ヲ放テ戦ケリ、良久クアテ、二人ノ殿原ハ彼ノ鬼王ヲ搦メテ、先ニ追立テ出来レリ、……兵士ハ苦シミテ、打烈テ上洛給ヘリ、……満清ノ大納言ニ成シツヽ、信濃国ヲ始メテ十五箇国ヲ不主ノ免ニ賜ル、熱田ノ大明神ニハ其時始テ四十八箇所ヲ寄進シ奉リケリ、諏方大明神ニハ此ノ御時ヨリ、殊ニ十六人ノ大頭ヲハ定メラレタル事、諏方ノ郡ヲハ一向ニ寄進トナリケリ、桓武天王ノ御時ヨリ御頭ハ有トモ、此御時殊ニ定メラル、……此満清ノ立願ニテ、諏方ノ五月会ハ始メケリ、

すなわち業平の笛盗みによって生じた満清将軍の鬼王退治が語られ、それが縁で諏訪の五月会が始まったと説く。「諏訪五月会」の祭祀由来縁起である。しかる後に、次のように垂迹縁起が語られている。

（二）　抑諏訪大明神ト申ハ、天竺ノ舎衛国ノ波斯匿王ノ御娘ニ、金剛女ノ宮ト申ハ、天下第一ノ美人、十七歳ヨリ俄ニ金色ノ体ﾀト替リツヽ、生キ乍ラ鬼王ノ御形ト成リ給ヘリ、身ニハ鱗出テ来テ、青黄赤白ノ形近隣ヲ払タリ、……折節祇陀大臣ト申ケル人ニ預ケテ、東ニ内裏ヲ造ツヽ、二人乍ラ押入奉ル、只口一ヲ闕ケテ、城宮トモ申ス、亦ハ構宮トモ申ス也、……時ニ大王ハ釈尊ヲ請シテ御説法有ルヘキ由ヲ、金剛女ノ宮ハ伝ヘ聞キ、……王宮ノ方ヲ礼拝シテ、我ハ是閻浮提ノ濁悪ノ世ヲハ欣ハス、利益ヲ垂レ玉ヘト申シ給フ時ニ、仏眉間ノ光ヲ放チ給ヘハ、……金剛女ノ宮ノ御形三十二相ヲ相具シテソ……、別ノ聟有ルヘカラストテ、件ノ祇陀大臣ヲ聟ニ取給ヘリ、金剛女ノ宮ノ隠処ヲハ人知ラス、此宮ハ仮ノ人ニテ御在ス、会者定離ヲ示サンカ為也、本地ハ千手観音也、後ニハ日本ヘ渡リテ住ミ給フ、……上下二所ノ諏方トハ是也、上ノ宮ハ昔ノ祇陀大臣也、本地ハ普賢菩薩也、下ノ宮ハ

昔ノ金剛女ノ宮也、本地ハ千手観音也、

すなわち、諏訪大明神の前生の物語（金剛女宮の転生譚）をあげ、その垂迹、諏方上の宮・下の宮を語り、その本地の普賢菩薩・千手観音を説く。諏訪の垂迹由来縁起の一つである。

これに対して、もう一つの諏訪の垂迹縁起は、先の「秋山祭事」に「委細ノ縁起」とあげられていた巻十の「諏方縁起事」である。これは、右の「金剛女宮の物語」に比べると、きわめて長文の物語縁起であった。

（二）　夫レ日本秋津嶋ト申ハ、僅ニ六十余箇国ナリ、……東山道ノ道初メ、近江国廿四郡ノ内、甲賀ノ郡ト云処ヨリ、荒人神ト顕給シ御神ヲハ、諏方ノ大明神トソ申ケル、此御神ノ応跡示現由来ヲ委ク尋ヌレハ、人王第三の帝ヲハ安寧天王トソ申ケル、此帝ヨリ五代ノ御孫子、甲賀ノ権守諏胤《ヨリタネ》ト申ハ、甲賀ノ郡ノ地頭ニテ、威勢重キカ故ニ、畿内五箇国ハ申スニ及ハス、七道諸国ノ間ニモ人数ニ思ハレツヽ、不足ノ思無ク明シ暮シケリ、其偕老ヲ尋レハ、同キ王孫、大和国添上ノ郡ノ地頭、春日ノ権守ノ第一ノ娘ナリ、……此ノ如キ恩愛深キ御中ニ、男子三人御在ス、第一ハ甲賀ノ太郎諏致《ヨリムネ》、第二ハ甲賀ノ次郎諏任《ヨリタフ》、第三ハ甲賀ノ三郎諏方《ヨリカタ》トソ申ケル、……又始メテ数々ノ御孝養ノ後、第三箇年ノ御仏事モ過ケレハ、甲賀ノ三郎諏方ハ上洛ツヽ、帝ノ御見参ニ入ル、兼テ帝モ不便ニ思食サレシカハ、懃ニ訪有リツヽ、重テ大和国ノ検非違使所ヲ賜テ、大和守ニ成ラレニケリ、（略）

或年ノ三月中半ノ比、甲賀殿国中ノ侍共ヲ催シテ、伊吹山ノ七日ノ巻狩トテ、其勢一千余騎ニテ巓入、……北ノ方此雙紙ヲ取テ御覧スル処ニ、赤気ノ糸ヲ以テ髪ツラ結タル厳シキ児ト成テ、北方ヲハ昇摶《ツカ》ミ、艮ヲ差シテソ失ニケリ、……上ノ大巓ヘ此由ヲ申セハ、甲賀殿大ニ驚キ、……諏方カ命ノ候ハン程ハ尋ヘク候トテ、旅ノ出立ヲソセラレケル、……乳母子ノ宮内ノ判官ノ申サレケルハ、実トヤ忘テ候ケリ、信濃国笹岡ノ郡ノ内ノ蓼科ノ嶽ヲ見サリツルコソ、心ニ懸テ覚ヘ候ヘ、此ノ次ニ御在候ヘト申ケル時、急キ蓼科ノ嶽ヘ移リツヽ、此彼コヲ廻テ見給フ程ニ、北ノ峯ヨリ少シ艮《ラ》ノ角ニ当テ、大ナル楠アリ、差遶テ見給ヘハ、太ナル人穴有、……徒然ノ余リニ、東ヘ差シタル細道ニ向テ浮歩ミ行程ニ、大ナル松原ノ中ニ大ナル人穴アリ、不思議ノ事哉ト思テ行程ニ、太ナル国ヘ出サレタリ、……此ノ如シテ甲賀殿ハ七十三ノ人穴、七十二ノ国ヲ過テ、七十有余ノ翁ノ鹿室ヲ造テ、其ノ内ニ居ツヽ、鹿追処ヘ出ラル、……翁言ケルハ、此国ヲハ維縵国ト申ナリ、御辺ヲハ日本人ト見給ヘルカ、体ヲモ替ヘスシテ、是マテ通リ給ケルコソ不思議ナレ、自体コソ賤気ニテ候ヘトモ、此国ノ主ニテ候ナリ、此国ノ習ニテ、毎日、鹿狩ヲ宗トスル処也、……一千枚ノ鹿ノ餅九百九十九ヲハ食ヒテ、今一ノ残リタリケルヲ、半分許分ツヽ、五重ノ岩階昇後、皆食ハテシカハ、信濃国ノ巓ノイタタキヘソ出サレケリ、……先都ノ方ヘソ上ラル、維縵国ノ財共ヲハ、本鳥倈ニ取入テ、蓼科ノ嶽ニシテ収ラレケル、近江国甲賀ノ郡ニ入テ見玉ヘハ、父カ為ニトテ造ラル、笹岡ノ釈迦堂モ朽ス、岩屋堂ニテソ成タリケル、……甲賀殿仏壇ノ下ニテ、喜シキ事聞ヌル物哉大ニ喜ヒツヽ、未タ夜ヲ込、御堂ノ大門ヘ出テ、見給ヘハ、石菖殖タル池水有、此ヲ言喜テ、急キ池の中ニ下り混《ヒタ》リツヽ、此僧ノ教如ク四方ヲ拝ミテ後、水ノ底ヲ没テ岳ヘ上リ給ヘハ、赤裸ニシテ成ラレケリ、立返跡ヲ見玉ヘハ、蛇裳ヲ脱ケハ震シキ程ナリ、我身ナカラモ咹怖シヤトテ、左右ノ手ニテ恥ヲハ隠シ、御堂ノ内ヘ入給フ、

（略）

其ノ後春日姫ハ仰ラル、……去来サセ給ヘ、他国ヘ移ラントテ、天ノ早船設ケツヽ、振旦ノ南、平城ノ国ヘソ超サル、其国ニテ早那起梨ノ天子ニ値奉ツヽ、神道ノ法ヲ受ラル、……早那起梨ノ天子ハ、尤此義謂レ有トテ、天ノ早車ヲ奉ラレタリケレハ、夫婦二人此ニ乗テ、兵主ノ大明神御在、御使ト共ニ信濃国蓼科ノ嶽ニ付セ給ヌ、……信濃国岡屋ノ里ニ立テ、御名乗ヲ諏方ト申ス間、諏訪ノ大明神トテ上《ミ》宮ト顕給フ、……春日姫ハ下ノ宮ト顕給フ、維摩姫モ此国ヘ超テ神ト顕給フ、……今ノ世ニ浅間ノ大明神ト申ハ即是ナリ、……甲賀ノ三郎諏方ハ上

ノ宮ト顕レ給フ、本地普賢菩薩ナリ、春日姫ハ下ノ宮ト顕レ給フ、本地千手観音ナリ、仏菩薩ノ応跡ニ我国ニ遊給フ、必ス心身ニ苦悩ヲ受ケ、衆生ノ歎ヲ思知リ給ヘリ、

それは、諏訪大明神の前生を甲賀三郎の地底遍歴譚をもって語るもので、諏方郡・岡屋の里への垂迹を説き、それぞれの本地仏の普賢菩薩・千手観音を明かして終わる。それはまた諏訪大明神の垂迹由来縁起を成していると言える。

右のごとく、諏訪関連縁起は、およそ次のように構成されている。

巻四・十七「秋山祭事」

（一）　本地由来縁起　（三）　祭祀由来縁起

巻四・十八「五月会事」

（三）　祭祀由来縁起　（二）　垂迹由来縁起〈その一〉

巻十・五十「諏訪縁起事」

（二）　垂迹由来縁起〈その二〉

つまり三つの縁起形態によりながら、それを原拠に沿って、複合させて収載しているのである。が、そこには編者のゆるやかな構成意識がうかがえる。それならば、『神道集』の編者は、それぞれ「縁起」をそれぞれの原拠に沿って編集したものと推されるが、それは原拠の縁起をそのままに収載するものではないということである。それは当然とすべきことであるが、原拠の縁起がそのままではなくて、一定の構想をもって収載されているということである。しかもそれは、それぞれの叙述表現にも及ぶことである。そこで問われるのは、おそらく「安居院作」ということである。安居院流の唱導僧の関与、その叙述の方法、作文の技倆などが考察されねばならないが、それは注釈・読解の作業のなかで果されねばならない。

したがって本稿は、その編者が手にした原縁起の生成を考察するものとなるであろう。

一　『神道集』「秋山祭事」「五月会事」と「八幡縁起」

さて鎌倉時代半ば過ぎにおこった文永の役（一二七四）、弘安の役（一二八一）が、朝廷・幕府に及ぼした影響の甚大さは言うまでもないが、日本各地の社寺に及ぼしたそれもただごとではなかったのである。それが具体的にあらわれるのが、各社寺における縁起制作であるが、それがもっとも先鋭的にあらわれたのは、この文永・弘安の動乱に、直接かかわった九州方面の社寺であり、八幡の社寺であった。勿論それはその宗教活動における参加であり、その折の功績の顕彰であったにちがいない。そしてそれは、神功皇后の三韓征討以来のことと主張され、縁起にはかならずこれが先例として掲げられる。しかもその叙述や伝承は、日本各地の社寺に及ぶこととなった。本稿がとりあげる信州・諏訪社においても、これに準ずるもので、先にあげた『神道集』巻四の「五月会事」の末尾には、

昔ノ事ヲ忘レ玉ハネバ、神功皇后ノ新羅ヲ迫玉フ時モ、守護トソ承ル、

と添えられていた。しかもこれは、諏訪社と神功皇后伝説とのかかわりを示すにとどまらず、本稿のあげる「秋山祭事」「五月祭事」の祭祀縁起が、神功皇后の新羅征討（三韓征伐）を叙する「八幡縁起」とかかわって生成されたことを推測させるのである。そこで本稿は、「八幡縁起」の神功皇后説話の検討から始める。

まず各「八幡縁起」が原拠とするのは、『日本書紀』巻九「気長足姫尊（神功皇后）」である。それは、七年・春二月の仲哀天皇崩御の記事に次ぐ　三月一日の伊勢斎宮入りに始まると言える。

①　三月《やよひ》の壬申《みづのえさる》の朔《ついたちのひ》に、皇后、吉日《よきひ》を選《えら》びて、斎宮に入りて、親《みづか》ら神主《かむぬし》と爲《な》りたまふ。則《すなは》ち武内宿禰《たけしうちのすくね》

に命《みことのり》して琴《みこと》撫《ひ》かしむ。中臣烏賊津使主《なかとみのいかつのおみ》を喚《め》して、審神者《さには》にす。因《よ》りて千繒高繒《ちはたたかはた》を以て、琴頭尾《ことかみことしり》に置《お》きて、請《ねぎまう》して曰《まう》さく、「先《さき》の日《ひ》に天皇《すめらみこと》に教《をし》へたまひしは誰《いずれ》の神ぞ。願《ねが》はくは其《そ》の名《みな》をば知《し》らむ」とまうす。七日七夜《なぬかななよ》に逮《いた》りて、乃《すなは》ち答《こた》へて曰《のたま》はく、「神風《かむかぜ》の伊勢國《いせのくに》の百傳《ももつた》ふ度逢縣《わたらひのあがた》の拆鈴《さくすず》五十《い》鈴宮《すずのみや》に所居《ま》す神、名《な》は撞賢木嚴之御《つきさかきいつのみ》魂天疎向津媛命《たまあまさかるむかつひめのみこと》」と。亦問《またと》ひまうさく、「是《こ》の神を除《お》きて復《また》神有《いま》すや」と。答へて曰《のたま》はく、「幡荻穂《はたすすきほ》に出《で》し吾《われ》や、尾田《をだ》の吾田節《あがたふし》の淡郡《あはのこほり》に所居《を》る神有《あ》り」と。問《と》ひまうさく、「亦有《またいま》すや」と。答へて曰《のたま》はく、「天事代虚事《あめにことしろそらにこと》代玉籤入彦嚴之事代神《しろたまくしいりびこいつのことしろのかみ》有り」と。問《と》ひまうさく、「亦有《いま》すや」と。答へて曰《のたま》はく、「有《あ》ること無《な》きこと知ら《いさし》ず」と。是《ここ》に、審神者《さには》の曰《まう》さく、「今答《いまこた》へたまはずして更後《またのち》に言《のたま》ふこと有《ま》しますや」と。則《すなは》ち對《こた》へて曰《のたま》はく、「日《ひ》向《むかの》國《くに》の橘《たちばなの》小門《をど》の水底《みなそこ》に所居《ゐ》て、水葉《みなは》も稚《わかやか》に出《い》で居《ゐ》る神《かみ》、名《みな》は表筒男《うはつつのを》・中筒男《なおつつのを》・底筒男《そこつつのを》の神有《ま》す」と。問《と》ひまうさく、「亦有《またま》すや」と。答へて曰《のたま》はく、「有《あ》ることとも無《な》きこととも知《し》らず」と。遂《つひ》に且《また》神有《ま》すとも言《のたま》はず。
時《とき》に神の語《こと》を得《え》て、教《をしへこと》の随《まにま》に祭《まつ》る。

すなわち皇后自ら神主となって神々を招き、その名を問うと、天疎向津媛命《あまさかるむかつひめのみこと》（天照大御神の荒魂）ほか三女神が答えなさる。さらに、審神者（中臣烏賊津使主《なかとみのいかつのおみ》）の問に、表筒男・中筒男・底筒男の住吉三神が名告られる。皇后はそれらに従って祭りをなさったという。

次いで吉備臣が祖鴨別《かもわけ》を遣わして熊襲の国を撃にしめたまい、皇后自ら熊鷲《くまわし》を撃ち滅ぼし土蜘蛛田油津媛《たぶらつひめ》を誅伐なさる。次いで、

②夏四月《なつうづき》の壬寅《みづえのとら》の朔甲辰《ついたちきのえたつのひ》に、北《きたのかた》、火前國《ひのみちのくちのくに》の松浦縣《まつらのあがた》に到《いた》りて、玉嶋里《たましまのさと》の小河《をがは》の側《ほとり》に進食《みをし》す。是《ここ》に、皇后《きさき》、針《はり》を勾《ま》げて鉤《ち》を爲《つく》り、粒《いひぼ》を取りて餌《ゑ》にして、裳《みも》の縷《いと》を抽取《と》りて緡《つりのを》にして、河《かは》の中《なか》の石《いそ》の上《うへ》に登《のぼ》りて、鉤《ち》を投《な》げて祈《うけ》ひて曰《のたま》はく、「朕《われ》、西《にしのかた》、財《たから》の國《くに》を求《もと》めむすと欲《おもほ》す。若《も》し事《こと》を成《な》すこと有らば、河の魚《いを》鉤飲《ちく》へ」との

たまふ。因《よ》りて竿《さを》を擧《あ》げて、乃《すなは》ち細鱗魚《あゆ》を獲《え》つ。時に皇后の曰《のたま》はく、「希見《めづら》しき物《もの》なり」とのたまふ。

とある。つまり松浦にて、針の鉤《ち》を投げて、西方（新羅）を討つことの是《ぜ》か否《ひ》かの占いをなさると、みごとに細鱗魚《あゆ》を得て、それは是との答えを得なさったという

さらに皇后は、神祇《あまつかみくにつがみ》を祭って、西方を討つために神田を作りなさる。が、溝を穿《うか》つことができないので、武内宿祢に剣・鏡をもって神祇に祈願せしめ、ようやく水を通すことができる。さらに皇后は橿日《かしひ》（香椎）に戻って海に臨み、西方を討つに霊験あれば、髪は二つに分れよと、その髪を水海に入れなさる。髪は自然に分かれるので、皇后は西方（新羅）征討を決しなさったという。こうしていよいよ出兵の準備をなさる。

③　秋九月《あきながつき》の庚午《かのえうま》の朔己卯《ついたちつちのとのうのひ》に、諸國《くにぐに》に令《みことのり》して、船舶《ふね》を集《つど》へて兵甲《つはもの》を練《ね》らふ。時に軍卒《いくさびとども》集ひ難《がた》し。皇后の曰《のたま》はく、「必《かなら》ず神の心《みこころ》ならむ」とのたまひて、則ち大三輪社《おほみわのやしろ》を立《た》てて、刀矛《たちほこ》を奉《たてまつ》りたまふ。軍衆《いくさびと》自《おの》づからに聚《あつま》る。是《ここ》に、吾瓮海人烏磨呂《あへのあまをまろ》といふをして、西海《にしのみち》に出《い》でて、國有《くにあ》りやと察《み》しめたまふ。還《かへ》りて曰《まう》さく、「國も見《み》えず」とまうす。又磯鹿《またしか》の海人《あま》、名《な》は草《くさ》を遣《つかは》して視《み》しむ。日《ひ》を數《へ》て還りて曰《まう》さく、「西北《いぬゐのかた》に山有《やまあ》り。帯雲《くもゐ》にして、横《よこしま》に絚《わた》れり。蓋《けた》し國有らむか」とまうす。爰《ここ》に吉日《よきひ》を卜《うら》へて、臨發《たちたまは》むとすること日有り。時《とき》に皇后《きさき》、親《みづか》ら斧鉞《をのまさかり》を執《と》りて、三軍《みたむろのいくさ》に令《のりこと》して曰《のたま》はく、「金鼓節無《かねつつみわさためな》く、旌旗《はた》錯《まか》ひ亂《みだ》れむときには、士卒《いくさのひとども》整《ととの》はず。財《たから》を貪《むさぼ》り多欲《ものほしみ》して、私《わたくし》を懐《おも》ひて内顧《うちかへり》みれば、必《ふつく》に敵《あた》の爲《ため》に虜《と》られなむ。其《そ》れ敵少《あたすくな》くともな輕《あなつ》りそ。敵強《おほ》くともな屈《お》ぢそ。則《すなは》ち姧《をか》し暴《しの》がむをばな聽《ゆる》しそ。自《みつか》ら服《まつろ》はむをばな殺《ころ》しそ。遂に戰《たたかひ》に勝たば必《かなら》ず賞《たまひもの》有らむ。背《に》げ走《はし》らば自《おの》づから罪《つみ》有らむ」とのたまふ。既《すで》にして神《かみ》の誨《をし》ふることを有りて曰《のたま》はく、「和魂《にきみたま》は王身《みついで》に服《したが》ひて壽命《みいのち》を守《まも》らむ。荒魂《あらみたま》は先鋒《さき》として師船《みいくさのふね》を導《みちび》かむ」とのたまふ。和魂、此《これ》をば珥岐瀰多摩《にきみたま》と云《い》ふ。荒魂、此をば阿邏瀰多摩《あらみたま》と云《い》ふ。即《すなわ》ち神の教《みこと》を得《え》て、拜禮《ゐやま》ひたまふ。因《よ》りて依網吾彦男垂見《よさみのあびこをたるみ》を以《も》て祭《いはひ》の神主《かむぬし》とす。時に、適《たまたま》皇后《きさき》の開胎《うむがつき》に當《あた》れり。

皇后、則ち石《いし》を取《と》りて腰《みこし》に插《さしはさ》みて、祈《いの》りたまひて曰《まう》したまはく「事竟《ことを》て還《かへ》らむ日に、茲土《ここ》に産《あ》れたまへ」とまうしたまふ。其の石は、今伊覩縣《いまいとのあがた》の道《みち》の邊《ほとり》に在《あ》り。既にして則ち荒魂《あらみたま》を撝《を》ぎたまひて、軍《いくさ》の先鋒《さき》とし、和魂《にきみたま》を請《ね》ぎて、王船《みふね》の鎭《しづめ》としたまふ。

皇后は軍衆《いくさびと》を集めるのに、大三輪社を建てて祭り、吾瓮海人烏麻呂《あへのあまおまろ》・磯鹿海人名草《しかのあまなくさ》を遣わして、西方の国を検分させ、三軍を率いて士卒に戦さに向かう心構えを教えなさる。また依網吾彦男垂見《よさあみのあびこおたるみ》を神主として祭りをなさるとき、皇后は臨月に当っており、石を取って腰にはさみ、事終えて後に生まれ給えと仰せられる。しかして荒魂を招き和魂を請うて、王船の鎮守される。

④　冬十月《ふゆかむなつき》の己亥《つちのとのゐ》の朔《ついたち》辛丑《かのとのうしのひ》（三日）に、和珥津《わにのつ》より發《た》ちたまふ。時に飛廉《かぜのかみ》は風《かぜ》を起《おこ》し、陽侯《うみのかみ》は浪《なみ》を擧《あ》げて、海《うみ》の中《なか》の大魚《おほいを》、悉《ふつく》に浮《うか》びて船《みふね》を扶《たす》く。則ち大《おほ》きなる風順《おひかぜ》に吹《ふ》きて、帆船波《ほつむなみ》に隨《したが》ふ。櫨楫《かぢかい》を勞《いたつ》かずして、便《すなは》ち新羅《しらき》に到《いた》る。時に隨船潮浪《ふなななみ》、遠《とほ》く國の中《なか》に逮《みちおよ》ぶ。即《すなは》ち知《し》る、天神地祇《あまつかみくにつかみ》の悉《ふつく》に助《たす》けたまふか。新羅《しらき》の王《こきし》、是《ここ》に戰戰慄慄《おぢわなな》きて厝身無所《せむすべなし》。則ち諸人《もろもろのひと》を集《つど》へて曰《い》はく、「新羅の、國を建《た》てしより以來《このかた》、未《いま》だ嘗《むかし》も海水《うしほ》の國に凌《のぼ》ることを聞《き》かず。若《けだ》し天運盡《よのかぎりつ》きて、國、海と爲《な》らむとするか」といふ。是《こ》の言《こと》未《いま》だ訖《をは》らざる間《あひだ》に、船師《ふないくさ》海に滿《み》ちて、旌旗《はた》日《ひ》に耀《かがや》く。鼓吹《つづみふえ》聲《こえ》を起《おこ》して、山川《やまかは》悉《ふつく》に振《ふる》ふ。新羅《しらき》の王《こきし》、遙《はるか》に望《おせ》りて以爲《おも》へらく、非常《おもひのほか》の兵《つはもの》、將《まさ》に己《おの》が國《くに》を滅《ほろぼ》さむとすと。讐《お》ぢて志失《こころまど》ひぬ。乃今《いまし》醒《さ》めて曰《い》はく、「吾《われ》聞《き》く、東《ひがしのかた》に神國《かみのくに》有《あ》り。日本《やまと》と謂《い》ふ。亦《また》聖王《ひじりのきみ》有《あ》り。天皇《すめらみこと》と謂《い》ふ。必《かなら》ず其《そ》の國《くに》の神兵《みいくさ》ならむ。豈兵《あにいくさ》を擧《あ》げて距《ふせ》くべけむや」といひて、即《すなは》ち素旆《しろきはた》あげて自《みづか》ら服《まつろ》ひぬ。素組《しろきくみ》して面縛《みづからとらは》る。圖《しるしへ》籍《ふみた》を封《ゆひかた》めて、王船《みふね》の前《まへ》に降《くだ》す。因《よ》りて、叩頭《の》みて曰《まう》さく、「今《いま》より以後《のち》、長《なが》く乾坤《あめつち》に與《ひと》しく、伏《したが》ひて飼部《みまかひ》と爲《な》らむ。其《そ》れ船柂《ふねがぢ》を乾《ほ》さずして、春秋《はるあき》に馬梳《うまはたけ》及《およ》び馬鞭《うまのむち》を獻《たてまつ》らむ。復海《またわた》の遠《とほ》きに煩《いたつ》かずして、年毎《としごと》に男女《をとこをみな》の調《みつき》を貢《たてまつ》らむ」とまうす。則《すなは》ち重《かさ》ねて誓《ちか》ひて曰《まう》さく、「東《ひがし》にいづる日《ひ》の、更《さら》に西《にし》に出づるに非《あら》ずは、

且《また》阿利那禮河《ありなれがは》の返《かへ》りて逆《さかしま》に流《なが》れ、河《かは》の石《いし》の昇《のぼ》りて星辰《あまつみかほし》と爲《な》るに及《いた》るを除《お》きて、殊《こと》に春秋《はるあき》の朝《みや》を闕《か》き、怠《おこた》りて梳《くし》と鞭《むち》との貢《みつき》を廢《や》めば、天神地祇《あまつかみくにつかみ》、共《とも》に討《つみな》へたまへ」とまうす。時《とき》に或《あるひと》の曰《い》はく、「新羅の王《こきし》を誅《ころ》さむ」といふ。是《ここ》に、皇后《きさき》の曰《のたま》はく、「初《はじ》め神《かみ》の教《みこと》を承《うけたまは》りて、將《まさ》に金銀《こがねしろかね》の國を授《う》けむとす。又三軍《またみたむろのいくさ》に號令《のりごと》して曰《い》ひしく、『自《みづか》ら服《こ》はむをばな殺《ころ》しそ』といひき。今既《すで》に財《たから》の國を獲《え》つ。亦人自《またひとおの》づから降《まつろ》ひ服《したが》ひぬ。殺すは不祥《さがな》し」とのたまひて、乃《すなは》ち其《そ》の縛《ゆはひつな》を解《と》きて飼部《みまかひ》としたまふ。遂《つひ》に其の國の中《なか》に入《い》りまして、重寶《たから》の府庫《くら》を封め、圖籍《しるしの》文書《ふみ》を收《とりをさ》む。即ち皇后の所杖《つ》ける矛《みほこ》を以《も》て、新羅の王《こきし》の門《かど》に樹《た》て、後葉《のちのよ》の印《しるし》としたまふ。故《かれ》、其の矛《みほこ》、今猶《なほ》新羅の王の門に樹《た》てり。爰《ここ》に新羅の王波沙寐錦《はさむきむ》、即ち微叱己知波珍干岐《みしこちはとりかんき》を以《も》て質《むかはり》として、仍《よ》りて金《こがね》・銀《しろかね》・彩色《うるはしきいろ》、及《およ》び綾《あやきぬ》・羅《うすはた》・縑絹《かとりのきぬ》を齎《もたら》して、八十艘《やそかはら》の船《ふね》に載《のせい》れて、官軍《みいくさ》に從《したが》はしむ。是《ここ》を以《も》て、新羅の王《こきし》、常《つね》に八十船《やそふね》の調《みつき》を以て日本國《わがみかど》に貢《たてまつ》る、其《そ》れ是《こ》の縁《ことのもと》なり。是《ここ》に、高麗《こま》・百濟《くだら》、二《ふたつ》の國の王《こきし》、新羅の、圖籍《しるしへふみた》を收《とりをさ》めて日本國《やまとのくに》に降《まつ》りぬと聞きて、密《ひそか》に其の軍勢《みいくさのいきほひ》を伺《うかが》はしむ。則ち勝《か》つまじきことを知りて、自《みづか》ら營《いほり》の外《ほか》に来《まうき》て、叩頭《の》みて款《まう》して曰《まう》さく、「今より以後《のち》は、永《なが》く西蕃《にしのとなり》と稱《い》ひつつ、朝貢《みつきたてまつること》絶《た》たじ」とまうす。故《かれ》、因りて、内官家屯倉《うちつみやけ》を定《さだ》む。是所謂三韓《これいはゆるみつのからくに》なり。皇后《きさき》、新羅《しらき》より還《かへ》りたまふ。

冬十月の三日、いよいよ和珥津を出立、順風にしたがって新羅に着く。新羅王は戦戦慓慓《おしわなな》きてせん術《すべ》なく、襲《お》ぢて心迷いて素旆《しろはた》を掲げて降服、自らを縛って皇后に詣でる。しかして今より後は馬飼となり春秋には馬の具を奉ると誓う。この時にある者が新羅王を殺せと言うが、皇后はこれを戒め　その縛を解いて馬飼とし、宝の府庫《くら》・図籍文書《しるしのふみ》を収めて、矛を新羅王の門に立てる。ここに新羅王は、多くの財宝を八十艘の船に乗せ　官軍に贈る。この様子をうかがっていた高麗・百済の国王も、この日本の軍勢には勝ち得ないと判じ、長く西蕃《にしのと》となって、朝貢を続けますと誓った。それゆえ、これを内官家屯倉《うちつみやけ》と定め、いわゆる三韓となる。かくして皇后は、新羅から帰りなさったという。

⑤十二月《しはす》の戊戌《つちのえいぬ》の朔《ついたち》辛亥《かのとのゐのひ》(一四日)に誉田天皇《ほむたのすめらみこと》[二]を筑紫《つくし》に生《あ》れたまふ。故《かれ》、時人《ときのひと》、其《そ》の産處《みうみのところ》を號《なづ》けて宇瀰《うみ》[三]と曰《い》ふ。
⑥是《ここ》に、軍《みいくさ》に従《したが》ひし神表筒男《かみうはつつのを》[七]・中筒男《なかつつのを》・底筒男《そこつつのを》、三《みはしら》の神、皇后《きさき》に誨《をし》へて曰《のたま》はく、「我《わ》が荒魂《あらみたま》[八]をば、穴門《あなと》[九]の山田邑《やまだのむら》に祭《いは》はしめよ」とのたまふ。時に穴門直《あなとのあたひ》[一〇]の祖践立《おやほむたち》・津守連《つもりのむらじ》[一一]の祖田裳見宿禰《たもみのすくね》、皇后に啓《まう》して曰《まう》さく、「神の居《ま》さ欲《まほ》しくしたまふ地《ところ》をば、必《かなら》ず定《さだ》め奉《たてまつ》るべし」とまうす。則ち践立を以《も》て、荒魂を祭《いは》ひたてまつる神主《かむぬし》とす。仍《よ》りて祠《やしろ》[一二]を穴門の山田邑に立《た》つ。

⑤十二月十四日、皇后は筑紫において、およそ三ヶ月の鎮石を終て、王子を産みなさる。誉田（応神）天皇の誕生である。その他を「宇瀰《うみ》」と称される。
⑥最後に皇后の新羅征討譚は、住吉祭神の祭祀を語る。すなわちこの出兵に従った表筒男《うはつつのを》・中筒男《なかつつのを》・底筒尾《そこつつのを》の三神は帰国すると皇后に対して穴門の山田邑に祝わしめよと仰せられる。時に穴門 直《あなとのあたいのおやほんたて》祖践立、津守連《つもりのむらじ》の祖田裳見宿弥《おやたもみのすくね》の申したてによって、この住吉三神の荒魂を祀る祠を穴門にたてられたという。

およそ、『日本書記』における神功皇后の新羅征討譚は、その皇后の伊勢斎宮における祭祀にはじまるものであった。そこでは、伊勢の荒魂の示現とともに、住吉三神のそれをあげるものであった。しかしてその最後に、その住吉三神の祭祀をもって結ぶとあれば、これは、住吉信仰を唱導する説話としての意義を有するとも言えるであろう。ちなみに平安初期にはうかがえる『住吉大社神代記』は、おおよそその本文を右の『日本書記』に準じて作成するものである(3)。

ところで、先にあげたごとく、文安・弘安の役の前後、特に役の直後に、八幡各社においては、次々と縁起を制作したのである。その代表的なものが、『八幡愚童訓』である(4)。それには甲本を乙本があるが、いずれも石清水八幡わの制作で、前者は花園天皇の治世（延慶元年（一三〇八～文保二年〈一三一八〉）の成立と推され、後者は後二条天皇の即位（正安三年〈一三〇一〉）から後深草法皇崩御（嘉元二年〈一三〇四〉）までの成立と推定される。そのなかで神功皇后の新羅征討譚を詳しく掲げるのは、前者の甲本である。それは、およそは『日本書紀』の叙述にしたがうのであるが、さまざまな趣向をかえて叙されるものである。その概要をおよそ十六段に分けてあげておこう。

まずそれは、①「安部ノ高丸・介丸の塵輪《じんりん》退治」に始まる。仲哀天皇在世の時のことである。次いで②「皇后の物狂」で、武内大臣を審神者として、天照大御神が示現して異国征伐を命じれる。皇后は御髪を二つに分け、一の針を河に入れなさると、竜女神の水神女の宗像大明神が示現、御妹の宝満大菩薩、河上大明神が現われて、加勢を誓われる。さらに虚空蔵が俗躰で現われ、彦波激尊《ひこなぎさのみこと》と名乗り、大将軍となって、わが子月神とともに参戦することを約される。③は「四十八艘の軍船作り」。④は「安曇磯良の召喚」で、住吉明神のはからいによって、その使者として月神（高良）が選ばれ、藤大臣連保と名付けられ「カキヒヤ」という物が吸い付いた常陸の海底の安曇磯良の許に参じ、三日後の参内を約させて戻る。⑤は「磯良の神楽舞」で、住吉の提案によって、沙掲羅竜王より旱珠・満珠を借用することになる。その使者としては御妹豊姫（河上大明神）と磯良が選ばれる。しかし磯良は参内に先立って御神楽を始めている。それに住吉は拍子をとり、諏方・熱田・三嶋・高良が神楽男となり、宝満をはじめ八人の女房が八乙女となって加わる。やがて磯良は、亀の甲に乗って豊浦に着く。⑥「磯良・豊姫の旱珠・満珠借用」、豊姫は高良と磯良と伴い、竜宮に赴き、皇后が宿らせなさっている皇子を竜王の聟になすと約して、二つの玉の借用を乞う。竜王は悦んで、旱珠（白珠）満珠（青珠）を一行に渡す。⑦「香椎の植樹」で、皇后は仲哀天皇の棺を香椎に治め、それに椎の木の三俣の枝を載せて祀ると、御棺より守り奉るべしとの返事がある。⑧「皇后の勇々しき大将軍」は、御歳三十一歳の優美ながら、雄々しい大将軍姿を披露、御産月《うみ》なれば、大きな乳房は甲の胸板《よろい》を高くされるので、高良明神が草摺を切って御脇の下に付けなさる。⑨「従軍の神々」で、御妹の宝満・河上（豊姫）に女神ながらの甲冑姿、諏訪・熱田・三嶋・宗像・厳島の神々は志賀の嶋より乗船、梶取には志賀島大明神、大将軍には住吉、副将軍には高良大明神が皇后の前後に従う。⑩「皇后の産気鎮石」で、出航の途次、皇后は産気を催されるので、対馬にて下船、白石を御裳の腰にはさんで、今一月、胎内をお出なさるなと命じられる。⑪「皇后の異賊退治」、皇后は副将軍を牒使として、神風の日本に従うべきを異賊に伝える。高麗の国王らは、これを嘲笑して返す。そこで皇后は旱珠を海に入れ、また満珠を入れて、三韓の敵を亡ぼされる。⑫「三韓の降服」、異国の王臣は、日本国の犬となって守護することを誓う。皇后は新羅の王門に御鉾を立てて帰朝になさる。⑬「女人合戦の先例」。⑭「皇后合戦の品々」、その甲冑は摂津の西宮、御旗・弓箭は南都大安寺、御裳は宇佐弥勒寺などに納められる。⑮「皇后の出産」、仲哀天王九年十二月十四日　筑前国宇美宮にて皇子誕生、応神天皇となり、神明と顕われては八幡大菩薩と祝われなさる。⑯「御産の記念」は、その白石はまず大分《おおきた》宮の御神体と祀られ、御産の折に逆さに植えなさった槐《えんじゅ》の木は生い付きて、今に宇美の宮の槐として留まる。

長々しい紹介となったが、それは確かに、『日本書記』の神功皇后・新羅征討譚によっているが、そこにはさまざまな趣向が導入されている。しかもそれは、多く九州在地で生成された伝承に拠るものかと推される。その大なるものは、安曇磯良の登場であり、旱珠・満珠の趣向である。特に後者は、『日本書記』『古事記』の海幸・山幸の物語によるもので、山幸（火遠理命）が海神の女・豊玉姫より得た塩盈珠《しおみつたま》・塩乾珠《しおふるたま》にもとづき、それが皇后の新羅征討のなかで、みごとに再生されているのである。今、それらの変容についていろいろ検討する余裕はない。本稿の目的から注目される趣向をあげることである。まず①の「塵輪《じんりん》退治」に「安部ノ高丸」なる人物が登場していることである。が、それはともあれ、この『愚童訓』の叙述において諏訪明神は、僅かな役割しかつとめていないことである。それは⑤の「磯良の神舞」に神楽舞の一神として登場し、⑨の「従軍の神々」にその名をつらねるにとどまっている。そしてその征討の大将軍は住吉大明神であり、副将軍は高良明神であり、諏訪明神の役割は、それほどに重視されてはいない。つまり諏訪の「秋山祭事」「五月会事」の叙述とは、いささか遠いところにあると言わねばなるまい。

そこで、この『八幡愚童訓』とは、相前後して成立したと推される『八幡宇佐宮御託宣集』を検することとする。(5) これは祝の大神《おおが》氏の庶流に属する僧神吽《じんうん》の編するもので、正応三年（一二九〇）二月十日に起筆するが、その稿了は、元冠の乱の終熄した十年目、花園天皇の正和二年（一三一三）であり、特に第十五巻・第十六巻は「異国降状」を題するものである。文永、弘安の役に強い影響を受けて成立したことは疑い得ない。

さて本書の編集方法は、『八幡愚童訓』とはちがっての「不レ可レ執二一途一」「種々之説、皆実不レ虚」（巻二）として、先行の諸縁起を収める。ちなみにその巻二「三國修行部」には、「阿蘇一本縁起」「（八幡）御由来記」「住吉縁起」「（八幡）或記」「香椎宮縁起」が引用されており、巻十五「霊行部」には、『日本記』『旧本記』のほかの『住吉縁起』『聖母大菩薩国縁起』などをあげている。しかして、同じく巻十五〈異国降伏・上〉の「人王代部」十五代「神功皇后」の項は、「日本記云」として、その一代記を要略して収める。それは当然、「三韓征討」をあげるのであるが、その一代記の末尾に

昔神功皇后討二新羅一之坐、伊勢大神宮被レ差二副二人荒御前《アラミサキ》一此二神立二御船之舳艫一奉レ守レ之、打二平新羅一帰坐之後、一神留二摂津国住吉郡一、今住吉明神是也、一神奉レ崇二信濃国諏訪郡一、今諏方大明神是也

とある。およそこれは先にあげた『日本書記』本文とは違った記述である。あれでは住吉三神があげられていたが、諏訪明神の神名は見えていない。また『八幡愚童訓』には、その神名はあげられていたが、荒御前として指揮をとられたのは、「大将軍ニハ住吉大明神、副将軍ニハ高良大明神也」であった。あるいは同じく『八幡御託宣集』の引用する『住吉縁起』にも、それはうかがえない。しかし右の本文は、「被レ差二副二人荒御前一」の傍注に「在レ裏二」と

あれば、これは原本にはなく、後日に異伝を挿入して書写されたものと判じられる。しかし、これを証するのが、後日に世に出た室町時代の『住吉縁起』である。

その『住吉縁起』は、はやく横山重氏が「室町時代物語集」（第五）に収載されたもので、(6) 奈良絵本仕立ての三帖、その書写は元禄ごろのものと判じられる。それは、次の十四の項目に沿って叙述されている。

①住吉明神の住江示現　②地神五代・天神七代、③景行の三韓征伐、④住吉三神の示現、⑤仲哀の崩御、⑥神功の軍《いくさ》評定・伊勢の託宣、⑦磯良の海宮《わたつみ》派遣、⑧磯良の旱珠・満珠拝受、⑨神功の懐石、⑩住吉・諏訪の進軍、⑪旱珠・満珠による三韓滅亡、⑫神功の帰還、「うみ」の八幡誕生、⑬住吉社建立　⑭文永・弘安の住吉功積

右のごとく、『日本書紀』以来の三韓征討譚と通じながら、室町物語としての脚色が大いにうかがえるのであるが、諏訪信仰とかかわる叙述は、右の⑩・⑪の項目である。それをあげてみる。

⑩そのとき、住よしの大明神は、ふくしやうくんと、なり給ふ、すわの大明神は、ひしやうくんとなり給ひ、もろ〳〵の大小のしんき、ろうせん三千よそうを、こきならへ、かうらひ國（以下十七字、東大本ニテ補フ）〔へ、よせ給ふこれをきゝて、かうらいこく〕の、ゐひすとも、ひやうせん一万そうに、とりのりて、かいしやうにゐてむかひ、大こゐをいたして、せめたゝかふ

⑪すみよし、すわの両神は、まっさきに、すゝみ給ひて、くんひやうをいさめ、けちをなし、たゝかひ給へは、いつれも、せうれつは、なかりけり

たゝかひ、いまたなかはなるときに、皇后、りうくうよりかりもとめ卟（給）ひし、かんしよ（ゆ）を、かい中に、なけ給ひしかは、うしほ、にはかにしりそひて、かい中たちまちに、ろく地と、なりにけり

三かんの、つはものとも、このよしを、みるよりも、これたゝことに、よもあらし、天、われに、りをあたへ給

へり、もとより、かちたちのゐくさは、わかともからの、このむところよと、よろこひて、めん〳〵、舟よりとひをり、あるひは、むまにのり、あるいは、かちたちになり、ほこをましへ、ゆみをひき、せめつゝみをうつて、たゝかひけるありさま、なにゝたとへんかたもなし

このときに、すみよしの太(マヽ)明神、かの、まんしゆをとりてひかたに、なけいたし給ひしかは、うしほ十方より、山のくつる、かことくに、みなきりきたれり

す万人のいそくとも、むまにのり、かちたちになりて、たゝかひゐたれは、とろにまみれし、うほのことく、なみにおほれ、水にむせふところを、わか國の神たち、す千そうの舟をこきよせ〳〵、一人ものこらす、たいちし給ふ

これによれば、『神道集』の「秋山祭事」における「住吉・諏訪両神の加担」、これに準ずる「五月会事」における「熱田・諏訪両神の加担」のモチーフは、室町物語の『住吉縁起』に先行する原住吉縁起譚、あるいは『八幡御託宣集』裏書の原伝承にもとづくものであり、それは広く「八幡縁起」と響きあって生成されたものと推されるであろう。たとえば、「八幡縁起」が諏訪信仰にふれる条は、その諸縁起に見えるものであった。ちなみに「八幡縁起」諸本のなかで、もっともはやくに成立したとも推される――弘長年間（一二六一～一二七四）以後、文永十一年（一二七四）蒙古襲来以前――『八幡巡拝記』(7)には、「正八幡宮」「香椎宮」「筥崎宮」「宇佐宮」「石清水八幡宮」などに次いで、諏方大明神の霊験にふれる「勝尾寺縁起」を収載している。今、その全文を引用しておこう。

一、勝尾寺縁起云、善仲善算二ノ聖ハ、父藤原致茂《ムネモチ》（茂ノ傍書ニ「房《フサ》」トアリ）也、房母《モチ》ハ源ノ懐任《チカ位イ本》カ第八ノ女《ムスメ》也、此母去慶雲《キヤウ》四年丁未正月十五日ノ夜、靈夢ヲ得テ二聖ヲ生ケリ天武御宇、比二聖十七歳ニテ天王寺ノ榮湛《キヤウタム》禪師ニ對シテ、菩薩戒ヲウク、兄ヲハ善仲ト名ケ、弟ヲハ善算ト云聖武御宇、其後兄弟二人ヒソカニカタリテ涙ヲ流シテ、師ニ向テ修行ノ志

ニヨリテシキリニイトマヲコウニ、師コレヲユルサス、然ニ何トカ思ケン、師ニモツケスシテ、二人ノ聖文篋《書イ本》ヲオフ《負》テ、師ノ坊ヲ出テ當山ニヨチノホル、草ノイホリヲ住《スミカ》カトス、其後天平神護元年稱徳御宇正月一日、皇子俄ニ臥、雲ノタヨリヲ把《求イ本》テ、ヒトリ此山ニ來テ、則二月十五日ニ二聖ヲ師トシテ、戒ヲウク、法名ヲ開成皇子ト云、柏原天皇ノ御子也、二聖幷ニ皇子三人トモニ、頭ヲカタフケテヒソカニ語テ、タカヒニ涙ヲ流シテ、兄弟ノ二聖、月コロ大般若ヲ書ント思ヒテ、料紙ヲアツム《金字ナリ》、然ニ三人夜モスカラカタリ、涙ヲ流ス、何ナル儀定カアリケン、明ル日、經ノ料紙ヲ悉ク皇子ノ住坊ヘウツシワタシ、神護慶雲二年二月十五日ノ未ノ剋ニ、善仲上人草座ニノリ《坐シ》ナカラ、高ク飛テ西ニ向テ去ヌ、歳六十一、其後、善算無言シテ坐禪ス、同三季七月十五日西剋ニ又西ヲサシテ行ヌ、生年六十二、往生傳ニ云タ、常ニ□願ヌ、又云ク此徳依身ヲモテ、淨土ニ往生セント云云（中略）皇子此料紙ヲモテ、大般若ヲ書ンカタメニ、一七日金ヲ祈請スルニ、衣冠ノ人我ニ向テ告云ク、寫經ノ助成ノタメニ、金丸ヲ加ヘムト也ト思ト云云、

皇子誰人ソト問フ、答テ云、

得道來不動法性　自八正道垂權迹

皆得解脱苦衆生　故號八幡大菩薩

大菩薩又諏方大明神、其ノ形チ天婆夜叉ノ如ク也、ヲメシテ天竺白鷺池ノ水ヲ硯水ノ料ニトラシム、夢サメテ見ハ机ノ上ニ、輪《マワリ》三寸、長サ七寸ノ金瓶ニ硯水アリ、大般若一部ニ金モ水モスコシモアマラス、寫經終テ、般若ノ峯ニ納ルニ、草木皆三度此經ヲ拝スル事、不思議也

右のごとく、「勝尾寺縁起云」とありながら、その前半は、三善為康の『拾遺往生伝』の「善仲善算両聖人」を要約してあげるものであり、後半も「開成王子」往生伝によっている。その後半に写経の助成に八幡大菩薩が表現され、

さらにその菩薩が諏方大明神を召して、天竺白鷺池を汲ませて、皇子写経の硯水の料とされたという。

また『八幡愚童訓』乙本の下巻「仏法事」の項にも、その開成皇子の写経助成譚が収められている。

三論宗の*空義たとび給ふ故に、般若経の御納受其例多し。開成皇子、勝尾寺《かちお》にて善仲・善算を以て受戒の師とし、大般若を写さんとて、天道に向て金・水を祈請し給ふ事、一七夜也。七日にみちなんとする暁の夢に、容儀美麗にして衣冠たゞしくしたる人、写経助成の為にとて、金丸《きんがん》を青地の錦の袋に入て右手をのべて与へ給ふ。皇子長跪《キ》して両手をさゝげて拝納す。「誰人にて御座《おわす》やらむ」と問奉られければ、「得道来不動法性、示八正道垂権跡、皆得解脱苦衆生、故号八幡大菩薩」とて去給ふとみて、夢覚て後、経台の上にまわり二寸、長七寸の金丸あり。夢か夢に非ず、うつゝに金丸を得たる事。現《ウツヽ》か現にあらざるか、夢に神躰を拝《はいする》事。其硯水祈《イノル》〔事〕、一日一夜の暁更に及て夢の中に、かたち夜叉の如して、北の方より飛来ての給はく、「大菩薩の厳詔を承て写経の御為に、白鷺池の水を汲てまいれり」と有ければ、即陶器《タウキ》をさゝげて是をうけて問奉る、「何人にてましますやらん」。「信州諏方《すわ》の南宮成《なり》」とぞこたへ給ける。夢覚てみれば、閼伽《あか》の器に水みてる事一合計《ばかり》也。写経の功終しかば、金・水のあまりなし。諏方の南宮は、神功皇后の征夷追罰の時、諏方の大明神大将軍として打平《うちたいらげ》給けり。其時皇后に近付奉て誕生し給南宮也とぞ申ける。此故にや、大菩薩の御眷属として使の節を承り、天竺白鷺池まで万里の煙浪を超て渡り給ひけん。神通霊験の不思儀を驚嘆せぬ人はなし。

およそ『拾遺往生伝』に沿った叙述であるが、後半に「諏訪の南宮は、神功皇后の征夷追罰の時、諏訪大明神大将軍として打平《うちたいらげ》給けり、云々」と添えられていることが注目される。すなわちそれは、先の『八幡御託宣集』裏書に、皇后の新羅征罰に際し、住吉明神ともども、諏訪大明神が荒御前をつとめたとする叙述に通じ、また『住吉縁起』に征夷征罰譚に、住吉ともども諏訪明神が将軍として戦ったとするそれに準ずるものと言えよう。

また、『宇佐宮御託宣集』をみると、それは巻八〈大尾社部上〉の「称徳天皇、天平神護景雲三年巳酉七月」の条に、それはみえる。それは前半は、およそ『拾遺往生伝』の善仲・善算の往生伝に準じて叙される。しかして後半は

其後開成皇子以レ得二二聖付屬一、執二行一寺造營一、不レ忘二受戒之次一爲レ遂二寫經之願功一、向二天道一祈二請金水一、經二一七日夜一、垂滿二七日一曉、容儀美麗衣冠之人來而告言、

・爲二寫レ經助成一欲レ奉二加金丸一、

（裏）「在裏書」右手持レ裏二靑錦之物一、於レ是令レ仰二丹祈一之到二曲一身一、長跪、捧二二手一拜納、然後問言、君者誰人、卽以レ偈答宣、

・得道來不レ動二法性一、示二八正道一垂二權迹一、皆得レ解二脱苦衆生一、故號二八幡大菩薩一、頌後夢念、自二八正道一垂レ跡故申二八幡一矣、覺見之時、經臺之上、顯二現輪三寸、長七寸之金丸一也、厥後重亦祈二乞硯水一、至誠至志之間、一日一夜之曉、非レ夢非レ覺、如二天婆夜叉一之者、從二北方一飛來而曰、

・蒙二大菩薩之嚴詔一、奉レ爲二寫經一汲二白鷺池之水一令二持來一也、云云、怱擊二陶器一傳レ之、復問曰、𧦅者爲二何人一、答曰、信州崇居諏方南宮也、云云、夢覺見レ之、閼伽器滿レ水一合許也、不レ論二明暗一、不斷書二寫紺瑠璃之紙一、象レ敎顯レ跡、紫磨金之文、雁行之字、懸針已畢、金則無二殘色一、垂露之後、水亦無二餘潤一、書寫之間、送二春秋一六年、供養之斷契二當來三會一、寶龜六年乙卯七月十三日、所レ奉二積納一而已、細旨在二縁記一、（起）

とある。それは同じく、『拾遺往生伝』の開成往生譚に準ずる叙述であるが、その往生を叙さないままで終わっている。しかも『八幡愚童訓』乙本にみた、諏訪大明神の征夷征討譚にふれることはない。そして最後に「細旨在二縁記一」と注しているので、それは「勝尾寺縁起ニ曰ク」として収載した『八幡巡拝記』に準ずるものとも言える。

ともあれ、右にあげたごとく「八幡縁起」諸本はその叙述にいささかの異同はあるが、勝尾寺開基の開成皇子写経

の助成に、諏訪明神が八幡大菩薩の求めに応じて、白鷺池の聖水を汲んで参じたとする伝承を収載している。それは「八幡縁起」の伝承圏に、諏訪信仰が強く根づいていたということを証することである。裏を返せば、それは、諏訪社がわが縁起制作するにあたっては、「八幡縁起」を受容することが容易であったと言えるのである。ちなみに、時代は下るが延文元年（一三五六）諏訪円忠が著した『諏訪大明神画詞』の「縁起」もまた、先行の「八幡縁起」に準じた開成皇子の写経助成譚をあげ、「三善《ミヨシ》ノ為《タメ》康拾遺往生伝に具サ也」と注している。

二　『神道集』「秋山祭事」「五月会事」の成立

ここでは、『神道集』巻四の「秋山祭事」「五月会事」の原縁起を考察する。その前者は諏訪の狩猟神事なる「秋山祭」の由来を田村丸の奥州・悪事高丸退治譚にもとづくものと説く祭祀縁起である。また後者は同じくその狩猟神事なる「五月会」の由来を源満清の信州・鬼王退治譚にもとづくものと説く祭祀縁起である。当然、それの原拠は、諏訪社の社家（あるいは別当寺院）で制作されたことが推される。しかるに、前者の「秋山祭事」に対して後者の「五月会事」は、前者の縁起に準じて作成されたものと判じられるので、まずは前者の生成をとりあげる。

さて前者の「秋山祭事」は、田村丸の悪事高丸退治をとりあげるものであれば、それは一種の英雄叙事譚の一端をなすものであり、田村丸の一代記の一部をなすものと言える。しかしてその田村丸の英雄の事績としては、奥州・蝦夷征伐に対するものが、まずはとりあげられる。「秋山祭」の祭祀縁起も、その伝承をもとにして作成がされたものであるにちがいない。

ところで、英雄の伝承は、およそは史実があり、公的に記叙されるなかで生ずる。田村丸においても、蝦夷征伐の記録が『日本記略』『日本後記』などに、断片的ながら残されている。(8) そしてその事績は、一部が記録されると同時に、さまざまな伝承を生ぜしめる。その伝承は、口頭にしろ記録化するにしろ、伝えるものの恣意が含まれる。当然そこには、寺社がかかわって、それにもとづく虚構を許すことになる。しかも中世に至るほどに、寺社は積極的に縁起を制作し、それがまたそれぞれの在地の伝承として広げられる。田村丸に関する伝承・縁起も、そのような状況で生じたものであれば、当然、それを史実とは受けとれない。が、それは信仰的営みのなかでのことであれば、世の人々には真実として受けとめられる。物語的脚色と言えども、それは伝承する側にとっても、これを享受する人々にとってもいたずらなる虚構ではなく、真実として理解されてきたのである。そのような伝承・縁起の状況を確認して、田村丸の奥州・悪事高丸退治譚にもどる。

まずこの伝承の記録は、『吾妻鏡』文治五年（一一八九）九月廿八日の条にそれが見える。

○廿八日乙酉。二品専敗二泰衡之邊功一。飽掌二俊衡等歸往一。漸還二向鎌倉一給。被二召具一之囚人。於二所處一多被二放免一之間。所レ殘卅餘輩也。御路次之間。令レ臨二一青山一給。被レ尋二其号一之處。田谷窟也云々。是田村麿利仁等將軍。奉二綸命一征レ夷之時。賊主悪路王并赤頭等搆レ塞之岩屋也。其巖洞前途。至二于北一十餘日。鄰二外濱一也。坂上將軍於二此窟前一。建二立九間四面精舎一。令下摸二鞍馬寺一。安中置多門天像上。号二西光寺一。寄二附水田一。寄文云。東限二北上河一。南限二岩井河一。西限二象王岩屋一。北限二牛木長峯一者。東西三十余里。南北廿余里云々。

すなわち頼朝が泰衡の征伐を終えて鎌倉への還向の途次、一の青山を見つけて尋ねるとそれは、かって田村丸・利仁将軍が討伐した賊主悪路王並びに赤頭が要塞を構えた岩屋の「田谷窟」（達谷窟《たっこくのいわや》）であった。その岩屋の前には、坂上将軍が鞍馬寺を摸して建立した西光寺と号する寺があり、多門天（毘沙門天）を安置するものであったという。この悪路王は「阿《あ》弖《て》利為」（『日本紀略』延暦二十一年八月十三日の条）にあたるとされるが、悪事高丸はそれを擬すものと言えよう。しかもこの伝承においては、すでに田村丸と利仁との混同がみえている。『吾妻鏡』編集時に、すでに清水寺・鞍馬寺縁起複合のそれが生じていたということで、これは後々まで続く混同・複合である。(9) 坂上将軍が建立するのを鞍馬寺に模したというが、田村丸なれば、当然、清水寺であり、それは千手観音でなければならぬ。それを鞍馬の多門天とするのは、利仁伝に準じたものと言える。ちなみに『鞍馬蓋寺縁起』(10)には、「鎮守将軍藤原利仁」の「下野国高座山」の異類退治があげられている。そしてその異類誅伐は、鞍馬寺の祈願にもとづくもので、その異類の首を当寺に献じ、新たに毘沙門天像を造顕、その異類の首を切った剱を収めたと伝えている。

さて、坂上田村丸が清水寺の加護によって奥州・悪事高丸を退治したという伝承を記載する初見は、『元亨釈書』の「清水寺延鎮」伝である。その『元亨釈書』は、元亨二年(一三二二)の成立、虎関師錬の著である。

釋延鎮。報恩法師之徒也。居㆓清水寺㆒。與㆓坂將軍田村㆒遇。因爲㆓親友㆒。將軍奉㆑勅伐㆓奥州逆賊高丸㆒。語㆑鎭曰。我承㆓皇詔㆒征㆓夷賊㆒。若不㆑假㆓法力㆒爭得㆑不㆑辱㆑命。公其加㆑意焉。鎭諾。高丸已陷㆓駿州㆒。次《ヤトル》㆓清見關《キヨミカ》㆒。聞㆓將軍出㆒㆑師。退保㆓奥州㆒。官師與㆑賊交㆑鋒。官軍矢盡。于時小比丘及小男子拾㆑矢與㆓將軍㆒。將軍異之。已而將軍親射㆓高丸㆒而斃㆓於神樂嵓《カグラヲカニ》㆒。献㆓首帝城㆒。將軍先詣㆑鎭曰。因㆓師護念㆒已誅㆓逆寇㆒。不㆑知師之所㆑修何法哉。鎭曰。我法中有㆓勝軍地藏。勝敵毗舍門㆒。我造㆓二像㆒供修耳。將軍便説㆓二人拾㆑矢事㆒。及入㆑殿見㆑像。矢瘢《ノキス》刀痕《ノアト》被㆓其體㆒。又泥土塗脚也。將軍大驚奏㆑事。帝加㆑敬焉。

これは、報恩法師の弟子で、清水寺を開いた延鎮の事績を紹介するもので、坂上田村将軍とのたまたまの出会いがあって、その法力が示されたことを説く。それは田村将軍が奥州の逆賊・高丸退治を命じられるとき、延鎮は清水寺にあって、勝軍地蔵・勝敵毗舎門の二像を造って、田村将軍の逆賊退治を祈念するに、奥州において将軍が逆賊と鋒を交え矢尽きて危ういとき、小比丘・小男子(地蔵・毘沙門)が現われ、矢を拾って将軍を助ける。これによって将軍は神樂崗《かぐらおか》において高丸を射殺し、その首を帝城に献ずることができる。将軍が清水寺に延鎮を訪ねると、延鎮は二像造立の祈念を告げるので、殿中に入って二像を見ると、それぞれに矢の傷・刀の痕をとどめ、泥土が足に残っていたという。

ところで、右の『元亨釈書』の延鎮伝に先行して賢心（延鎮）と田村麿との邂逅による清水寺建立を語る第一種「清水寺縁起」（伝明衡本・扶桑略記・建立記本・今昔物語本）がある。これを元として成ったのが漢文縁起本であるが、それには田村丸の蝦夷討伐譚が加えられている。

爾時東国乱常。蝦夷発逆。以田村麿為征夷将軍差遣関東之刻。首途之日。将軍語延鎮云。我奉勅所遣夷地。露命草身死生只在大師誓願之力乞也。至于還東之日慇懃加誓語耳作拝而去。其後六時祈誓一刻無間。更造字地蔵菩薩像一拄。毗沙門天像一拄。并大般若経一部。祈誓自然有応。此時賊徒或伏竄山藪。或束手請降。東国平定。将軍京上。越会坂関入華之夕。先拝観音。次謁延鎮云。愚夫依上人祈已平乱再入京都。流涙歓喜。先方頂礼。重相語云。田村麿謹蒙大師和尚護念之力。于今存命。不如為我誓願之仏経随分可供養者。而後開眼書持已畢。即参九重奏聞戦事之次。奏延鎮有験之由。中補内供奉十禅師畢。

この漢文体による第二種「清水寺縁起」は、やがて仮名縁起本を生み、それによって、もっとも詳細な『清水寺縁起絵巻』が成立する(11)。

その絵は土佐光信、永正十四年（一五一七）の成立で、上・中・下の三巻をなす。その上巻はおよそ延暦のころ、賢心（延鎮）なる人物が山城国八坂郷東山の地に定住、田村丸と遭遇したことを叙し、中巻は田村丸の高丸退治譚に費し、下巻は千手観音の霊験の数々と当時の伽藍のことを紹介する。今はその高丸退治譚の詞書を『神道集』の「秋山祭事」と対照してあげる。

清水寺縁起絵巻・詞書

（一）討伐宣旨・清水祈願

桓武天皇御宇延暦十四年の春。東海より蝦夷発逆のよし頻に其きこえあり。依㆑之征伐のために以㆓田村麿㆒為㆓征夷将軍㆒さし下さる。天下の重事これにすきす。かの大樹延鎮の室に向て今度東夷為㆓誅戮㆒勅を蒙進発せしむへき者也。朝家安泰のため、又愚夫息災の為懇祷殷懃に筋力を可㆑被㆑励のよし被㆑命発願の旨おほくて立帰給ふ。（中略）延鎮大法師昼夜おこたらす精勤を抽られける。猶示現により地蔵毘沙門の両躯を造立して秘呪密供を供へ、また大般若経書写信読し肝胆珠枠を摧かれけるに、二尊出音有て東方にむかひ給へり。朝敵帰伏の瑞相見えて弥低頭虔恭し念誦至誠なりき。

（A）伊勢祈願

さる程に征夷大将軍東陽に向ていと〻いさめり。先太神宮に参給てふかくぞ祈念申させ給ける。抑むかし、仲哀天皇の御宇にや西戎我朝を奪わむとて、十万全艘の兵船を雲の浪煙の波に漕うかへ、大将は八面の鬼形とかや。然時帝御みつから師をひきいて赴給しに、此御神ちきに宝剣を授まいらせ給ひて諸の神たちみさきす〻ませ給ひつ〻、又種々の御策を廻され、遂に三韓をたいらけましましけるそ。其徳利を思て此度誠に神慮のほともたのもしく、猶八百万

『神道集』「秋山祭事」

（一）討伐宣旨・清水祈願

人王五十五代、桓武天王ノ御時、奥州ニ悪事ノ高丸ト云フ者有リ。国ヲ塞キ人ヲ悩ス朝敵ニ成レリ。此時ニ亦一人、兵有リ。田村丸トソ申ケル。（中略）我国ニテハ並ビ無キ強弓ノ精兵、大力ノ賢人ニテソ御在ケル。王此果報ニ勧メラレテ、最度威ヲ増ス。彼田村丸ハ悪事ノ高丸ヲ追罰ノ使ニ御憑ミ有リ、奥州へ向テ、田村丸我カ力ハ叶ヒ難ク思食サレケレハ、清水ニ参リツ〻、千手観音ノ本願ヲ悉ク承リツ〻、強チニ憑ミヲ千手千眼広大円満ノ観世音ニ懸ケ、願ハ廿八部衆ヲ差シ遣ハシテ、今度ノ軍サニ勝事ヲ与給へ、末代ノ仏法ノ地ト崇メ奉ラント、御願書ヲハ申ケル。七日ト申ス夜半許ニ御示現有リ。鞍馬ノ毘沙門ハ我眷属也。彼天王ニ行テ承ハルヘシ。（中略）則鞍馬ニ参ケリ。御宝前ニ跪キ、礼拝恭敬ノ後、若能持念多門天、吉祥禅尼諸使者、福徳智恵授官位、三尊界会悉善成就ト三度唱テ大慈大悲ノ多門天、吉祥天女、禅尼子童子ト拝ミ奉リシカハ、三尺五寸ノ堅貪ノ剣ヲ賜ル。

	の神達も更にそ君をまほり給ふらんと、（中略）祈念を凝し給へり。	
（二）神仏の加担	さて彼夷党山海にみちてり。大樹すてに戦場に臨出給へる時、いつくともなく、老比丘一人忽尓にすゝみ出たり。顔貌端正豪傑なり。皆恐怖のおもひをなし先其姓を尋ぬるに答に及はす。	
（三）東夷鎮圧・神仏援助	則僧は大将軍のさきにたちて凶徒の矢の雨脚のことくなるを法衣に防禦し、翁は賊衆を射る。其いきほひ弩弓に異ならす。箭こゑを出し百発百中して数百輩斃倒せり。神助仏力あらはれて各歓喜の心そ深かりける。此時将軍彼二叟に向て三揖三礼し千手宝号を誦し給へり。然処に夷族なを忿激たゆます弓杖鉾楯をとり束ね、雲霞のことく競来り官軍の勇気を拉かむとす。時に火雷頻に震て焔煌敵陣におほひ風は旋風をなして吹かけたり。敢て官軍は難そなき。我遣㆓水火雷電神㆒常当㆓擁護㆒の御誓約眞なるかなと軍勢弥ちからを得て戦ひける。官軍猶勝に乗て万刄をならへ一同に轡をもみ合たゝかひけるに、霹靂夷徒の中へ堕落せり。然者彼陣場忽に敗北して方々に漂倒せり。或は剣戟の下に伏て血を堪へ、或は縲紲の中にむらかって手を束、又海岸山林に隠る者あり。悉退治事とけて、開陣の道をいそかれける。誠梵釈日王金剛密迹の降来して摧破し給ふ所、目に迹て逕に神変おはしき。	田村丸ハ彼剣ヲ賜テ、此由ヲ君ニ申シ上テ三月十七日ニハ都ヲ出給ヘリ。（中略）山道ヘ懸テ下玉フ程ニ、信濃国ノ内ニ、伊那郡ニ付レハ、三十計ト見ヘ給フカ、眼モ顔差ハ人ニハ勝レテ　梶葉ノ水干ニ、萌黄糸鬼《オトシ》ノ鎧ヲ着給ヘリ。（中略）亦ノ年ノ齢卅許ト見ルカ、色ハ黒クシテ勢ハ大ナリケルカ、眼顔差モ悪気ニソ見ヘケル。此人ハ藍摺文ノ水干ニ、黒糸威ノ鎧ヲ着給ヘリ。（中略）打烈テソ下ラレケル。日数モ経レハ、高丸カ宿所ニ付ケリ。高丸ハ兼テ知タル事ナレハ、城槨ヲ構テ、用心斜トナラス。何ナラン世ニモ破ルヘシトモ見サリケリ。（中略）将軍ニ打烈テ下リ玉シ人々ハ、唆方ヘ何路トモ無ク行給ヌ、 田村丸ニ副ケル副将軍ニ、波多丸、憑丸ト三人行向ヒ、城ノ内ニ引ヘタリ。波多丸カ申ケルハ、将軍ハ且ク退セ給ヘ、大将軍ノ左右無ク顕給ナト申サレケレハ、将軍ハ佐トソ思食シテ、遥ニ退テ引ヘケリ。波多丸、憑丸二人シテ数々ニ戦ヒケリ。（中略）而ル程ニ信濃ニテ行合タリシ二人ノ武者モ出来給ヘリ。（中略）波多丸、憑丸、行合リシ人々諸共ニ五人シテ戦ケリ。将軍ハ海ノ面ニ浮ヒツゝ、城ノ前ニシテ金ノ鞠ヲ取出シテ鞠遊シ玉ヒ、其過レハ後ハ亦

流鏑馬ヲシテ射ケリ。彼高丸ニハ美女ノ娘一人有ケリ。彼娘之ヲ見テ、斯ル面白キ事コソ無ケレ。只彼ヲ見給ヘトソ勧メケル。高丸ハ石ノ扇ヲ少シ押開ツ、、目計ヲ差シ出シテ見給ケル程ニ、将軍ニ一番ニ行合ヒタリツル梶葉ノ殿ノ射ケル矢ニ、高丸カ左ノ目ヲ射盲《ツブ》ラレケリ。其時高丸ハ、安カラヌ事也。是程ニ成シテ、一ト当ントテ、城ノ面ニ進ミ出テ戦ケリ。将軍モ余ノ兵モ三度マテ射白《シラ》レヌ。将軍ハ多門天ヨリ賜シ堅貧ノ劔ヲ抜ケハ、彼剣ハ高丸ニ懸テ、左右無ク高丸カ首ヲハ切ケリ。行合給シ殿原モ城ノ内ヘ乱レ入テ、高丸カ子息八人討執玉ヘハ、将軍ハ勝チ時ヲ作給ツ、都ヘトテ上洛アリ。高丸カ首ヲ地ニ落テ後モ、声ヲ立テ喚鳴ル事雷ノ如シ。鉾剣ヲ以テ道ニ佐《タカヘ》タリ。

（B）諏訪明神の告知、御狩の始まり

将軍ハ信濃国ノ内ナル伊那ノ郡ノ大宿ト云フ処ニ着給ヘリ。殿原達モ彼宿ニテ名残ヲ惜ケル。梶葉ノ水于殿、我ハ是此国ノ鎮守、スワノ大明神、千手普賢ノ垂跡也。清水ノ観音ノ計ヒニテ、将軍ニハ随ヘリ。（中略）明神答テノ給ハク、我ハ是無為ノ都ヲ出シヨリ以来、殺生ノ者ヲ利益シ、有情ノ畜類ヲ助ント思フ志妙也。（中略）将軍佐ハトテ、スワノ郡ヘ入ツ、、此所ヲハ明神ニ寄進ストテ、又云ク、此明神ヲ普賢・千手ト申也トテ、国内ノ人ヲ催ツ、深山ノ狩ヲハ始ケル、御縁日ニハ、悪事高丸ヲ亡セシ月日トテ、廿七日ヲハ祭給フ。（中略）今一人ノ藍摺ノ水于殿モ、我ハ是王城守護ノ住吉ノ大明神トテ失給フ。（中略）高丸カ娘ノ十六ニ成ルヲハ、諏方大明神生執ニテ御前ニ置ケルカ、其腹ニ一人ノ王子在ス、則此宮ノ神主ト定メラル、我カ体

		モ慇テ神ト云ヒ子孫ヲ与ヘツヽ、縁日ノ其日ト定ム。
（四）論功行賞・社寺建立	さて帰京ありて先当寺に詣し本尊また二像の宝前に稽首頂礼し、感をさへて延鎮にむかひていはく、今度愚夫上人の懇祈により塵沙の逆徒をたいらけ国士の完全をほとこす。（中略）感悦以レ何比レ之哉。叡慮猶帜然たるへしと。嗟嘆にたへすして退出したまへり。則大樹参内し給て今般東夷追討之事、且者員応之重所レ感也。（中略）聽は共に叡感不レ軽とて延鎮内供奉十禅師にそ補せられける。さるほとに田村麿先年大願により同十七年七月二日仏殿を造営し、荘厳端正に土木功成て本尊遷座まし〳〵ける。右の脥士は地蔵勝軍薩埵と名付たてまつり、左の脥士は多門天勝狄大士と称し申しける。此二像は夷族退治のとき神変現し給へれは、本尊と一所に安置したてまつる。此後天下の災怪に此二尊奇音のつけ有りて、寺家の禍障をも兼て其示現をなしたまへり。	佐テ田村丸ハ上洛シテ、高丸カ首ヲハ宣旨ニ依テ大路ヲ渡シ、宇治ノ宝蔵ニ納メテ、末代ノ不思議ニ成ス。佐テ田村丸ハ大納言ヲ任セスシテ、左大将ニ補サレツ、諸国ノ将軍トソ申ケル。奥州ヲ不主ノ免賜ル。奥州ノ副将軍ニハ憑丸ヲハ下シ、諸国ノ副将軍ニハ波多丸ヲソ下シケル。田村丸ハ本ノ立願ニ、清水ニ大堂ヲ造リ給ツヽ、公家・武家ニ末代マテ敬ヒ給ヘル御願所ト崇メ給ケリ。佐テコソ此寺ヲハ勝敵寺トハ申ケリ。此田村丸ハ鞍馬ト諏方トヲ建立セリ。諏方ノ秋山ノ祭ノ次第、略シテ此ノ如シ。

右のように、両者は、（一）討伐宣旨・清水祈願、（二）神仏の加担、（三）東夷鎮圧・神仏援助、（四）論功行賞・社寺建立の叙述において、おおよそ対応できる。勿論、前者の『清水寺縁起絵巻』は、延鎮伝にもとづき、清水の霊験を説き、脥士の地蔵・多門天の加担・援助を語るものであり、後者の『神道集』は、清水観音および、その眷属・鞍馬毘沙門天の霊験を説き、特に諏訪明神の加担・援助をあげ、その秋山祭の由来を説くものである。その独自の叙述は、それぞれの独自のモチーフ（叙述）を傍線で示しているが、前者は『元亨釈書』の延鎮伝にも見えぬ三韓征伐の故事にもとづく、（A）伊勢祈願をあげ、それに準じて、（三）東夷鎮圧・神仏援助に「八幡縁起」諸本の叙す火雷

（神風）の招来を叙すこととなっている。また後者は、その（三）東夷鎮圧・神仏援助においては、諏訪の神事とかかわる鞠遊び、流鏑馬などを用意し、独自の（B）、諏訪明神の告知・御狩の始まりを語るものとなっている。

そこで、『元亨釈書』〈延鎮伝〉、『清水寺縁起絵巻』と『神道集』の「秋山祭事」との先後関係を検討する。『元亨釈書』は、元亨二年の成立であれば、南北朝期成立の『神道集』（現存本）に先行すると言える。しかし、「秋山祭事」の原拠の縁起を想定すれば、かならずしてその先行を認めるわけにはゆかない。また、『清水寺縁起絵巻』の成立は永正十四年のことなれば、『神道集』が先行するとしなければならないが、それも『絵巻』の原拠の「清水寺縁起」に遡れば、それも一概に決することはできない。[12]

ただし、『神道集』の「秋山祭事」は、『清水寺縁起絵巻』の原拠によるとすれば、それはある程度の決着は付く。すなわち、「秋山祭事」の（一）「討伐宣旨・清水祈願」の叙述は、原拠の『清水寺縁起』にあることを示している。しかしそれは延鎮伝や『絵巻』と違って、その加護を清水寺のみに限定してはいない。田村丸は清水観音の示現にしたがって鞍馬に詣で、毘沙門天より「三尺五寸ノ堅貪剣」を賜っている。しかして（三）「東夷鎮圧」は、その「堅貪剣」をもって高丸の首を切り落として果される。その結果、（四）「論功行賞・社寺建立」にあっては、清水大堂のみならず鞍馬寺にも及んだとしている。『吾妻鏡』が収載する伝承は、田村・利仁の両将軍をあげる清水寺・鞍馬寺複合の伝承の存在が想定されたのであったが、この「秋山祭事」の叙述も清水観音の霊験を主としながら、鞍馬のそれを添えていることが注目される。しかしその原拠は、あくまでも清水観音の霊験を説くことを主とするものであった。

それならば、先にあげた「八幡縁起」諸本から導かれた諏訪明神・住吉明神加担の叙述は、老比丘（地蔵）老翁（多門天）の変容と認められよう。〈延鎮伝〉においては、それを矢を拾い、傷ついた痕を尊像にとどめていたとする。

しかし「秋山祭事」は、諏訪・住吉を導入する仲介に、田村丸の副将軍として、「波多丸・憑丸」を用意していると言える。つまり、「八幡縁起」にもとづく住吉大明神・諏訪大明神両将軍の加担の導入は、『清水寺縁起』の地蔵・多門天のそれを直接に入れ替えたものではなく、「波多丸・憑丸」の二将軍を留めつつ、その接合をはかって成っていると言えるのである。しかしてこれにしたがえば、「秋山祭事」の叙述は、直接、『元亨釈書』〈延鎮伝〉によったとは言えない。勿論、『清水寺縁起絵巻』にあったとは判じられない。が、それらともつながる『清水寺縁起』に準じた原本によるものであり、それも鞍馬寺の霊験をもあわせ説く原拠であると推察される。

　なおこの項の最後に、『神道集』の「秋山祭事」と「五月会事」の関係にふれておく。それは先にふれたごとく、後者の「五月会事」は、前者の「秋山祭事」をなぞって作成されているのである。およそ「秋山祭事」はこの後に引用する『諏訪信重解状』の叙述がそうであるごとく、これだけで諏訪の重要な御狩の神事の由来は語られたことになる。それをあえて分割して、二つの祭祀縁起を作成したものと推れる。それは、その叙述編成の相似からもうかがえる。その対応関係を示してみよう。

		「秋山祭事」	「五月会事」
（一）	①鬼王反乱	奥州、悪事高丸の反乱（桓武天皇の御世のこと。田村丸の出自を詳しくあげる）	信州・鬼王の反乱（光孝天皇の御世のこと。笛の名手業平の鬼王秘蔵の笛を盗む）
	②将軍勅定	田村丸へ高丸退治の勅定くださる。（清水観音・鞍馬多門天への祈願）	源満清の鬼王退治の勅定くだる。（ナシ）
（二）	③神明の加護	下洛の途次、梶葉水干姿の武士〔諏訪明神〕藍摺水干姿の武士〔住吉明神〕が一行に加わる。	下洛の途次、楠葉水干姿の武士〔熱田明神〕、梶葉水干姿の武士〔諏訪明神〕が一行に加わる。

（三）	④鬼王鎮圧	田村丸は奥州の高丸の城郭を攻める。二人の武士〔諏訪明神・住吉明神〕の加担によって、高丸一族を攻め滅ぼす。（副将軍に波多丸・憑丸あり）	満清は、信州の戸隠、浅間の鬼王の城郭を攻める。二人の武士〔熱田明神・住吉明神〕の加担によって鬼王を打ち滅ぼす。（ナシ）
	⑤神明の名乗り	帰途に加担の武士が、それぞれに身をあかされる。梶葉水干姿の武士は諏訪明神、藍摺水干姿の武士は住吉明神であった。	帰途に、加担の武士がそれぞれに身をあかされる。楠葉水干姿の武士は熱田明神、梶葉水干姿の武士は諏訪明神であった。
	⑥諏訪へ寄進・祭祀起源	田村丸は諏訪に田畑を寄進し、高丸退治に模して、秋山祭を始められる。（諏訪明神の畜生問答）	満清は、諏訪に不輪免を賜わり、大頭を定め、鬼王退治を模して五月会を始められる。（ナシ）
（四）	⑦寺社建立	田村丸立願の清水寺大堂建立、鞍馬寺・諏訪社の再建なる。	

右のごとく、両者はみごとに対応する。勿論、後者「五月会事」には、前者の「秋山祭事」とは違った原拠のあることは別に説いている[13]。しかし後者の満清鬼王退治譚は、前者田村丸・悪事高丸譚を模して作成されていることも疑えない。後者における加担の神明の諏訪明神・熱田明神は、前者においては諏訪明神・住吉明神と擬したものと判じられる。後者の、「諏訪明神の畜生問答」は欠くが、諏訪の不輪免、大頭役設置は、前者の諏訪への田畑寄進に応ずるものである。しかして前者は「秋山祭」を説く祭祀縁起とするに対して、後者はあえて「五月会」の祭祀縁起に仕立てる。前者に比して、後者がやや簡略であるのは、制作の前後にあるものである。当然、前者を擬して、後者が作成されたということである。後者の「秋山祭事」が、「寺社建立」を留めるのは、『清水寺縁起』の残滓ともいうべきで、その原拠の証拠を留めていると言えよう。

三　『神道集』「秋山祭事」「五月会事」と『諏訪信重解状』

およそ『諏訪信重解状』は、別稿にもあげたごとく[14]、宝治三年（一二四九）に上社の大祝・信重が、上社と下社間でいずれが本宮であるかが争われたことについて、上社が本宮であることを主張、それを幕府に提出した書状とされる。それは、冒頭に「信濃国諏訪上宮大祝信濃守信重并神官氏人等解申請二恩裁一事」と題し、

請レ被三特蒙二恩慈一、任二先例一裁下、去年御造営下宮祝盛基依レ致二新儀濫訴一任二本宮例一可下致二沙上汰一申上（中略）

当社為二本宮一条々、

として、「守屋山麓御垂跡事」「当社五月会御射山瀿觴事」「以二大祝一為二御体一事」「御神宝物事」「大奉幣勲行事」「春秋二季御祭事」「御造宮時上下宮御宝殿其外造営事」をあげる。しかして、最後に信重の曩祖、代々の大祝と幕府とのかかわりをあげ、承久の乱における自らの戦歴にふれ、下宮祝盛基の下社を本社とする申し条の不当なること、あくまでも上社が本宮なることを訴えて結んでいる。本稿が問題にするのは、そのなかの、「当社五月会御射山濫觴事」の叙述である。今、その叙述を『神道集』の「秋山祭事」と対応してあげる。（原文は別稿に示してあるので、いずれも、その梗概をもって示す）。ちなみに『信重解状』のそれは、『神道集』の「秋山祭事」なる祭祀由来を「五月会・御作田・御射山（秋山祭）・秋庵」の御狩神事由来として説くのである。

叙述構成	『神道集』「秋山祭事」	『諏訪信重解状』
①高丸の反乱、田村丸の追伐使	桓武天皇の御時、奥州の悪事の高丸が朝廷に叛く。震旦の国の人、漢の高祖の兵であった田村丸が、高丸退治の追伐使に任ぜられる。	桓武天皇の治世の昔、東夷高丸返逆する時、朝議によって、坂上田村麿に追討の官符が発せられる。
②祈願・霊験	田村丸は、清水の観音に祈願。ご示現によって、眷族の鞍馬・毘沙門天の樫貪の剣を賜わる。	田村将軍は、出立に当り、諏訪明神に祈願をこめる。
③梶葉(諏訪)藍摺(住吉)の殿原同道	東征の途次、梶葉水干姿の殿原（諏訪明神）藍摺水干姿の殿原（住吉明神）が助力を申し出られるので、同道して、高丸の城郭に迫る。	東征の途次、信州大答仁において、穀葉水干姿の武者（諏訪明神）が、将軍を迎える。将軍は悦んで奥州に同道する。
④高丸退治・殿原の助力	まず副将軍の波多丸・憑丸をもって、高丸を攻めるが、忽ちに敗北する。田村丸は、城郭の前において鞠遊びを試み、流鏑馬をみせる。高丸の娘が、これをのぞくと、高丸も誘われて顔を出す。梶葉殿がその高丸の左の目を射抜く。田村丸は樫貪の剣で高丸の首を切る。二人の殿原も城内に入って、高丸子息八人を打ち取る。	高丸の籠る石城に迫ると、穀葉姿の武者が秘計を廻し、海上において流鏑馬を試み、それによって高丸を討伐する。
⑤梶葉殿（諏訪）の名乗り	帰途、信濃、伊那郡の大宿にて梶葉殿は諏訪明神と名告り、千手普賢の垂迹と仰せられ、清水観音のはからいで助力したと伝えられる。	帰途、佐久と諏訪の堺の大泊にて、先の武者は諏訪明神と名告り、その祈願にこたえて助力したと伝えられる。
⑥御狩神事の神託	明神は、我が好みは狩場の遊び、それによってわれを祀れ、またそのために田畠を寄進せんと託される。	将軍は、明神への敬神の誠を尽くす。明神は、狩猟をもって、わが神事にせよと託される。
⑦畜類救済問答	田村丸は、千手・普賢を本地とされる明神がなに故に殺生を好み給うかと問う。明神は、畜類はそのままでは、仏に近づくことができないので、わが宝前に懸け	将軍は、普賢を本地とする明神がどうして殺生のわざをなさるのかと問う。明神は殺生の猪・鹿をわれと結縁せしめて往生の機会を与えるのだと託される。

	て成仏を助けるのだと託される。	
⑧社領寄進・御狩神事の始まり	田村丸は諏訪の郡を杜領として明神に寄進。高丸退治の七月二十七日を期して秋山の狩祭が始められる。	将軍は諏訪明神の神託を宮廷に奏上、それによって、諏訪郡四千町を社領とし、国中の四万八千束の粮米をもって神事にあてさせる。また五月会・御作田・御射山・秋庵の四度の御狩が始められる。
⑨藍摺殿（住吉）の名乗り	今一人の藍摺殿は住吉明神と名乗り、姿を隠しなさる。田村丸は、この明神にも国郡を寄進する。	
⑩高丸の遺品・娘・首の消息	高丸の持つ不思議な鼓は諏訪・住吉両神によって封じられたが、その行方は知れず、高丸の娘は明神の許にあって一人の王子を設け、それが諏訪の神主と定められる。高丸の首は、宇治の宝蔵に収められる。	
⑪田村丸の出世	田村丸は、左大将に補され、諸国の将軍と称される。憑丸は奥州の副将軍、波多丸は諸国の副将軍となる。	
⑫清水の大堂・鞍馬寺・諏訪社建立	田村将軍は、清水寺の大堂を建立、また鞍馬寺、諏訪社を攻めて建立する。	

右によると、『神道集』「秋山祭事」の①「高丸の反乱・田村丸の追伐使」から⑧「社領寄進」までの叙述は、『信重解状』の「当社五月会御射山濫觴事」のそれとほぼ一致する。その傍線部分は、一方にのみ見られる叙述表現で、そのほとんどは、『神道集』の叙述である。これで明らかなことは、後者の叙述は、前者のそれを抄出・簡略化しており、『神道集』の原拠にみられた清水観音・鞍馬毘沙門天信仰を諏訪信仰一色に変じている。たとえば、②「祈

願・霊験」の、清水の観音・鞍馬の毘沙門のモチーフは、諏訪明神のみのそれに変じている。しかもこれは、『神道集』の⑫「清水の大堂・鞍馬寺・諏訪社の建立」の叙述を『信重解状』が欠くことと響き合っている。しかも「八幡縁起」によって導かれたとする『神道集』の③「梶葉（諏訪）・藍摺（住吉）の殿原同道」は、『信重解状』においては、「穀葉の武者（諏訪明神）」の一人としており、④「高丸退治・殿原の助力」は穀葉殿（諏訪明神）」の活躍のみが強調される。これによれば、『信重解状』の叙述は『神道集』の「秋山祭事」、またはその原拠によって成ったものと判じられ、その反対の先後関係は想定できない。つまりそれは、『神道集』またはその原拠により、ひたすら諏訪信仰の霊験を説く叙述に変容して成っているのである。しかも⑦「畜類救済問答」においては、その本地を「千手・普賢」とする『神道集』に対して、「普賢」のみをあげるのは、上社のがわに立っての叙述と言える。また⑧「社領寄進」において、詳しく「諏訪郡四千町」「国中の四万八千の粮米」が神事にあてられたとする叙述は、『信重解状』の「春秋二季御祭事」のそれに応ずるものと言える。なお⑩「高丸の遺品・娘・首の消息」のおいて、生捕《いけと》られた高丸の十八才の娘が、諏訪明神の王子を設け、それが諏訪社の（初代の）神主となったなどという叙述は、諏訪の大祝としては、絶対に認め得ない伝承であったにちがいあるまい。

　右のようであるとすると、『諏訪信重解状』の「宝治三年」の奥書は、信じ得ないものとなる。すなわち本書は、『神道集』以後の成立とも推されるし、少なくとも「八幡縁起」の成立の契機となった文永・弘安の役以降の成立ということになる。そこで『信重解状』の最後に信重が自らの略歴をあげる叙述を検討してみよう。それは次のように叙されている。

　抑故右大将家御代之始、自㆓治承年中㆒以来、至㆑于㆓当御時㆒数十箇度御乱逆、諏方一家者共、或被㆑疵討㆑敵、或貽㆑命誉名無㆑不㆑押、合戦之忠彼注文如㆑此、就中承久兵乱時、可㆑向㆓山道㆒之由被㆑下㆓六月十二日御教書㆒云云、大明神者日本第一軍神、以レ祝為二御体一之御誓在レ之、今庚合戦討二敵人一令レ勝給事無レ疑歟云云、依レ之信重引二率一家者一向二大井戸一之討二敵人一致二合戦忠一、預二勲功賞一畢、相レ烈二一家之輩一同抽二忠節一蒙二勲賞一者数十人也、如レ令二言上一先条大明神者、於二海上一廻二秘計一令レ追二討高丸一、承久兵乱之刻者、信重為二御躰一、於二河上一令レ誅二怨敵一畢、云二海上一云二河上一、雖レ異二古今一当社冥感是新哉……

それは頼朝公時代にも数十度に及んで、諏訪一族は合戦の忠を尽くしたが、特に承久の乱の折は、山道へ向かうべき御教書を蒙り、信重は一家を率いて「大井戸」に向かい、合戦の忠を致し、大いにその勲功に預ったが、それは諏訪一家の数十人に及んだ。しかして大井の渡における信重の働きは、先の「当社五月会御射山濫觴事」であげた諏訪大明神の「高丸退治」に準ずるものであったと叙すのである。

そこでこの中山道・大井戸における信重の活躍の史実、そしてその伝承を検してみる。すなわち『吾妻鏡』によれば、承久三年五月九日、幕府は義時の館において軍議を凝らし、遠江以東十四国に檄を飛ばし、上洛を命ずる。しかして廿五日の条において、東海・東山・北陸道に分って、軍士十九万騎が勢揃いするそのなかで、「東山道大将軍。

武田五郎信光　小笠原次郎長清　小山新左衛門朝長　結城左衛門尉朝光

従軍十万余騎云々」とあり、

とその将軍の名があげられる。しかして五月五日の条には、次のように叙されている。

五日戊午。辰刻。關東兩將着二于尾張國一宮邊一。合戰間叓有二評議一。自二此所一。相二分方々道一。鵜沼渡。毛利藏人。大夫入道西阿。池瀬。武藏前司義氏。板橋。狩野介入道。摩免戸。武州。駿河前司義村以下數輩。候侍輩也。洲俣。相州。城介入道。豊嶋。足立。江戸。河越輩也。及レ晩。山道討手武田五郎。同小五郎。小笠原次郎。父子八人。小山新左衛門尉等渡二大井戸一。與二官軍一挑戰。大將軍惟信已下逃亡云々。有長。久季被レ疵。秀康。廣綱。胤義以下皆弃二警固地一。皈洛云々。

すなわち五日の辰刻に、東海道の軍勢は尾張一宮辺に到着、鵜沼渡、池瀬、板橋、摩免戸、洲俣に勢を分つ。その夕刻に及んで、東山道の軍勢が到着、武田五郎、同小五郎、小笠原次郎。父子八人。小山新左衛門等が「大井戸」を渡り、大将軍惟信の官軍を打ち破ったとする。しかしここに、諏訪小太郎信重の名はない。しかるに、六月十一日の条において、

諏訪大祝盛重去八日状、今日到二着鎌倉一。廻二世上無為懇祈一之由献二巻数一。又子息小太郎信重相二具小笠原一上洛云々

とあれは、信重は小笠原次郎長清に従って、大井戸の合戦に加わっていたとみることができる。ちなみにこの折の諏訪盛重の祈祷に対し、その報謝として後に越前国宇津保が諏訪に寄進された由、同書の承久三年八月七日の条に見えている。ともあれ、右のごとく『吾妻鏡』には、信重の参戦は確かに叙されるが、その「大井戸」の活躍は、かならずして明確に叙するものではない。

そこで、この承久の乱を素材として成った軍記物語の『承久記』を検してみる。およそ『承久記』諸本は、慈光寺本・前田家本・古活字本（流布本）承久軍物語に分類されるが[15]、近年、慈光寺本に近いとされてきた前田家本は、古活字本の影響のもとに成ったことが明らかにされている[16]。その最古態本と判じられるのは慈光寺本で、それは承久の乱からそう遠くない寛喜二年（一二三〇）以降、それまでの十年間の成立と推定される[17]。まずその慈光寺本によると義時の館における軍勢揃いのなかで、東山道に対しては、

山道大将軍、武田、小笠原。此手ニ可レ付人々ニハ、南部太郎・秋山四郎・三坂三郎・二宮殿・智戸六郎・武田六郎ヲ始トシテ、五万騎ニテ上ルベシ。

とある。『吾妻鏡』よりやや詳しいが、武田小笠原の名はあっても、諏訪小太郎信重の名はあげられていない。(18) しかして大井戸・河合の渡河合戦となる。

　去程《さるほど》ニ、海道ノ先陣相模守ハ、橋下《はしもと》ノ宿ヲ立テ、参河国矢作《やはぎ》・八橋《やつはし》・垂見《たるみ》・江崎《えざき》ヲ打過《うちすぎ》テ、尾張ノ熱田《あつた》ヘゾ参リ給フ。上差《うはざし》抜テ進《まゐら》セテ、其夜ハ赤池《あかいけ》ノ宿《しゅく》ニゾ著給《つきたま》フ。明日、尾張ノ一ノ宮ノ外《ソト》ノ郷ニ打立テ、軍《いくさ》ノ手駄《てだて》セラレケリ。「今度ノ道ノ固《かため》ハ、上臈次第ゾ、大豆戸《まめど》ヲバ武蔵守、高桑ヲバ天野左衛門、大井戸《おほゐど》・河合《かはひ》ヲバ」ト、武田・小笠原ハ美濃国東大寺《とうだいじ》ニコソ著《つき》ニケレ。此両人ノ給フ事、「娑婆世界ハ無常ノ所ナリ。如何有《いかがある》ベキ、武田殿」。武田、返事セラレケルハ、「ヤ給ヘ、小笠原殿。本ノ儀ゾカシ。鎌倉勝《かた》バ鎌倉ニ付《つき》ナンズ。京方勝《かた》バ京方ニ付ナンズ。弓箭取身《ゆみやとる》ノ習《ならひ》ゾカシ、小笠原殿」トゾ申サレケル。

　去程《さるほど》ニ、相模守ハ御文カキ、「武田・小笠原殿。大井戸・河合渡賜《わたしたま》ヒツルモノナラバ、美濃・尾張・甲斐・信濃・常陸・下野六箇国ヲ奉ラン」ト書《かき》テ、飛脚ヲゾ付給フ。彼《かの》両人是《これ》ヲ見テ、「サラバ渡セ」トテ、武田ハ河合ヲ渡シ、小笠原ハ大井戸ヲ渡シケリ。

続けて小笠原一ノ郎等市川新五郎、武田六郎の活躍を叙し、

　其後、打ヒデ〳〵渡ス人々ニハ、一陣、智戸《ちど》六郎、二陣、平郡四郎、三陣、中島五郎・武田六郎ヲ始《はじめ》トシテ、五千騎マデコソ渡シタル。

（中略）

　小笠原ハ是《これ》ヲ見テ、三千騎マデ討ヒデタリ。一人モ漏《もら》サズシテ渡シケル。市川新五郎ハ、先ノ詞ヲネタガリテ、薩摩ノ左衛門ヲ目ニカケテ、押寄《おしよせ》テ、熊手ヲ以兜《もつてかぶと》ノテヘンニ打立テ、懸《かけ》テ引寄《ひきよせ》、頸ヲ討《うつ》。

とある。すなわちここには、小笠原に従ったはずの諏訪小太郎信重の活躍は見出せない。

次に古活字本（流布本）をあげる。[19] これは江戸初期に流布したものであるが、その原本は南北朝以降の成立を推される。[20] まずその「将軍揃」には、

東山道ノ大将軍ニハ武田五郎父子八人、小笠原次郎父子七人、遠山佐衛門督・諏訪小太郎。伊具右馬允入道、軍ノケン見ニ被二指一タリ。其勢五万余騎。

とある。ここで始めて「諏訪小太郎」の名があげられる。しかして六月五日の東山道の「軍勢揃い」は、次のように叙されている。

東山道ニ懸テ上ケル大将、武田五郎父子八人・小笠原次郎親子七人・遠山左衛門尉・諏方小太郎・伊具右馬入道・南具太郎・浅利太郎・平井三郎・同五郎・秋山太郎兄弟三人・二宮太郎・星名次郎親子三人・突井次郎・河野源次・小柳三郎・西寺三郎・有賀四郎親子四人・南部太郎・逸見入道・轟木次郎・布施中務丞・甕中三・望月小四郎・同三郎・禰津三郎・矢原太郎・塩川三郎・小山田太郎・千野六郎・黒田刑部丞・大籬六郎・海野左衛門尉、是等ヲ始トシテ五万余騎、各関ノ太郎ヲ馳越テ陣ヲトル。

ここには、諏訪小太郎はじめ、有賀・望月・祢津・千野・海野など、諏訪一族の参戦が記される。続いて武田五郎の檄に応じて、一行は出立し、市原の陣の武田・小笠原の許に院宣の御使が参る。この御使を切って武田五郎は子息の小五郎に大炊の渡の先陣をせよと命じる。これに応じて武田小五郎は、河の端へ出る。しかして、

武田ガ手ノ者、信濃国住人千野五郎・河上左近二人打入テ渡ケルガ、向ノ岸ニ黒皮威ノ鎧ニ月毛ナル馬ニ乗テ、クロツハノ矢負テ、塗籠藤ノ弓持タリケルガ、河ノハタノ下ノダンニ打下テ、「向ノ岸ヲ渡ハ何者ゾ」。「是ハ武田小五郎殿ノ御手ニ、信濃国住人千野六郎・川上左近ト申者」ト名乗ケレ。「同国ノ住人大妻太郎兼澄也。真ニ千野六郎ナラバ、我等一門ゾカシ。六郎ハ諏方大明神ニユルシ奉ル。川上殿ニ於テハ申承ン」トテ、ヨツ引テ丁

ト射ル。左近ガ引合ヲ篦深ニ射サセテ、倒ニ落テ流レケルニ、千野六郎是ニモ不レ臆、軈テ続テ渡シケレバ、「千野六郎ハ、元来、大明神ニユルシ奉ル。馬ニ於テハ申受ン」トテ、能引テ丁ト射ル。六郎ガ弓手ノ切付ノ後ロノ余ヲ、篦深ニ射サセテ、馬倒ニコロビケレバ、太刀ヲ抜テ逆茂木ノ上ヘ飛タチ、カチ武者六人寄合テ、千野六郎ハ打取ニケリ。同手ノ者常葉六郎、其モ大妻太郎ニ鎧ノ草ズリノ余ヲ射サセ、舟ノ中ニ落タリケルヲ、先ノ六人寄合テ打ニケリ。我妻太郎・内藤八、其モ被レ射テ流レニケリ。

と叙される。それは武田勢に加わった諏訪氏方の千野五郎・河上左近の二人が、同族の大妻太郎兼澄とわたり合っての壮絶な討死を招く。しかして武田小五郎の先懸けの渡河を描き、

京方、各河端ニ歩向テ散々ニ戦ケレ共、東山道ノ大勢如二雲霞一打入々々渡シケレバ、力不レ及引退テ、上ノ段ヘ打上ル。

と叙している。

ここでは、諏訪小太郎信重をはじめ、諏訪一族の参戦、またその一部の壮絶な最後を語るが、信重自身の活躍を描くものではない。したがって、『信重解状』における「信重引率二一家之者一向二大井戸一之討二敵人一致二合戦忠一、預二勲功賞一畢」「相レ烈二一家之輩一同抽二忠節一蒙二勲賞一者数十人也」の叙述は、虚構とは言えないまでも相当に誇張したものであり、『諏訪大明神画詞』[21]「前田家本神氏系図」[22]もこれに準ずる。古活字本以下の『承久記』の影響にもとづくものと思われる。つまりそれは、南北朝期以降において認められた物言いということになる。それならば、これからもその奥書の「宝治三年」（一二四九）はそのまま認め得ないこととなる。ちなみに細川重雄氏は、これは、「宝治三年に大祝が書いた上申書」という体制を装うて、実際には建武政権期に新政権に提出されたものの可能性が高いと言われる[23]。それならば、その「宝治三年」はいかなる意義をもっていたのであろうか。「諏訪市史」（上巻）は、「宝治二

年は戊甲年で諏訪社の造営の年に当っている」として、これを契機に、下社の大祝、金刺盛基より幕府に訴えがあったこととかかわるとしている[24]。上社においては、記念すべき年号であったことが認められるであろう。

四　『諏訪上社物忌令』と「八幡縁起」

およそ『諏訪上社物忌令』は、『神道集』の諏訪関連の叙述に先行するものとして、あるいは後に引く『陬波私注』とのかかわりからも注目されてきたものである。さてそれは、奥書に、「嘉禎四年申戊十二月一日」とあり、次のようにはじめられる。上社本（原家本）[25]をもってあげてみる。

在判

定　諏方上社物忌令之事

一、父母ノ死タラン忌ハ百日ナリ。服ハ向月ノ其日マテ、但閏月ハクワウヘシ。

一、他所ニアラム父母ノ死タラン忌ハ、服ノ中ニ聞タラムハ、殘忌服ヲ可レ忌。忌過テ服ノ中ニ聞タランハ、忌三十日。服ハ其殘ヲ可レ忌。忌服過テ聞タランハ忌計卅日可レ忌也。

一、輕服ハ忌服ノ中ニ聞タランハ、殘忌服ヲ可レ忌。忌服過テ聞タランハ忌服共ニ不レ可レ忌。

一、子ノ死タラン忌ハ廿日。但嫡子ハ三十日可レ忌也。

一、産屋ハ卅五日可レ忌。但荒子《アラミ》〔忌〕ハ孃妊《ハラミ》テヨリ後三ヶ月以前ハ、父十日・母三十日。四ヶ月ヨリ後ハ父ハ卅五日、母ハ四十日。九ヶ月ヨリ後死テ生レタリ𪜈、荒子トハ云ス。只生テ後死タルト同可レ忌。

一、産屋ノ中ニテ死タラン子ノ忌ハ、母ハ其ウフヤ（産屋）ノ末ヘ。但ウフヤ廿五日ヨリ後ナラハ、母ハ十日可レ忌也。カノウブ（産）子ノ父ト姪甥ハ十日、兄姉ハ七日可レ忌。卅五日過テ死タランハ、成人ノ子ノ如ク可レ忌也。
一、父方ノ祖父・祖母ノ死タラン忌ハ三十日。服ハ五ヶ月カ、リノツイタチ（朔日）マテ可レ忌也。
一、母方ノ祖父・祖母ノ忌ハ廿日、服ハ四十日、合六十日可レ忌也。

（中略）

一、一生ノ弟妹ノ忌ハ廿日可レ忌也。
一、他生ノ弟妹ノ忌ハ、只十日可レ忌也。
一、妻男ノ死タランハタノケカレハ、子ノアラン中ハ二七日、子ノナカラム中ハ一七可レ忌也。
一、孫姪甥《マコメイヲイ》・従父兄弟《イトコ》ノ死タラム忌ハ、三日可レ忌也。
一、葬家《サフケ》ノ中《ウチ》ニテ持教養（供）シタラン人ノ忌ハ五十日、百日ノ程ハ宮・神殿ヘハ不レ可レ参。
一、持教養シタラン人ノモトヘハ、三十五日過テ入乱タラン人ハ、カノ忌ノ五十日過テ宮ト神殿ヘハ可レ参。卅五日ヨリ中ニ入ミタレタラン人ハ、百日過テ宮ト神殿ヘハ可レ参也。

大祝信濃（諏訪信時）権守　在判

一、将軍（藤原頼經）家ヨリ當社ノ物忌令依《テ》二御尋《タツネ》一、伊豆山ノ別當弘實《コウシチ》並《ナラヒ》二衆《シユ》徒等センキ（僉議）シテ諏方之大事神道ノ内ヨリヒミツ（祕密）ノトコロヲヌキ出テクンニ返シ、神祇モム（門）ノヒ、キニヲオセテ、カノ物忌令ヲ嘉禎三年丁酉十一月廿一日作出テ、日限之處ヲハ父母恩中經之説ヲ引テ、近キヲハフカクコク、遠キヲハアサクウスク所レ令レ定也。同暦仁元年戊戌十二月十三日ニ、伊豆國北條左近藏人大夫正信ヲ御使者トシテ當社ヘ被レ渡。ソレヨリシテ嘉禎年中之物忌令ヲ所レ被レ用也。當國之内ハ無二是非一、タトイ他國ナリト一云共、當社ヲ仰申サム輩ニヲイテハ、此旨ヲ委クテムテンアルヘキ者也。此末ナル聞書之處ヲハイルカセ（忽）ニ人ニミスヘカラス。何モ〳〵可レ祕ここ。

信時之御子息盛信ニ御舎弟盛重之御時、物忌令ノヨミ不審トリ〳〵ナルニヨッテ、文保元年丁巳三月十五日ニ、宮内ノ物忌令ヲ皆々御神殿へ召出テ、年號ト日付一字ノアヤマルトコロヲ御改メアッテ、此物忌令ニチカウヲハ御トカメ有テ、内御玉殿ノ御前ニシテ焼テ捨ラレ畢。ソレヨリシテ此物忌令ト同聞書《キキカキ》ヲハ末代ナリ共、御用イアルヘキニテ、クチ(口)ノ御判形《ハンキョウ》ヲハスヘラル、ナリ。嘉禎ハ十二月ノスヱニ改易セラレテ暦仁元年ニナル、是モ元年ニテ改易セラレテ延應ニナル。

一、是ニ注載セサランハ、制ノ外ナリト云へ共、社家ニヲイテ往古ヨリ今ニ至マテ定ヲカレタル條々ノイマシメアリ。

これによると、本書は大祝信濃権守信時の代に、まず嘉禎三年十一月に作り出され、同暦仁元年（嘉禎四年）十二月十三日に、鎌倉将軍頼経が伊豆山別当弘実をして、諏訪社の大事神道の内より秘密の所を詮議し、父母思中経の説に基づき、日限を定め制定下付したものという。しかるに文保元年（一三一七）三月十五日、信時二男盛重の代に、宮中《みやうち》の令に不審あって、その異なるものを全て焼き棄て、この物忌令と同じ聞書を用いるべく、「クチの御判形」を据えられたという。それならば、これは、暦仁元年当時そのままのものではなく、文保元年の不審にもとづいて訂正された聞書・口伝によるものをいうことになろう。しかして冒頭にあげた往古より定めた二十カ条、そして以下、諏訪に定め置かれた条々を列挙し、最後に七不思議・神宝・七石・七木等、神秘忌むべきものをあげる。ちなみに「流鏑馬事」には、高丸退治があげられ、「当社御贄事」には、畜類救剤の「業尽有情」の偈をあげている。が、これが文保元年以降の伝承であるとすれば、本書が『神道集』に先行すると容易には判じられないこととなる。

ところで、その最後にあげられる「七不思議之㕝」「御神宝事」「七石之事」が、『陬波私注』とかかわる項目であり、その関係は別稿に論ずることとし、今はその『陬波私注』のとりあげない「七木之事」の叙述を注目する。すなわちそれは、次のように叙されている。なおこの叙述は、神長本[26]もほぼ同文をもってあげている。

七木之事

一、サクラ(櫻湛)タ、イノ木栗澤ニ有。　一、眞弓タ、イノ木
一、峯タ、イノ木　一、ヒクサ(干草)タ、イノ木
一、トチ(榛)ノ木タ、イノ木　一、柳タ、イノ木
一、神殿松木タ、イ木

已上七木トハ是也。

此木共ノ本マテハ皆々神事有。

七木之叓者、年中行事ニハ神宮(功)皇后ノ新羅ヲセメ随テ御歸アリテ、筑紫筑前國宇佐郡スキノヲ(椙尾)ト云所ニテ、皇子御誕生アリシ時、八龍王山ヲツキ七本ノ杉ヲヒキウへ、八本ノ幡ヲ指アケシヲ以テ、八幡山トハ申也。皇子誕生有。其名ヲ宇佐八幡ト申也。又椙尾ノ御門共申。八幡大菩薩ト申也。御卽位有、應神天王乇申也。神功皇后下宮ト顯給也。依レ之七本之杉ヲ被レ移二下々宮一故ニ、七本木ト申表、此杉申也。

すなわちその末尾に「七木之事」の由来をあげるが、それは神功皇后の新羅征伐の帰途、応神天皇誕生の折に、椙を植樹なさったことによるという。つまりこれは諏訪社に伝わる神功皇后伝説によるものであり、それは先行の「八幡縁起」の叙述とかかわるものと推される。そこで、「八幡縁起」諸本の植樹伝承をあげてみる。

まず「八幡宮巡拝記」は、「香椎宮、此宮は筑前国ニオハシマス也、南方ニ向給ヘリ、中ハ聖母大菩薩オホタウ《大多羅志女》、左ハ大菩薩、右ハ住吉也、香椎四所ト申時ハ、高良ヲ入奉ル也」として、神功皇后の異国征伐を語り、「聖母帰リ給テ十日ト申ニ、筑前国、大菩薩ヲウミ給」と叙し、最後に、

此香椎宮ハ聖武御宇神亀二年ニ作り、同五年ニ大祖権現、唐土ヨリ始テ此宮へ来給フ、高良権現ノ聖母ニツキテノ給フ、此ノ大祖権現ハ、日本三千余所ノ権者実者ノ祖父也ト云ヘリ、聖母大菩薩大祖権現ニツキテノ給ク、此所ハ分限セハシ、余所ニ住シ給ヘトテ、香椎ノ宮ノ椙ヲ分ウエテ、大祖ヲイワヒ奉ル、則今ノ若椙山是也

とある。神亀五年に当社に来遊した大祖権現が、「香椎ノ宮ノ椙ヲ分ケウエテ」「若椙山」と祝われたと叙すれるのであれば、元来、香椎宮に椙の植樹伝承の存したことが推されるのである。ちなみに「八幡愚童訓」（甲本）には、

神亀元年ニ筑前国若椙山ニ香椎宮ヲ造テ、聖母大菩薩ト被レ崇給ヘリ。「正直ノ者ト稍平キ杉ノ板ニ吾ハ可レト住」御誓アル故トテ、余所ノ椙ハ皆雖二尖也一ト、此社頭ノ杉ハ梢平ニ生タリ。御殿ノ前ニ綾杉アリ。勅使参看シテ枝ヲ折テ鳳闕ニ奉ル。

とある。その鎮座する地は、右の大祖権現と同じく「若椙山」と称されている。が、ここでは香椎宮に椙の神樹伝承がうかがえることを留意したい。

一方、「八幡愚童訓」（乙本）は、応神天皇の御出家なさった正覚寺（宇佐・御許山）について、次のように伝えている。

御出家の峯を十四五町去て正覚寺と号するは、大菩薩此所にて正覚成給へる故也。出家受戒の上に諸善の功徳を生て正覚をなるべき由を示給者也。此山には大菩薩、摩河陀国《まかだこく》の椙ノ種をとらせ給て植給けるとて、九本の大椙有。御袈裟をかけさせ給たりけるとて、袈裟の跡椙の木に見えたる。

ここには、確かに大菩薩の椙の植樹の伝承がうかがえる。しかしその椙は、「物忌令」の七本ではなく、九本とする。

次に『八幡宮巡拝記』の「筥崎宮」の項をみる。すなわちそれは、「此宮ノ本宮ハホナミ《穂波》ノ大分の宮ナリ」とあっ

て、

延長元年ニ大分ノ宮ヨリウツリマシマス、ソレヨリ筥崎ノ宮ト申也、若宮ハ廻廊ノ外ニマシマス、此御前ニ戒定恵ノ筥ヲ埋ルシルシノ松ハアル、此松ハ大菩薩シルヘニトテ、松ヲ折テサシ給ヘルカ、生ツキタル、中昔（中略）其タフレタルクチノ中ニ若松アリケリ、ソレヲ取テウエタリ、今ノシルシノ松是ナリ、

とある。大菩薩の依ります所として「シルシノ松」の植樹伝承がうかがえる。

しかして『石清水八幡宮縁起』諸本にそれをみよう。まず甲類の諸本のうち康永元年（一三八九）絵巻（サンフランシスコ・アジア美術館蔵）[27]の末尾の一部をあげてみる。

(1) 其後皇后宮、彼国を討随テ筑前国ニ著キ給テ十日ト申スニ、鵜ノ羽ヲモテウフヤヲ造リ、槐ノ木ニ取リ付セ給テ、皇子ヲウミ奉リ給シ間、彼所ヲハウミノ宮ト名付タリ、今ノ宇佐宮是ナリ（中略）

(2) 此御門ハ仲哀天皇第四ノ御子応神天皇ト申シキ、其後十善ノ位ヲ振捨テ、道心堅固ニシテ山林ニ交リ給テ、定レル所ナカリキ、雖然リト、筑前国ニマストミ七郡カ内ニ、糟屋ノ西郷ト申所ニテ、戒定恵ノ箱ヲ埋テ、シルシノ松を立テ給へリ、彼ノシルシノ松ヲ折テ逆ニ立給ヘルカ故ニ、彼ノ所ヲハ箱崎ノシルシノ松ト甲也、（中略）其後応神天皇ホナミノ郡宮浦ト申所ニ暫ク渡セ給テ、豊前国宇佐ノ内本山ト申山ノ上ニテ、御カサリヲヲロシテ、其山ノフモトニテ、此ノ分段ノ身ヲステスシテ、正覚ヲ成リ給ウ所ヲ正覚寺ト名付タリ、其時の御言ニ云、我ヲハ石躰権現トイワルヘシト被仰、正覚成リ給テ後、彼山の頂ニ三ノ石ト成リ給ヘリ、

(3) 其ノ石ノ上ヨリ金色ノ光リミヤコニサシタリ、仁徳天王是ヲアヤシムテ、勅使ヲ立テヲカミ奉レハ、金の鷹ニアラハレ給ニ、勅使其山ノフモトニ宝殿ヲ造テ奉崇ス、其時ヨリ宇佐八幡大菩薩トアラハレ給ヘリ、

(4) 但、八幡大菩薩ト名付奉ル事ハ、彼定恵ノ箱ヲ埋ミ給シシルシノ松ノ本ニ、空ヨリ八ノ幡フリタリキ赤幡四、

白幡四、松本ニ社ヲ造テ、赤幡ノ宮（白幡宮）ト云二所、其幡奉レル崇、本地釈迦多宝也。而ニ八幡ノフリタリシニヨテ、八幡大菩薩ト現シテ、百王守護ノ神ト成リ給ハムト御託宣アリキ、

およそ傍線部分が特異な叙述で、乙類本が欠く詞章である。そこで乙類本をあげる。[28] その最後の絵巻は、石清水八幡宮蔵「八幡宮御縁起絵」二巻、および誉田八幡宮蔵「神宮皇后御縁起」二巻である。いずれも永享五年（一四三三）に将軍足利義教の寄進の絵巻である。その前者、昭和二十年の火災で消失。ここではその写本である大阪市平野・大仏寺本の本文による。[29] なお誉田八幡宮蔵本は、その詞書はほとんどかわることはない。その末尾をあげる。

(1) 皇后ハ筑前国に還着し給て後、十日と申に鵜羽をもてうふ屋を造り、槐木をさかさにたて、とりつかせ給て、皇子をうミ奉り給ふ、彼木はやがて生付て今にあり、彼所をうミの宮と名付たり、

(2) 皇子は四歳にして皇太子たゝせ給ふ、御年七十一と甲正月に、皇后にかはり奉て帝位にそなはり給、即応神天皇と号し奉る、（中略）御歳百十一にして、大和国高市郡軽嶋豊明宮にして崩御畢終に神とあらはれて、八幡大菩薩と号し奉る。筑前国ますとみ七郡か内に、糟屋西郷といふ所に、戒定恵の箱をうつみてしるしの松を立給へり、今の箱崎のしるしの松是なり、

(3) 其後又、豊前国宇佐郡馬城峯にして石躰権現とあらハれ給、是垂迹のはしめなり。即彼の山の頂に三の石と成て、其石より金色の鷹と現し給へり、勅使山のふもとにして宝殿を造て崇たてまつる。宇佐八幡宮是なり。

(4) 但八幡大菩薩と号し奉ることは、箱崎しるしの松の下に、空より八流の幡ふる、赤幡四流、白幡四流なり、即社檀を造りて是をあがめ奉る。それよりして正八幡大菩薩と名つけ奉る。

右のごとくこの乙種本の本文は、一部、甲種本にうかがえぬ詞章（傍線部分）がみえるが、およそ甲種本（2）の応神天皇の出家・正覚の条を省略して成ったものと推される。

さて、以上が「八幡縁起」諸本に見える梠の木、および松の木の植樹・神樹にかかわる伝承である。しかして『上社物忌令』の「七木之事」に立ち戻ってみると、これと全く一致する叙述は見出せない。が、諸所に近似した表現がうかがえる。まず『物忌令』の「筑紫筑前宇佐郡スキノ尾と云所ニテ、皇子誕生」とは独自の伝承で、応神天皇の誕生地は、『日本書記』以来、諸本はすべて筑前の「うみ」としている。ただし『石清水八幡宮縁起』（絵巻）甲本は、「槐の木ニ取付セ給テ、（中略）ウミノ宮ト名付タリ、今ノ宇佐宮是ナリ」とある。しかしその「宇佐郡スキノ尾」の地は確認できない。一方、右であげた、『八幡巡拝記』『八幡愚童訓』（甲本）によると、聖母大菩薩（神功皇后）を祀る香椎宮は「若梠山」に造営されたとあり、梠の神樹伝承がみられている。また『八幡愚童訓』（乙本）によると、応神天皇が出家して正覚された正覚山には、大菩薩が摩訶陀国から招来された「梠ノ種」を植えられた「九本の大梠」があったという。それは『物忌令』の八龍王、山ヲツキ七本の杉ヲヒキウヘ」に準ずる叙述とも言える。また『物忌令』の「八本ノ幡ヲ指アケシヲ以テ、八幡山ト申也」の叙述は、『石清水八幡宮縁起』（絵巻）甲本に、「但、八幡大菩薩ト名付奉ル事ハ、彼戒定恵の箱ヲ埋ミ給シシルシの松ノ本ニ空ヨリ八ノ幡フリタリキ、（中略）。而ニ八幡ト顕し給ウ事ハ、此八ノ幡ノフリタリシニヨテ、八幡大菩薩ト現シテ、百王守護ノ神ト成リ給ハムト御託宣アリキ」とあり、乙種本は「但八幡大菩薩と号し奉ることは、箱崎しるしの松の下に、空より八流の幡ふる、（中略）それよりして正八幡大菩薩と名つけ奉る」と叙している。『上社物忌令』の「七木之事」の叙述が、「八幡縁起」諸本の影響を受けて生成されていると判ずることはできる。ただし「神功皇后下宮ト顕給也、云々」は、諏訪独自のもので、この「七本之杉」は、下社からの伝承をとり込んだものとも推される。

さて、右によれば、この『上社物忌令』は、文永・弘安の役後に成立した「八幡縁起」諸本の影響のもとによって生じた伝承にしたがったことになる。したがって、その奥書の鎌倉前期の「嘉禎四年」（一二三八）は、信じ得ないものとなろう。それならば、その年代はいかなる意義をもっているかが問われることとなる。つまりそれは、諏訪上社にとっての政治的・社会的事情は、いかなるものであったかということであろう。そこでその辺の事情を『吾妻鏡』によってうかがってみる。まず前年の嘉禎三年九月には、次のごとき記事がうかがえる。

十六日甲子。信濃国諏訪社明年五月会神事等。有㆓其沙汰㆒云々

それは、明年、つまり嘉禎三年の五月会神事等について、「沙汰」（議すること）があったとする。その内容は、ここでは不明であるが、後の記事によると、その頭番の年貢免除にかかわるものかと推される。すなわち嘉禎三年の翌々年、延応元年（一二三九）の十一月には、次のような記事が見える。

一日丙寅。（中略）近日。信濃国司初任撿注事有㆓其沙汰㆒。而諏訪五月會并御射山頭人等企㆓訴訟㆒。相㆓當神事頭番㆒之輩。有㆘預㆓免許㆒之先例㆖。但被㆑優㆓神事上㆒。雖㆑被㆑免㆓其年㆒。以㆓後年㆒於㆑被㆑遂㆓行其節㆒者。不㆑可㆑有㆓免除詮㆒之由云々。仍今日有㆓評定㆒。被㆑尋㆓問先例於當社大祝信濃權守信重㆒云々。

それは、国司初任検注の事について、諏訪五月会并御射山頭人の訴えがあり、当社大祝信重に尋問があったとする。これについての信重の請文が同月九日に記されている。

九日甲戌。信濃國司初任撿注事。諏方大祝信重捧㆓請文㆒。當社五月會御射山以下頭役人等申國撿事。依㆑相㆓當頭番㆒。不㆑限㆓其年㆒。被㆑免㆓一任間㆒歟。爲㆓先例㆒之由載㆑之。仍重御沙汰之趣。不㆑及㆓異儀㆒云々。

すなわちその請文は、国司初任検注に対する五月会御射山頭役人の訴えは正しく、それは頭番に当る年に限らず、一任の間は年貢が免ぜられるのが先例であるとするものであった。したがってその議は、異儀なくそれに決しられたという。

さてここに登場する諏訪大祝・信濃権守信重は、前章であげたごとく、承久の乱の折には先代の大祝成重の名代と

して、これに参じた「小太郎信重」のことである。『諏訪市史』（上巻）に掲げる「大祝即位の記録」によれば、大祝の即位は嘉禎四年（暦仁元年）三月三日ということになる。爾来、信重は大祝の職にあること三十年に及んでいる。つまり『上社物忌令』の奥書の「嘉禎四年」は、大祝就任の初年度に当るのである。諏訪大祝家にとって、この年は記念すべきことであったにちがいない。ちなみにこの『物忌令』のみならず、嘉禎四年前後の年号は、諸書に見えるのである。たとえば、諏訪神楽の考察に注目される茅野三郎氏蔵『神楽註』[30]の奥書には、「于時嘉禎三丁酉歳十月吉祥日」とある。しかし渡辺伸夫氏は、「生まれ清まりの儀礼と歌謡」[31]において、その内容は嘉禎年間から遥かにさがった室町時代以降に用いられた名称のあることから、「その当時のものとは到底判じ難い」とされている。また『神道集』巻十「諏訪縁起」の末尾に、長楽寺の長老・寛提僧正が、諏訪の供物（鹿・鳥）に不審をなして、大明神に対して詰問する条をあげるが[32]、それは「嘉禎三年丁酉年ノ五月」としている。史実を越えた叙述と判ずべきであろう。

の記録（『諏訪市史』上巻）

十三所社・神事	記　　事
行事・諸祭行う	御表衣祝　仁和2年87歳御射山大四御庵頓死
・例式	（有員嫡子）　68歳逝去
行事如例・例式	（員篤舎弟）
・例式	（有勝嫡子）
・神式如例	（有盛嫡子）
行事如例・例式	（盛長舎弟）
・神式如例	（員頼二男）
行事如例・例式	（頼平嫡子）〈守矢守真後守実〉
行事如例・例式	（員仲祝嫡子）
・例式	（為信嫡子）　延久1年美濃国莚田荘芝原討給
行事如例・例式	（為仲弟）
給三日頓死）	三日祝申是也
給七日死）	七日祝申是也
行事如例・例式	（為継四男）　為貞十余代
・例式	（為貞嫡子）　信濃権守〈守矢時実後時貞〉
・如例	（信時子息）　信盛
行事如例・例式	
行事如例	
・如例	篤光　敦光
行事如例・神事	平義時宮所・平井弖牧御寄進
・例式	信辰
	信濃権守信重「大祝信重解状」
行事如例・例式	〈守矢重実後政実〉
行事如例・御酒計	
行事如例	
・例式	
行事・如例	大祝殿父子供中先代於関東腹刀
行事如例・如例	（安芸守時継子息）　後号兵部少輔
行事如例	左馬助号
行事如例・例式	
行事如例・例式	信嗣
行事如例・例式	（左馬助殿子息）　後信濃守号　信貞
行事如例・例式	（下野守殿子息）　後安芸守　刑部大輔号

大祝即位

名	年　号（西暦）	月日	年　齢	神長	即　位　式
有　員	大同 1　(806)		? 6	清実	極位法奉授
員　篤	仁和 3　(887)	4. 5		正真	極位法奉授
有　勝	延喜 3　(903)			宗実	極位法奉授
有　盛	〃 10　(910)	10. 11		宗実	極伝位法奉授
盛　長	天暦 4　(950)	2. 15		直実	極位法奉授
員　頼	天元 4　(981)			員実	極位秘法奉授
頼　平	長徳 2　(996)	6. 4		員実	極位法奉授
有　信	長和 2 (1013)	3. 7		守実	極位法奉授
為　信	長元 3 (1030)	1. 11	10	守実	極位法奉授
為　仲	康平 2 (1059)	3. 6		守実	極位法奉伝
為　継	延久 2 (1070)	3. 2		守実	極位法奉授
為　信	〃 4 (1072)	7. 4			(為継二男大祝立
為　次	〃 4 (1072)	9. 2			(為継三男大祝立
為　貞	〃 5 (1073)	2. 1		為実	極位法奉授
信　時	寛治 2 (1088)	5. 1		時真	御即位大法奉授
盛　信	嘉承 2 (1107)	2. 5		時実	極位秘法奉授
貞　光	大治 4 (1129)	3. 3		信実	職位法奉授
光　信	久安 3 (1147)	4. 10		信実	職位法奉授
光　信	仁安 1 (1166)	2. 3		盛実	即位法奉授
敦　信	建久 2 (1191)	3. 5		頼実	極位大法奉授
盛　信	建保 4 (1216)	1. 11		頼実	職位法奉授
信　時	貞応 2 (1223)	12. 13		頼実	即位法奉授
信　重	暦仁 1 (1238)	3. 3		政真	即位秘法奉授
頼　重	正嘉 2 (1258)	10. 7		正真	極位秘法
継　光	文永 11 (1274)	3. 2		正実	極位秘法奉伝
盛　重	正応 2 (1289)	1.11		頼実	職位法奉授
盛　継	元亨 3 (1323)	3. 7		頼実	即位法奉授
時　継	元弘 2 (1332)	1. 11		真頼	極位法奉授
頼　継	建武 2 (1335)	2. 9	7	時実	職位法言奉伝
継　宗	貞和 2 (1346)	11. 3		頼実	奉授職位法言
頼　信	文和 1 (1352)	6. 3		頼実	職位法奉授
為　員	延文 5 (1360)	5. 3		氏実	奉伝職位法言
信　員	応安 3 (1370)	3. 2		氏実	奉授職位法
信　有	〃 7 (1374)	2. 4		氏実	奉授職位法

おわりに――『神道集』「秋山祭事」「五月会事」の時代

およそ桓武天皇の御代、田村丸が勅命によって、蝦夷征討に赴き、その鎮圧に一応の成功をもたらしたという事績は、歴史的にも認められることである。そしてその征討も、中央の京都から奥州に赴くとすれば、東山道によったとする想定は無理のないことである。

しかしそれは、史書によって確認できることではない。その往来に、東山道の途次にある諏訪路によったとすることは想定できるが、これを確認する平安時代の記録はない。ただそれは、信州がわの伝承によって知られることで、それも鎌倉時代半ば以降の叙述に過ぎない。それが信州・諏訪からの主張に導かれたことは、否定できないことである。しかして、その主張も、文永・弘安以降のことであることは、すでに論述したことである。それは、時代思潮が生み出した政治的うねりであったと言える。しかして田村丸の奥州・高丸退治譚の生成も、その時代思潮に応ずるものであったとも言える。海外の異賊に対する恐怖は、文永・弘安の「蒙古襲来」によって平安時代以来の国内の異賊に対するそれを呼び起こしたということである。東国の北条政権は、これに対して、はやくより北条氏が陸奥守、安達氏が秋田城介の任にあって、その鎮静につとめてきた。また東国の社寺も、これに応ずることが求められてきたのである[33]。

鎌倉末期の蝦夷の反乱については、『保暦間記』は、次のようにあげている。

元亨二年ノ春奥州ニ安藤五郎三郎同又太郎卜云者アリ。彼等ガ先祖安藤五郎卜云者。東夷ノ堅メニ義時ガ代官トシテ津軽ニ置タリケルガ末ナリ。此両人相論スル事アリ。高資数々賄賂ヲ両方ヨリ取リテ。両方へ下知ヲナス。

彼等ガ方人ノ夷等合戦ヲス。是ニ依テ関東ヨリ打手ヲ度々下ス。多クノ軍勢カ亡ヒケレドモ。年ヲ重テ事行ヌ。

すなわちその蝦夷管領は、北条義時以来のことであり、その同族争いより叛乱が生じたとする。『北条九代記』はこれを「正中二年（中略）六月六日依二蝦夷蜂起事一、被レ改二安藤太郎又太郎一以二五郎三郎一補二代官職一託」と記している。しかしてこれをより詳しく叙するのが『諏訪大明神画詞』である。

中に元亨正中の頃より。嘉暦年中にいたるまで。東夷蜂起して奥州騒乱する叓ありき。（中略）根本は酋長もなかりしを。武家其濫吹を鎮護せんために。安藤太と云ふ者を蝦夷管領とす。此は上古に安倍氏悪事の高丸と云ける勇士の後胤なり。その子係に五郎三郎秀久。又太郎秀長と云は。従父兄弟也。嫡庶相論の事ありて。合戦数度に及聞。両人を関東に召て理非を裁決之処。彼等が留守の士卒数千夷賊を催集之。外浜内末部西浜折曽関城郭を構て相争ふ。両の城嶮阻によりて洪河を隔て。雌雄互に決しかたし。因茲武将大軍を遣て征伐すと云へども。凶徒弥盛にして。討手宇津宮紀清両党の輩多以命を堕。漸深雪の比に及ぬ。（中略）爰季長が従人忽に城墎を破却して甲をぬぎ弓の弦をはずして官軍の陣に降す。

安藤太を上古の「安部氏悪事の高丸」の後胤とあるのは、諏訪がわならねばの記述であるが、これを「元亨正中」の頃よりとするのは、『保暦間記』『北条九代記』に準ずるものである。近年、海保嶺夫氏は、その『エゾの歴史』[34]の「蝦夷管領」の項において、元亨から正中、さらに嘉暦に及んだ蝦夷鎮圧の典拠をやや詳しくあげておられるが、その前段にあげられた「文保二年」（一三一八）、元亨二年（一三二二）の記事が注目される。その一は『金沢文庫文書』によるもので、

当時祈祷事、蝦夷已静謐之間、法験之至、殊感悦候、謹言。

（異筆）「文保二」

五月廿一日　　　　　　　高時（花押）

称名寺長老

とある。高時が一応の蝦夷鎮圧を告げ、その「法験」を謝した書状である。これによると蝦夷の反乱は、文保二年以前に起こっていたことになる。その二は『鎌倉年代記』によるもので、

今年元亨二出羽蝦夷蜂起、度々及二合戦一、自二去元応二年一蜂起云々

とある。その反乱に対する合戦が「元応二年」（一三二〇）以来のことと叙している。これらによると、それが元亨二年以前より生じていたことが知られるのである。ともあれ北条政権にとって、鎌倉末期における蝦夷反乱は、重大な事件であり、東国における社寺もその反乱鎮圧の祈祷が求められていたのである。それは、文永・弘安の役における九州各地の社寺に求められたことに準じ、八幡各社がこれに積極的にこたえたことに近似すると言える。

ところで、「秋山祭事」、そして「五月会事」を収載する『神道集』が『真名本曽我物語』と同じ文化圏のなかで成立したことは、柳田国男氏、筑土鈴寛氏以来、説かれてきたことである(35)。しかして村上学氏は、『妙本寺本曽我物語』(36)の「補注」「同文一覧」において、両者の詞章の一致を具体的にあげられている。また拙著『曽我物語の成立』(37)は、その第四編第三章「曽我物語の唱導的方法」において、その唱導的詞章における両者の一致を説いたのである。しかも両者の一致は、詞章にとどまるのではなく、成立の時代思潮にもみられることが注目されてきた。それは、『真名本曽我物語』が冒頭を「醜蛮（蝦夷）」の反乱記事をもってすることを遠因とし、その成立を蝦夷蜂起の時代の反映とすることに及んでいる。ちなみに、その巻四に安達氏の先祖「盛長」を「今の世」の「城殿」と申すことの始まる記述をもって、山西明氏は「真名本『曽我物語』と安達氏(38)」において、その成立を安達の「霜月騒動」の弘安八年（一二八五）以前を主張されたのである。それに対してわたくしは、前述の第六編第二章「真名本曽我物語の成立」に

おいて、秋田城介なる安達氏の活躍が、鎌倉最末期まで及んでいることを根拠に、その下限は元弘三年（一三三三）、上限は徳治三年（一三〇八）を提示したのである。

およそ『神道集』の成立は、南北朝の時代と判じられる。しかしそれに収載された「秋山祭事」「五月会事」の原縁起は、鎌倉末期に遡る。しかもその悪事高丸退治譚は、文永弘安の役以降、蝦夷反乱の生じつつあった鎌倉末期に生成されたものと推察されるのである。それはまた『諏訪信重解状』『諏訪上社物忌令』が作成される時代に準ずるものと言えるのである。

注

（1）福田晃・徳田和夫・二本松康宏共編『諏訪信仰の中世—神話・伝承・歴史—』（平成二十七年〔二〇一五〕三弥井書店）。

（2）本文は、神道大系『神道集』岡見正雄・高橋喜一校注、昭和六十三年（一九八八）になる。以下は同じである。

（3）田中卓氏『住吉大社神代記の研究』（著作集・第七巻　昭和六十年〔一九八五〕国書刊行会）。

（4）荻原龍夫氏校注『寺社縁起』（日本思想大系、昭和五十年〔一九七五〕岩波書店）。

（5）神道大系「宇佐」（中野幡能氏校注、平成元年〔一九八九〕）。

（6）昭和十七年、大岡山書店（『室町時代物語大成』第八、昭和五十五年〔一九八〇〕角川書店再録）。

（7）近藤喜博氏『中世神仏説話』（古典文庫、昭和二十五年〔一九五〇〕）。

（8）高橋崇氏『坂上田村麿』（人物叢書「昭和四十三年〔一九六八〕吉川弘文館、参照。なお入間田宣夫氏は、「悪路主と悪事高丸」（『中世武士団の自己認識』平成十三年〔二〇〇一〕三弥井書店）において、「常陸の鹿島神宮には初代の摂家将軍となった藤原頼経の東下について、「関白光明寺殿藤原道家朝臣御子征夷大将軍頼経、悪来王御退治関東下向之時」とある記録が残されているとされる。当社白馬祭の由来にかんする天福元年〔一二三三〕の文書の一部においてである（「鹿島神宮文書」）」。

（9）たとえば、奥浄瑠璃、『田村三代記』がそれで、前半は田村丸、後半は利仁を主人公とする（拙稿、「奥浄瑠璃『田村三代

記』の古層」『口承文芸研究』第二七号、平成十六年〔二〇〇四〕参照）。
(10)『続群書類従』第二十七輯上、所収。
(11)田中一松氏『日本絵巻物集成』第一巻（昭和四年〔一九二九〕雄山閣）による。「清水寺史」第一巻（平成六年〔一九九四〕法蔵館）第二章第四節「清水寺縁起」、高岸輝氏「室町絵巻の魔力―再生と創造の中世―」（平成二十年〔二〇〇八〕吉川弘文館）第二章第三節「流浪の将軍と伝説の将軍―足利義稙と「清水寺縁起絵巻」の坂上田村麻呂―」参照。
(12)『神道集』巻四「秋山祭事」の末尾には「諏方秋山祭次第、略シテ如レ此」とあれば、その原拠に、いちだんと詳細な縁起が存したことをうかがわせている。
(13)拙稿「神道集〈諏訪縁起〉の方法―「秋山祭事」「五月会事」をめぐって―」（『神話の中世』平成九年〔一九九七〕三弥井書店）。これでは、諏訪鷹法の祖なる祢津神平貞直が源満清を祖父とする斉頼流の鷹法を継承することを注目している。一方田村丸の家筋が鷹法にも通じることは、別稿「放鷹文化の精神風土―交野為奈野をめぐって―」（『説話・伝承学』20号・平成二十四年〔二〇一二〕にあげている。
(14)右掲注（1）同書所収「諏訪の中世神話―神道集の時代―」。
(15)久保田淳氏「『承久記』研究史の考察と課題」（軍記文学研究叢書『承久記・後記軍記の世界』（平成十一年〔一九九九〕汲古書院）。
(16)日下力・田中尚子・羽原彩三氏共編『前田家本・承久記』（平成十六年〔二〇〇四〕汲古書院）〔解説〕参照。
(17)栃木孝雄・久保田淳ほか四氏校注『保元物語・平治物語・承久記』（昭和六十三年〔一九八八〕岩波書店）。
(18)ちなみに『吾妻鏡』承久三年五月廿六日の条、および六月十四日の条には、泰頼の麾下に属した春日刑部貞幸の活躍があげられている。
(19)右掲（17）同書所収「古活字本永久記」による。ちなみに諏訪教育会版『諏訪史』第三巻（昭和二十九年〔一九五四〕）は、古活字本またはそれにしたがう流布本によっておられるようである。
(20)右掲注（15）同論攷による。
(21)「縁起」第四に「同承久二年五月、天下ノ大乱起リテ、都鄙軍旅ヲ馳セトヽフ。関東ニハ在京大夫平義時朝臣、諸国ヲ相催ス事有。信濃国其専一也、カクテ尾張ノ国葉栗原ニ到ヌレハ、其勢三千余騎也。美濃国大井戸ト云フ所ニ着キヌ。又此間日ヲフル。五月雨猶晴間ナクシテ、此境ノ大河漲出ニケリ。波瀾シ両陣ニ溢テ、浅深スヘテ辨ヘカタシ。（中略）軍士暫ク佇立スル処ニ例ノ瑞鳥千万羽共、兵馬ノ前ヲ数遍飛マワリテ（中略）クタリ瀬ニ飛渡リケレハ、（中略）大軍一騎モヲクレス着岸ス、（中略）是東山道ノ前陣也」とある。

(22)「敦信」（盛重）の頃に、「承久三年五月大乱時、左京権大夫義時朝臣相催諸国信州其専一也（中略）任神慮長男信重一族家人勇士相副之、令発向、神氏正嫡自臨戦場事是最初也。種々有神験度々戦功、無比類之間、…」とある。

(23) 右掲（1）同書、所収。二本松康宏氏「諏訪縁起の変容—阪波大王から甲賀三郎へ」。

(24) 諏訪市史編纂委員会編、平成七年〔一九九五〕古代編第七章第八節「大祝重信解状」と『諏訪大明神画詞』の項。

(25) 神道大系「諏訪」（竹内秀雄氏校注、昭和五十七年〔一九八二〕）。

(26)『諏訪史料叢書』巻三（『復刻・諏訪史料叢書』第一巻、昭和六十年〔一九八五〕）「守矢満実書留状他」。

(27) 宮次男氏「八幡縁起絵巻」（『新修・日本絵巻物集』別巻2、角川書店、昭和五十六年〔一九八一〕）。

(28) 横山重氏『室町物語集〔第一巻〕』（大岡山書店、昭和十二年〔一九三七〕角川書店）〈解題〉「附・八幡縁起諸本」参照。なお横山重、松本隆信両氏『室町時代物語大成』〔第十〕（昭和五十七年〔一九八二〕角川書店）『八幡大菩薩御縁起』（天理図書館蔵）の解説に甲類・乙類の諸本一覧があげられている。また横山重氏は、『神道物語集』（昭和三十六年〔一九六一〕古典文庫）に甲本に属する「衣奈八幡宮縁起」（応永九年絵巻）「八幡大菩薩御縁起」（享禄四年絵巻）、「宇佐八幡宮縁起」（天正十八年絵巻）を収載されている。

(29) 右掲注（7）近藤喜博氏『中世神仏説話』同書。

(30)『諏訪史料叢書』巻三十（『復刻・諏訪史料覚書』第五巻。昭和五十九年〔一九八四〕）「社家史料」。

(31) 岩田勝氏編『神楽—歴史民俗学論集Ⅰ—』（平成二年〔一九九〇〕名著出版）。

(32) 拙稿「諏訪の中世神話—神道集の時代」（右掲注（1）同書）。

(33) 後にあげる「金沢文庫文書」文保二年の称名寺長者あての文書もその一つである。

(34) 平成八年〔一九九六〕講談社。

（35）柳田国男氏「甲賀三郎の話」（『文学』八巻十号、昭和十五年〔一九四〇〕）（柳田国男著作集、第七巻、昭和三十七年〔一九六二〕、筑摩書房、再録）、筑土鈴寛氏「諏訪本地甲賀三郎―安居院作神道集について―」（『国語と国文学』第六巻一号昭和四年〔一九二九〕）（筑土鈴寛著作集、第三巻、昭和五十一年〔一九七六〕せりか書房）。
（36）角川源義氏編著、昭和四十四年〔一九六九〕角川書店。
（37）平成十四年〔二〇〇二〕、三弥井書店。
（38）峯村文人先生退官記念編集『和歌と中世文学』（昭和五十二年〔一九七七〕）（『曽我物語生成論』平成十三年〔二〇〇一〕笠間書院）。

第三章　『陬波私注』『陬波御記文』の伝承世界──『神道集』とかかわって

はじめに

およそ金井典美氏は　昭和四十三年に『御射山《みさやま》──霧ヶ峯に眠る大遺跡の謎──』[1]、昭和五十年に『湿原祭記──豊葦原の信仰と文化──』[2]を公刊された。それは同氏が先史考古学の立場から、諏訪下社の御射山の聖地、霧ヶ峯の湿地帯に、稲作文化の始原を究めようとされたものと言える。しかも同氏の信州・諏訪への関心は、考古学の立場にとどまらず、諏訪信仰そのものに及んで、古代から中世に至る文献を踏査され、昭和五十七年には『諏訪信仰史』[3]を上梓されている。その〈史料編〉には、わたくしの論[4]と重なる「諏訪御本地縁起の写本と系統」を収め、さらに諏方《よりかた》系の写本「諏訪草子」(弘化四年本)、兼家系の写本「甲賀三郎兼家(吉田本)」を翻刻・紹介されている。

さて本稿の課題なる『陬波私注』『陬波御記文』については、はやく『金沢文庫研究』一三八号(昭和四十二年)及び一六一号(昭和四十四年)に発表されたものに加筆して、右の『諏訪信仰史』に「金沢文庫古書「陬波御記文」と「陬波私注」」と題して収載、両書の全文を翻刻して紹介され、それに考察を加えられたのである。この両書が称名寺・金沢文庫に収蔵された経緯は、金沢氏(北条一族)が信州に所領をもち、同氏が諏訪との神事にもかかわって、諏訪への並々ならぬ関係にもとづくという指摘は、きわめて重要なものと言える。

さて本稿は、この金井典美氏の業績を踏まえてのことであることを第一におことわりをする。しかしてこの金井氏の論考は、近年、井原今朝男氏の「鎌倉期の諏訪神社関係史料にみる神道と仏道――中世御記文の時代的特質について――」(『国立歴史民俗博物館研究報告』第一四八集 平成二十年)に展開される。「陬波御記文」を広く中世史・諏訪史のなかで、追究されたものである。これに対して近刊『諏訪信仰の中世――神話・伝承・歴史――』[5]に、二本松康宏氏の「諏訪縁起の変容――諏波大王から甲賀三郎へ」、真下厚氏の「大宣としての『陬波御記文』」が収載された。いずれも金井氏のご報告にもとづき、井原氏の考察を前進させた論究である。本稿は二氏の論考に刺激を受けて、それのコメントとして稿するものであることをおことわりする。したがって右の二氏の論考をお読みいただくことをお願いする。

一 『陬波私注』〈七不思議〉と『諏訪上社物忌令』

正和二年(一三一三)、称名寺の僧、全海によって書写された金沢文庫蔵『陬波私注』は、『諏訪上社物忌令』[6]や『諏訪信重解状』[7]を解明する文書資料として、金井典美氏を稿矢として注目されてきた。今、それと金井氏の翻刻・紹介によって、その全文を掲げることから始める。

陬波私注 (全海本)

一、大明神甲午仁有二御誕生一甲午仁隠二御身一給フ

一、続旦《ソクタン》大臣ト申ハ

大-明-神ノ叔父御-前

自ニリ天竺一御同道、

大-明-神御体ヲ隠サセ給シ御

時

御装束ヲ奉三抜《ヌキ》二著《キセ》彼大臣一給テ

号ニ御衣木《ミソキ》法理一ト

我之躰以ニ法理一ヲ躰トセヨトハ

誓給シ也

一、陬波ト申事ナミシツカナリトヨメリ

蝦蟆《カニタ》《カエルノ事ナリ》神成ニ荒神一悩ト二天下一時、

大明神退ニ治之一御坐時四海静謐之間

陬波ト云々　口伝在レ之

一、石御座ト申ハ

件蝦-蟆-神住所之穴

通ニ竜宮城一退ニ治蝦-蟆-神一

彼穴ッ以レ石ヲフタキテ其上ニ坐シ給間

石御座リ申也口伝在レ之

一、七不思議事

正月一日　蝦-蟆
寒気　御渡
正月十五日簡粥
葛井池　御幣
高野《カノ》　鹿耳切事
御作田
狩野麻生事
一、自天竺御具足事
八叫《ヤサカ》ノ鈴
真澄《スミ》ノ鏡テ今不陰云々
唐鞍
一、大宮ノ軒ノシタ、リ不絶事
是ニモ七不思議ト申異説
一、御衣木法理殿
御実名ハ者有員云々
正和二年十二月廿五日　写之
同三年二月十七日　写之
同年下春中旬　写之

すなわちそれは、八条の章文に及ぶもので、その前半の二条と最後の一条は、大明神に代わる御衣木法理にかかわる記述である。しかして残りの五条は、いわゆる諏訪の神事とかかわる七不思議などについての記述である。そしてそれが『上社物忌令』の後半に添えられた「七不思議事」「御神宝事」「七石之事」と応ずるものである。そこで、まずこの条についての異同を検討する。

およそ『上社物忌令』は、原氏本と神長本とが紹介されているので、この二本と『諏訪私注』との異同をみておく。

まずその『阪波私注』の第三条は、次の章文を掲げている。

一、阪波ト申事ナミシツカナリトヨメリ蝦蟆《カニタ》カエルノ事ナリ神成二荒神一ト悩二天下一時、大明神退二治之一御坐時四海静謐之間阪波ト云々口伝在レ之

しかるにこの記述は、『上社物忌令』の原氏本は欠き、神長本がそれを七不思議事の冒頭の「正月一日　蝦蟆狩之事」の条に掲げている。それならば、まず『阪波私注』は神長本に近いと言える。次に収載の順序をみると、『阪波私注』は、「石御座」「七不思議事」「天竺御具足事」とあり、これに対して、『物忌令』原氏本は、「七不思議之㕝」「御神宝之事」「七石之事」とある。同じく同書の神長本は、「七石之事」、次いで「七木之事」をはさんで、「七不思議事」をあげ、その最後に「御神宝之事」に準ずる「真澄《マスミ》鏡不思議」「八栄鈴不思議」を添えている。すなわち収載の順序からすると、『諏訪私注』は、神長本に近いと言えるのである。

さて『阪波私注』の第四条は、次のごとくである。

一、石御座ト申ハ、件蝦蟆神住所穴通二竜宮城一、退二治蝦‐蟆‐神一、彼穴ヲ以レ石フタキテ、其上ニ坐シ給間、石御座ト申也、
　口伝在レ之、

これに対して『物忌令』原氏本は、「七石之事」として、

一、御座石　一、御沓石　一、硯石　一、蛙石　一、小袋石　一、小玉石　一、亀石　已上是ヲ七石ト云也

とある。しかるに同じく神長本は、「七石之事」として、

一、御座石ト申ハ正面之内ニ在リ、件之蝦蟆神之住所之穴通竜宮城ニ、退治蝦蟆神ヲ、破穴石塞、其上ニ坐玉シ間、名テ石之御座ト申也。口伝在之。

一、御沓石社内ニ在リ、是ハ波ニ浮キ平沙ヲ走ル御沓ナリ。生類恐テ此石之上ニ不上也。

一、硯石、水不増不減ナリ、三界之衆之善悪ヲ被註《シル》サ硯也。

一、甲石、社内ニ在リ、闇夜ニ如星光之輝《マタタクカ》。

一、小袋石、磯並ニ在リ、乾珠是ナリ、

一、小玉石、海端ニ在リ、満珠是ナリ、

一、亀石、千野川ニ在リ、浮石ナリ、

七石之口伝、在之。

とある。およそ原氏本に準じ、それぞれに注を付す。「小袋石」の乾珠、「小玉石」の満珠は、「七木之事」の由来としてあげる神功皇后の新羅征罰に応ずるもので、それは「八幡縁起」によることは別稿であげた(8)。しかも冒頭の「御座石」についての神長本の注は、『陬波私注』のそれとほぼ一致する記述であることが注目される。

次に『諏波私注』の「七不思議事」をあげる。それは、

正月一日蝦蟆　寒気　御渡　正月十五日筒粥　葛井池　御幣　高野《カノ》　鹿耳切事　御作田　狩野麻生事

とある。これに対して『物忌令』原氏本は、

一、御渡　一、カヘルカリ（蛙狩）　一、高野ノ鹿ノミ、　一、葛井池ノ木葉　一、御アマヲチ（雨落）

一、ツ、カイ（筒粥）狩野ノ鹿生スル事　一、御作田作久モヲエツクユ〔コト〕

とあり、そのあげ方は異同する。これに対して、同じく神長本の、〈七不思議事〉は、先にあげたごとく、

一、正月一日之蝦蟆狩之事。蝦蟆神成大荒神、悩乱天下時大明神彼ヲ退治御座し時、四海静謐之間、陬波ト云字ヲ波陬なりと読り。口伝多し。望人ハ尋へし、于今年々災を除玉ふ　謂ニ蟇狩是ナリ、

とあり、次いで

一、寒気之御渡。忝も御神体之御通ある跡、御ヒラハラノ。カンキ申せは疎なり。直に神体をおかみ奉る。望人は以社参可奉拝也。口伝有之。

一、正月十五日筒粥。葦を切て束縛之、五穀を入之者ハ、其年之可豊饒ハ悉彼筒中ェ入る。不然一粒も不入也。土民等是を心得作也。

一、摘井池御幣、御穀、酒。十二月晦日夜寅剋ニ彼幣穀ヲ奉入レハ遠江いまの浦見付猿擲池に正月卯刻ニ彼幣酒穀、彼池浮宮人取上拝ス。摘井与猿擲池の間七日路あり、只一時に通する也。

一、高野之鹿之耳之拆たる事。天竺鹿野苑より御供之鹿也。

一、御作久田。六月晦日に苗をうゆれは一夜に熟味を成禽獣不服之成御穀。

一、御射山ニ不種麻之おゆる事。此山を号理趣会山、此山不地振、無蛇蝎蚊虻《シャカツモンマウ》下生三会之暁説法砌也。一度此地を踏ぬれは、不堕悪所、今此山社参人等生類必三会暁説法之砌ニ可出也。就然今調新衣服参之儀是也。

惣而四七不思議在リ、望人ハ可尋。

とある、その冒頭の「正月一日蝦蟆狩之事」の注は、『陬波私注』の第三条「陬波ト中事」のそれとほぼ同文であることは右であげた。しかも、「正月一日之蝦蟆狩之事」から「御射山ニ不種麻之おゆる事」の叙述は、それぞれの注を加

えているが、その順序は『陬波私注』に準じてあげている。

最後に『陬波私注』は、第六条の「自天竺御具足事」においては、

八叶《ヤサカ》ノ鈴　真澄《スミ》ノ鏡今不陰云々　唐鞍

をあげる。『物忌令』原氏本は、「御神宝之事」として、

一、コカネノ御フタ　一、ミクミノ御宝

一、ヤサノ鈴　一、神サウノカタナ

一、マスミノ鏡　一、御手洗水

一、御鞍

の七種をあげる。これに対して、同じく神長本は、

真澄《マスミ》鏡不思議　八栄《ヤサカ》鈴不思議

とあり、二種にとどまっている。それは「唐鞍」を欠くが、むしろ『陬波私注』に近いと言える。なお『諏訪私注』は、第七条に、

大宮ノ軒ノシタ、リ不絶事、是ニモ七不思議ト申異説

とある。『物忌令』原氏本には、これに対応する記述は見えないが、同じ神長本には、「御射山ニ不種麻之おゆる事」の最後に、「惣而四七不思議在リ、望人ハ可尋」とあり、また「真澄鏡……」に続けて、「惣而二十八不思議御」と叙されている。

以上のごとく、『陬波私注』の第三条から第七条に及ぶ叙述は、『諏訪物忌令』の「七不思議之叓」から「七石の事」に及ぶそれに準ずるものであるが、その叙述の順序・内容にしたがって検すると、原氏本よりも神長本に近いこ

とが判じられたのである。しかも神長本は、相当詳しい注を添えるものであった。それならば、『物忌令』原氏本によって成ったものとは言えず、神長本またはそれに準ずるテキストにより、その注の部分を抄出して作成されたものと判じられる。つまり『陬波私注』と『諏訪物忌令』とは、きわめて近い関係にあるが、『陬波私注』は、神長本『諏訪物忌令』に近い原拠によって成っていることとなる。

二　『陬波私注』の〈御衣木法理〉

さて右にあげた『陬波私注』の前半の一条と二条、最後の八条にあげる御衣木法理を検討してみる。すなわちそれは、

一、大明神甲午ニ有二御誕生一甲午ニ隠二御身一給フ

一、続旦《ソクタン》大臣ト申ハ、大明神ノ叔父御前自リ二天竺神一、大明神御体ヲ隠サセ給シ御時、御装束ヲ奉三抜《ヌキ》二著《キ》セ彼大臣一給テ、号二御《ミ》衣木《ソキ》法理一ト、我之躰以二法理一ヲ躰トセヨトハ誓給也

一、御衣木法理殿、御実名ハ者有員云々

およそ諏訪大明神は甲午にご誕生、大事の時あれば、甲午に姿を隠されるものとする。その甲午の意義については、二本松康宏氏が説いているので、後にふれる。この諏訪信仰のイデオロギィは文永・弘安の乱以降、諏訪において改めて認識されたものであろう。ちなみに『諏訪信重解状』の二段にも、「以二大祝一為二御体一事」において、

右大明神御垂跡以後、現人神御国家鎮護為二眼前一之処、鑒二機限一御躰隠居之刻、御誓願云、無二我別躰一以レ祝可レ為二御体一、欲レ拝レ我者、須レ見レ祝云々

と述べている。すなわち大明神が御躰を隠居なさった後は、「御国家鎮護」のために、祝をもって御躰とし、その礼拝の対象とせよと誓願されたという。ただし、ここでは、祝に法理の文字をあてることはない。しかるに『陬波私注』は、それを「御衣木法理」と表現する。しかもその祝は、大明神の叔父御前・続旦《ソクタン》大臣に、その装束を抜ぎ著せなさったもので、大明神はその御衣木法理（祝）をもって、わが躰とせよと誓いなさったという。その「御衣木」とは、元来、神仏の像を造るのに用いる聖なる樹木の意である。が、ここでは、神の衣の義にすりかえているものである。

さて最後に、その御衣木法理殿、つまり大明神の叔父・続旦大臣が、御実名は「有員」と伝えるという。果してこの「私注」の説が、諏訪社が公けに認めたものかどうかは確認できない。ちなみに後の『諏訪大明神画詞』[9]の「諏訪祭第一」には、「祝ハ神明ノ垂迹ノ初メ、御衣ヲ八歳ノ童男ニヌキ、セ給テ、大祝ト称シ、我に於テ躰ナシ、祝ヲ以テ躰トスト神勅アリケリ、是則御衣祝有員《みそきほうり》、神氏ノ始祖也」とある。また「神氏系図」（前田家下[10]）冒頭に、「于時有童子後字有員而令随遂明神（中略）童子率神兵追落守屋則彼山麓構社、吾神脱着御衣於童子吾無体以祝為躰有神勅隠給、御身則彼童子為神体名御衣木祝氏始祖也」とある。『画詞』『系図』ともに、有員を御衣祝・御衣木祝とし、『陬波私注』と一致する。が、それは明神に代わる童子であったとして、『私注』の大明神の叔父・続旦大臣の説にはしたがっていない。また『私注』の御衣木法理の「法理」を主張することはない。

それならば、『陬波私注』の説く「御衣木法理」とはいかなる意義をもつのであろうか。言うまでもなく「法理」は「祝」を擬したもので「御衣木法理」は、造語というべきものである。勿論、その「法理」の語義は一般には仏教語で、「仏法の真理・仏法の道理」である。しかしそれを「祝」に擬するのであれば、神道の真理を意味し、その神明の体現者を言うことになる。しかも、その神道の「法理」思想は、鎌倉末期における神道の動向に応ずるものと思われる。たとえば、和田有稀子氏は、その動向を「神子栄尊行状」によって示される。(11)したがって、まずはその「行状」の本文をあげる。その一は「水上山万寿開山神子禅師行実」(12)である。それは、

師諱栄尊。号神子。父平氏判官康頼の子。母藤氏也。父本京師之人。遁乱世。移鎮西居占筑後州三潴庄夜明村。
師即以建久六年乙卯六月二十一日生矣。

と始める。長じて同州柳坂山永勝寺僧都厳琳を師として天台の教法を学び、肥前州小松山に三年、豊州宇佐社の参詣の折に、一の聖僧の諭示によって東国に赴き、上野州長楽寺の栄朝に学ぶ。しかして再び西国に戻り、天福元年（一二三三）に伊勢太神宮に詣でたのである。それについて、「行状」は次のように記している。

又復還關西。師彌欲願助道。詣伊勢叅太神宮。此者自垂迹以來。衣法服不到社内之。去社垣故。遙居鳥居之外。良久祈念。社垣有一女子。見師久立。俄然起舞。女子則託曰。汝箸爲吾請來此聖僧。語亦再三。當此時。仕神青衣等男女相議曰。自神〔自神代歟〕以降。未有衣法服者到神殿。如何決斷。則啓齋主。主答曰。神意不可慮。豈敢存異哉。則召青衣請師。神女又托（托歟）宣曰。師不知哉。吾垂迹此秋津洲時。與熱田大明神。相共有約。所以其約。以第六天魔王遺眷屬。欲亡此國未來之佛法。故吾先領此洲。擁護佛法。然不許法衣。不受法師。今云法師者。不持戒律。不達法理。故惡之。吾召師故爲曩誓矣。

すなわち栄尊が再び関西に赴き、道を求めて伊勢大神宮に詣でる。当社は、天照太御神が日本に垂迹なさってこのかた、衣法服の者を社内には入れないというので、鳥居の外からしばらく祈念していると、その社の垣根の内に一人の女子（神女）がいる。それが師の栄尊を見て立ちあがり、舞を舞って神憑り、託して曰うことは、「汝は私が招いた聖僧である」と言い、再三に及ぶ。そのとき、そこに神に仕える青女（采女《うねめ》）などの男女が相議ることは、「神代よりこのかた衣法服の者を神殿に入れない。どうすべきか」と。そこでこれを斎主（神官）に尋ねると、斎主も「神

意慮るべからず」とて、青衣を召して、それを招いた師・栄尊について、先の神女に再度、神の意志を問わしめる。するとこの神女は再び託して、「師知らずや。吾、この秋津嶋に垂迹の時、熱田大明神と相議り、この国の仏法を亡ぼそうとする第六天魔王と約して、仏法を擁護することとした。その約は、法衣を許さず、法師を受けずということである。今の法師は、戒律を持せず、法理を達せず。それゆえに、これを悪《にく》む。わたしは師を召して、曩誓（先代からの誓い）を伝えようとしたのだ」とおっしゃったという。

同じ伊勢大神宮参詣の状況を「前住万寿嗣法万寿禅寺開山勅特賜神子禅師栄尊大和尚年譜」[13]（神子禅師大和尚年譜）をあげておく。

天福元年癸巳

師歳三十九。興辨圓相共辭長樂。定渡宋傳法之志。既還關西。取途于勢州。詣大神宮。立華表外持念。神殿有六七歳女兒。看師起舞曰。汝等請彼聖僧來。諸巫議曰。鎭座已來。着法服之徒。未許上殿。爲之奈。齋主曰。神意不可測。詎拒之。卽令青衣請。先少女宣曰。汝不知哉。我擁護佛法。然嫌法服徒。今沙門不持戒行。不達法理。是故惡之。我今召汝。爲曩誓云々。聞者信服。

この神子栄尊の伊勢参宮の行状について、和田有希子氏は、「思想史からみた『聖財集』[14]」のなかで、次のように論じられている。

第六天魔王説には、鎌倉後期から疑義が呈されるようになる。円爾とともに入宋した禅僧神子栄尊の伝記である『神子栄尊行状』（一二七五年）は、神子栄尊自身の伊勢参宮話を掲載するが、そこでは一人の巫が伊勢の仏教忌避の慣習について第六天魔王説によって説明する。その際「不許法衣。不受法師」と述べているが、これ以前の第六天魔王説と異なるのが、法衣・法師を許容しない、つまり仏教忌避の理由を、「法師」は「不持戒律。不達法理」ということに求めている点である。それまでの第六天魔王説が、第六天魔王と天照大神との約諾のみを伊勢の仏教忌避の理由に挙げていることを想起すれば、伊勢の仏教忌避の理由に、僧侶が戒律を持さず、法理に達していないとして、僧侶側にその理由が求められているのは異質なものと見なさざるを得ない。『神子栄尊行状』の伊勢の仏教忌避譚は、仏教の堕落を明確に掲げるものとして、伊勢が戒律を持し、法理に達する態度を求める姿勢を打ち出していたことを示している。

つまり、伊勢の仏教忌避は、僧侶が戒律を持さず、神明の「法理」に達していないからで、それが「法服」の徒の参詣を拒む理由であるとする。しかも和田氏は、この伊勢側の態度は、「度会常昌と密接な交流をもっていた慈遍が、天台僧から神道に傾倒していった理由に、名は僧尼でありながらその実を備えていない僧尼への批判など、仏教の堕落が認識されるようになってきたことと関わる」とし、その慈遍が、「凡宗廟ノ御本誓、正直清浄ヲ先トストナシ、…是則正直也、…則是清浄也」と主張することに注目される。それは神道の本質は、正直・清浄に見出されるものであり、神道の法理は、それにあるとすることである。そしてそれは、神明そのものに、正直・清浄をみることである。鎌倉後期は、両部神道から伊勢神道へ、それは本地垂迹から反本地垂迹説へと転じつつある時代であった。

そこで、再び『陬波私注』の「御衣木法理」に立ち戻る。その神明の法理は、正直・清浄を旨とするものである。またその法理は神明そのものである。その正直・清浄は、ケガレを祓うことで維持される。それならば、その「御衣木」は、ケガレなき神の衣であると同時に、ケガレを祓うべくおこなわれる「ミソギ（禊ぎ）」の意を含ませたものと言える。つまり「御衣木法理」は、「禊ぎ」「祝」を含んだ造語ということになる。それが諏訪特有のものであるか、他社にも通じる普遍的呼称であるかは今後の課題とせざるを得ない。

三　『陬波御記文』の思想

金沢文庫蔵『陬波御記文』については、『陬波私注』とあわせて、金井典美氏が詳しく紹介されている。その金井氏によると、称名寺長老剣阿・僧全海・某三者三冊の古書と、全海および某氏の手沢本とがあり、その内容は、筆跡が異なるものの、全くの同文であり、漢文に訓点が付されているのである。

ところで、その『御記文』については、先にあげた『諏訪信重解状』の「以二大祝一為二御体一事」においては、

仍以二神字一与二給祝姓一之刻、以二明神之口筆一、祝令レ注二置神事記文一、号大室宣與、而為レ宗二御神事一之時、毎年大祝奉レ読二上彼記文一、致二天下泰平之祈禱一事十ヶ度也、社壇之明文只在レ之

と記されている。その「神字」による記文については、当『陬波御記文』がその奥書に「正本御記文者梵語也」とあり、また、『諏訪大明神画詞』〈縁起・中〉においては、明神は、田村将軍に「一巻記文」を託しているが、それには「今者号二記文陀羅尼一」と注されている。それらによると、その記文は、神字（陀羅尼）を以って大祝に継承されるものであり、大祝が「明神之口筆」をもって注し置くものであった。しかもそれは御神事の大事として、大祝が読み上げ奉るものであったという。その「明神之口筆」とは、神自身の一人称式の語りによることであり、それについては先の真下厚氏の「大宣としての『陬波御記文』」が詳述するところである。しかも真下氏は、この記文の奉読は元来、「大祝職位式」とかかわるものであり、次にあげる『陬波御記文』の冒頭記事とかかわって、それは御射山祭の「四御庵」における「大宣」奉読を意味すると考察を進めている。

そこで改めて、『陬波御記文』の本文を金井氏が紹介された全海本（漢文訓読）をもって掲げてみる。まずその前半

をあげる。

〈第一段〉

阪波大王　限テ二甲午ニ一隠スレ身ヲ、阪波与甲午　印文ト同クシテ一物三名ナリ。我カ印文能タ持ツヘシ二身心ニ一。得テ二此人ヲ一思ヒ二真ノ神体ト一、定ムヘシ二正法持国ノ法理ト一。我従リテ二燃灯仏ニ一以来、以テ二神通ヲ一見ルニ二諸業類ヲ一、六趣之中ニ愚痴ナル者ハ、一切ノ禽獣魚虫ノ身ナリ。流二転シテ生死ニ一迷フコト二生死ニ一、依リ二不信ニ一依リテナリレ行フニ二非法ヲ一。以テナリ三不信トハ内ニ誑スヲ二人ノ性ヲ一。以テナリ三非法トハ外ニ窘ナムヲ二自欲ヲ一。不信非法流転ノ因ナリ。皆是我無始ノ分身ナリ。殺シテ二鳥鹿ヲ一自カラ用フルコト二贄祭ニ一、懺悔シテ帰スル二浄土ニ一善巧ナリ。於テ二如キレ此贄料神物ニ一、雖モ二禽獣ナリト一有ラバレ非被ランレ咎ヲ。何ゾ況ンヤ於テ二人類ノ非ニ一乎。我雖モレ呑ムト二熱鉄ノ炎丸ヲ一、不レ稟二非例人ノ祭礼ヲ一。断テ二尽スガ三業ノ作罪ヲ一故ニ、此ノ蜜会ヲ名ク二三斎山ト一。此ノ山ハ生セリ二霊鷲山ノ艮ヨリ一。当ニ慈尊ノ該《タマヘル》ノ二法華ヲ一地ナリ。故キ名ク二普賢身変山ト一。踏マンモノヲハ二此ノ地ヲ一不レ堕二悪趣ニ一。此地及ブマデ二草木樹林ニ一、皆是我カ身分ノ所現ナリ。剪リ二草木ヲ一穿タン二寸地ヲ一者ハ、非ス二我神人ニ一断ヘシ二其ノ種ヲ一。有レハ二悪種一生スルカ二悪行一故ナリ。治メレ国ヲ法ルコトレ位ヲ依ヘシ二正法ニ一。是不変決定ノ戒行ナリ。

右のごとく、それは明神が身を隠し、代って祝（法理）が誕生する三斎山（御射山）の聖地たることを主張するものである。まず諏訪明神を自ら「阪波大王」と称することが異常である。おそらくこれは、後半に武神・軍神として諏訪明神の神格を主張することとかかわるのであろう。――「阪波」の表記については、次章であげる――その「印文」は、二本松康宏氏が「諏訪縁起の変容」の論考で説くごとく、金井氏や井原今朝男氏のいう「古印」「売神祝印」ではなく、まさに「記文」（印文《しるしぶみ》）とすべきである。しかして、「限二甲午一ニ隠スレ身、阪波与甲午…」は、先の『阪波私注』の第一条「大明神甲午仁有二御誕生一甲午仁隠二御身一」に準ずるものである。しかもそれは、諏訪明神が御射山に御身を隠すとき、それに代って祝が明神の法理を継承して誕生することである。この「甲午」について、二本松氏は、右の論考において、それは、「日月星の三光はもともと狩祭としての御射山祭において二十七日の有明の月とともに明け方におきる奇瑞だった」と説いている。

「我カ印文能ク持ツヘシ身心ニ。得テ此人ヲ思ヒ真ノ神体、定ムヘシ正法持国ノ法理ナリ」とは、今自らに代って誕生した新しい祝（法理）のことであり、明神の記文を奉読することにより真の明神の神体と化し、明神の正法を堅持する法理（祝）に示現したと説くのである。しかして今、明神に代って祝が誕生した聖地・三斎山は、前生の燃灯仏以来、愚痴なる一切の禽獣魚虫を枚剤する贄祭の地であり、その禽獣の三業作罪を断つ密会の地なるゆえに、三業に因んで三斎山と称するという。それは釈迦の霊鷲山、称勅慈尊再会の法華の地であり、普賢身変山ともいう。そしてこの聖地に、みだりに侵入する者は神人とは認め得ず、その悪種を断つべきであると説く。次いでその後半を掲げてみる。

〈第二段〉

治メ国ヲ法ルコト位ヲ依ヘシ正法ニ。是不変決定ノ戒行ナリ。我以テ正法ヲ為シ正体ト、行フヲ正理ヲ為スカ正祭ト故ニ、恐レテ神ヲ不ルハ犯サ非ヲ正法ナリ、守テ本誓ヲ不ルハ貪ヲ正理ナリ。正法ト正理ヲ為セン法理ト。能ク施シテ大威徳ノ神力ヲ、能タ退散シ天下ノ災蘖ヲ、以テ正法ヲ治メン国土ヲ時ハ、率イテ千ノ悪神ヲ滅セン其雠ヲ。法理トシテ行ハバ非法非理ヲ、永弁《クステテ》不親近セ七生ニ。若有ハ助クルモノ此ヲ罸セン其ノ人ヲ、我敵也。難シ能タ可キコト助ク。竪ミテ末世ノ凡夫ノ心品ニ、我演フ如キ是ノ誠実ノ言ヲ。我神人莫レ致スコト罪過ヲ。況ンヤ殺害ヲヤ共ニ追ヘ千里ヲ。令メハ打殺セ正理ノ神人ヲ、一度打ルルハ我百日ノ悩ナリ。複センニテ本日ニ備フヘシ百両ノ金ヲ。殺サン者ハ我三世ノ怨敵ナリ。三寸ノ蝂虱ノ皮千枚、綾羅錦繍ノ外ハ万宝、積ミテ置コト一丈ニ百日ノ間セヨ。責メテ捧ゲテ神鉾ヲ追ヘ異国ニ。持シ我本誓ヲ不レ離レ身ヲ。持タンヲ是ヲ我躰トセン口ヲ作スヘシ鼻ト。我記文ハ諸経シテ肝心。是諸仏出世ノ正法ナリ。諸神モ無キコト非例同ジ誓ナリ。背カハ記文ニ早ク追ヘ千里ヲ。我安住シテ擁護セン国土ヲ。不ンハ追捨テ此ヲ帰ラン本国ヘ、我以テ正法ヲ為シ甲冑ト、以テ正理ヲ為ス弓箭劔ト。何ノ神力ヲ何トシテ伏セン魔怨ヲ。千ノ悪神ハ三界ノ魔王ナリ。護テ正法正理ヲ随ヘ我ニ。不ンハ行ハ正法正理ヲ去ルヘシ。去ラハ立チトコロニ天下ニ起ラン災難。能ク知ルヲ此本誓ヲ法理トセン、背カハ此誓ニ全ク不ス法理ニハ。

右のごとく、ここでは明神の神体を受け継ぐ祝は明神の法理にもとづくべきことを説く。その法理は、先の伊勢流の神道説によれば、正直・清浄を旨とする神体であり、それを継承するのが祝（法理）である。しかして、国を治める根本は、このけがれなき明神の正法によるべきである。「我以テ二正法一為シ二正体一ト」「正法ト正理ヲ為セン二法理」とは、その明神の本誓なる正法・正理を継承するのが新しい祝（法理）の使命である。その正法によって国土を治めんする時は、我は千の悪神を率いて、その讐を滅す。しかるに祝（法理）として非法非理を行えば、七生に至るまで救われまい。またこれを助ける者は我が敵である。「持シ二我本誓一ヲ不レ離一身ヲ、持タンヲレ是我躰トセン口ヲ作レ鼻ト」とは、祝（法理）ばその正法・正理の本誓を堅持し、我が神体と一体となれというのである。そして最後に「我以二正法一ヲ為シ二甲冑一ト、以テ二正理一ヲ為ス二弓箭劔一。」「護テ二正法正理一ヲ随ヘレ我ニ、不ンハレ行二正法正理一ヲ去ルヘシ」という。これが、陬波大王の御記文の主題であろう。我は正法・正理を武力として、魔怨・魔王を圧伏せしめんとする。したがって、新しい祝は、この正法・正理を堅持して我に従え、それが行えなければ、ただちに去れという。そして最後に、「能ク知ルヲ二此本誓一ヲ法理トセン、背カハ二此誓一ニ全ク不セ二法理ニハ」と結ぶ。それは祝に対するきわめて過激なもの言いである。しかもそこには、当代の諏訪社における政治的状況の反映がうかがえる。ちなみに、先の『諏訪信重解状』にも、その末尾に「大明神者日本第一の軍神、以レ祝為二御体一之由御誓願在レ之」と叙している。

以上、『諏訪御記文』は、諏訪明神が新しく誕生した祝に対して、自らの法理としての本誓を堅持することを命じるものと言える。しかもそのなかには、鎌倉末期の政治状況に応じようとする諏訪社の立場が垣間見えている。およそ諏訪社においても文永・弘安の役を契機として、異国退治のうねりに応じていくのである。それは当社の神功皇后伝説にもうかがえる。しかも蝦夷反乱にも対応することが迫られていた。時代はそれに応じて、神明の正直・清浄を旨として、怨敵と戦おうとする神国思想が誕生しつつあった。いわゆる伊勢流の神道説である。その思想を内包するのが、この『御記文』である。したがってこの『御記文』は、遠い昔から祝に伝承されてきたものとは言えまい。鎌倉末期に、その時代に応じて作成されたものと推される。それならば、それを作成した者がだれかが問われが、おそらくそれは、三斎山を普賢身変山とする諏訪上社に求められるであろう。今後の課題とすべきである。

四　諏訪本地垂迹譚の諸伝

先にあげた『阪波私注』の第二条には、大明神が御身を隠されるとき、大明神の叔父・続旦大臣がその装束をいただいて、初代の御衣木法理として誕生したことを説いていたが、その折のことを「自二天竺一御同道」と叙されている。それは、諏訪明神の本地（出自）は、天竺にあったと主張することになる。

およそ諏訪においては、中世神話とも称すべき縁起が作成され、それが安居院作の『神道集』に収載されている。そしてその巻四には、「秋山祭事」「五月会事」があげられており、巻十には「諏訪縁起」があげられている。最後の「諏訪縁起」は、長編の物語縁起で、いわゆる甲賀三部物語を本地垂迹縁起に仕立てたものである。しかしてその主人公の出自（本地）は、その名の通り、近江国の甲賀の地であり、天竺とはしない。――ただし、別系統の「諏訪の本地」は、その父は天竺より渡来したと叙している。――しかるにその甲賀三郎は、諏訪明神に示現するにあたって、震旦国の南、平城国に赴いて、その国の早那起利の天子より「神道ノ法」を伝受され、後に諏訪の地に赴いて明神として垂迹したと語っている。そこには、天竺ならずとも、異国との交流のなかで、諏訪明神が誕生したと説くのである。しかしこの物語縁起は、諏訪社がわでは公認されることはなかったのである。それは、これが諏訪の本地仏に奉仕する天台宗の社僧によるものであったこととかかわるであろう。

しかるに、この安居院作の『神道集』には、諏訪明神の出自を天竺に認める垂迹説が収載されている。巻四の「五月会事」に添えられた金剛女宮の物語である。それは、天竺舎衛国・波斯匿王の娘・金剛女宮が、鬼形変身を克服し、祇陀大臣を婿として、ともども諏訪に来臨、祇陀大臣は上の宮・本地普賢菩薩、金剛女宮は下の宮・本地千手観音と示現したと語る。おそらく諏訪社家からの伝承を『神道集』の論者が取り込んだものと推される。

さて諏訪明神の出自を天竺に求める説が、諏訪社家の間に、さまざまに伝承されてきたことは、二本松康宏氏が「陬波大王垂迹縁起」としてとりあげる。本稿はこれをふまえて、その諸説を検討してみる。

まず『諏訪上社物忌令』においては、「当社御贄」にかかわって、

御狩ト云は、波提国鹿野苑ヨリ始レリ。鷹ト云ハ麻河陀国ヨリ始也。

とあり、本書の末尾において、

一、倩惟、當社明神者、遠分異朝雲近交南浮塵給申。其名健御名方明神、去ハ和光之古ヲタツヌルニ、波提國ノ主トシテ、文月（七月）末比鹿野苑御狩ノ時、奉襲守屋逆臣カ其難ヲノカレ、廣大慈悲御座得名給。又奉訪御本地者、西方補處之薩埵浮影於秋津洲之波《ニ》、一陰一陽之霊祠也。振威於豊葦原風、亦敷十種之願納（網カ）於苦海《ニ》、弘一乗之法輪《於》濁世、越恆順衆生之誓願化生《ニ》、令蒙懺悔滅罪之利益《於》萬民《ニ》給。訪《レハ》其濫觴、或構（稱）《シ》他國應生之靈、又ハ號我朝根之神《ト》。南方幸《キナリ》波斯國、降伏悪龍救萬民。彼《ノ》國《ヲ》治《メ》為陬波皇帝《ト》。東方至金色山、殖《ヘ》善苗成佛給。其後移吾朝給《テ》、接（攝）州滄海邊《ニ》垂跡、鎮三韓西戎之逆浪、表西宮《ニ》。又濃州高山《ノ》麓《ニ》和光、守百王南面之寶祚誓玉《フ》。中南宮《ト》。終《ニ》卜勝地於信濃諏方郡垂跡給。

とある。これは、『神道集』の収載する諏訪垂迹譚とは違った伝承である。その前半の建御名方の前生を波提国の主として、鹿野苑御狩の守屋退治をもって秋山祭の由来とする叙述は、先行の由来譚に、『諏訪信重解状』の「守屋山

麓御垂跡事」を複合させたものと言える。しかしてその明神の前生を波斯国にあって悪龍を退治して「阪波皇帝」と称され、金色山に至って成仏されたとする。その後に吾朝に来遊されるに、三韓西戎を鎮め、西宮を経て南宮とも称されたとするのは、別稿(15)にあげた「八幡縁起」を習合して叙するものである。

ところで、この波斯国の阪波皇帝垂迹譚は『阪波私注』の大明神垂迹譚と一致する伝承であろうか。たしかにその阪波皇帝の「阪波」は、『私注』の第二条の「阪波ト申ナミシツカナリトヨメリ」に通じるもので、その大明神の蝦蟇《カニマタ》退治を伝えるのであるが、それは大明神の前生における行為とは叙していない。——ちなみに二本松氏はそれを「阪波大王」と称するとするが本文には見えない——。その『阪波御記文』にも諏訪明神を「阪波大王」とする表現がみられるが、ここには明神の垂迹譚は記されていない。あえてその前生を求めれば、それは燃灯仏の時代としていることである。言うならば、三者は天竺からの来遊を認めているが、前生垂迹の叙述を一致させるものではない。その諏訪明神の名称を「阪波」と表記する点で一致するもので、それは筆者の文化圏の共通を認めることに留まる。ちなみにその「阪波」の表記が、まずは『諏訪上社物忌令』の神長本に見えることは先にあげた。

およそ御狩の神事の起源を「波提国鹿野苑」に求める伝承は、『六度集経』を原拠とする『三宝絵』上巻の「鹿王《ろくおう》」を本説とするものである。その鹿野苑（鹿苑）は、中天竺波羅奈国にあった。波羅奈国の国王が、鹿狩に赴くとき、孕める鹿に替って身を投げだす鹿王に感じ、国王は鹿の園（鹿苑）を作ったとする本生譚（鹿王は今の釈迦如来）である。この鹿野苑を舞台とする守屋退治を七日御狩の由来とするのが『物忌令』の叙述であるが、後の『諏訪大明神画詞』は「祭第六」の御射山御狩の項において、

サテモ此御狩ノ因縁ヲ尋レハ、大明神昔天竺波提國ノ王タリシ時、七月廿七日ヨリ同卅日ニ至マテ、鹿野苑ニ於テ狩ヲセサセ給タル時、美敦ト云亂臣忽ニ軍ヲ率シテ、王ヲ害シ奉ラントス。其時王、金《コカネ》ノ鈴《スヽ》ヲ振テ、蒼天ニ仰テ八

タヒ叫ヒテノ玉ハク、我今逆臣ノタメニ害セラレントス。狩ル所ノ畜類全ク自欲ノタメニアラス、佛道ヲ成セシメンカ爲也。是若天意ニカナハヽ、梵天我ヲスクヒ給ヘト。其時梵天眼ヲ以テ是ヲ見テ、四大天王ニ勅シテ、金剛杖《コンカウツエ》ヲ執テ群黨ヲ誅セシメ給ニケリ。今ノ三齋山、其儀ヲウツサル、由、申傳ヘタリ。八叩鈴則彼國ノ（天竺波提國ヲ指也。）霊寶ヲ傳テ、今ノ神寶ニ用タル（リ也。）。四維《イ》ノ御柱ハ、四王擁護ノシルシ、九〔法カ〕□薙鎌《ナイカマ》衆魔摧伏ノ利釼ナリ。

とある。『物忌令』の「波提国」を受け、本説に引かれて大明神の前生を「王」として、乱臣「美敎」を誅しなさったと、新しい趣向を添えて、御射山祭の由来を詳しく叙するのである。

しかもこれは、『諏訪大明神溝式』(16)第二においては、

大明神者、中天竺ノ国主也、為師子頬《ケウ》王ノ玄孫ト、作タリ貴徳大王之長子。能ク耀シテ武徳退ケ魔軍於仮方ニ、普ク施シテ仁政ヲ及ス皇化於隣竺。南ノカタ幸波戸国ニ、射悪龍而救フ民黎ヲ。即治テ彼同号ス諏波皇帝ト。東ノカタニ到テ金□ニ、殖テ善苗ヲ而行シ仏道、屢住シテ彼ノ山祈紫金ノ妙果ヲ。時ニ血色ノ日光赫奕《カクヤク》トシテ照ス王ヲ。々即尋光、一臣二妃共ニ乗リ白馬届ル乎日域ニ。分ケ浪建テ国経《ケイ》緯《イ》タリ乾坤ニ。（中略）爰ニ逮《ヲヰ》テ乎終トシテ勝地於信州ニ永ク排《ヲシヒラキケン》権扉於当郡ニ、魔王振テ威忽ニ成ル神敵ト。出彼ノ天竺ヲ者、現シ美教大臣ト、挿《サシ》ハサミ野心ヲ擬ス危フメント王威。来此ノ日本ニ来、変洩矢ノ悪賊ト、（中略）明神者採テ藤枝而降ス之。

とある。前半に大明神が中天竺の国主として、波戸国《こく》において悪龍を退治し、諏波皇帝と仰がれ、金色山において成仏なさるという叙述は、ほぼ『物忌令』にしたがっている。しかるに、光を尋ねて、「一臣二妃」を伴って日本に来遊されたという趣向が加えられる。それより諏訪に至る経由は、『物忌令』にしたがい、しかる後、『画詞』に準じた美教退治をあげるが、その美教が守屋に変じるに及んで、これを討ったと説明する。

新しい趣向が添えられているのであるが、それなりの伝承による作意というべきであろうか。「一臣二妃」とは、

『神道集』巻十「諏訪縁起」の伝承を思わせるし、巻四「五月会事」の金剛女宮譚にも通じる。しかも冒頭の大明神の出自を中天竺の「師子頬《ケウ》王ノ玄孫、…」とする叙述は、別稿にあげた下野国日光輪寺蔵「諏訪縁起・上下二巻」[17]のそれに近似する。くり返すことになるが、これには、

天レ聞ク天竺之師子頬王、御子四人御坐ス、一人ハ甘呂飯王、二人ハ白飯王、三人ハ黒飯王、四人ハ浄飯王是也。甘露飯王ノ御子ノ貴飯王ハ、諏訪ノ上之宮ノ大明神ノ御父也

などとある。さらに

一、下宮后ノ大明神、父ハ波斯匿王也。本朝千手観音也。此ノ上宮ト夫妻ノ契約ノ事ハ在二神家一也云々

とある。金剛女宮譚を通じるところが見出されるのである。

やや長々しい引用となったが、鎌倉末期から南北朝期にかけて、さまざまに諏訪明神の天竺・本地譚が伝承されていたことは言える。しかしその伝承に、『諏訪上社物忌令』『諏訪重信解状』の叙述が、大きく影響を与えたことも分る。しかし、これらの二書も、伝承の内容の新旧とは別に、その成立は、奥書通りではないことは、別稿[18]において論じている。それは、意外にも『諏波私注』や『諏波御記文』に近いところで成立している。必ずしも『神道集』以前と判ずることはできないのである。

おわりに

わたくしは、前章に『神道集』「秋山祭事」「五月会事」生成――『諏訪信重解状』『諏訪上社物忌令』とかかわって――」と題する論考を叙している[19]。実は本稿は、それに準じて成ったものである。

その『神道集』の「秋山祭事」「五月会事」は、それぞれの祭祀由来を説く縁起である。それは史実性をうかがわしめるが、歴史叙述そのものではない、それはあくまでも伝承資料であり、そこに真実性が感得されるのである。日本の最古の歴史文献とみられてきた『日本書記』や『古事記』も、多くは伝承資料によって叙述されてきたのである。「秋山祭事」「五月会事」と関連して引用した『諏訪重信解状』『諏訪上社物忌令』も、多くの歴史学の研究者は、これを歴史史料として取り扱っておられるが、[20]右で考察したごとく、それは多く伝承にもとづき、それを含んで歴史を叙せんとするものであった。南北朝期に、「諏訪信仰史」を志して成った『諏訪大明神画詞』もそれである。「伝承」を理解する歴史学が期待される。

ところで、わたくしどもが目ざす「諏訪信仰の中世」は、多くの未知の世界を抱えている。わたくしは、とりあえず『神道集』が収載する諏訪関連の縁起を通して、これに迫ろうとする。それは、勿論、伝承を通してのことであるが、その縁起は、中世の諏訪の祭儀と深くかかわって成立するのである。近年、二本松康宏氏らによって、諏訪の御射山祭や五月会の祭儀が明らかにされつつある。祭儀の中世は生きている。今はそれを期待して筆を置く。

注

（1）学生社。
（2）法政大学出版局。
（3）名著出版。
（4）拙著『神道集説話の成立』（昭和五十九年〔一九八四〕、三弥井書店）第二編・諏訪縁起の成立。
（5）福田晃・徳田和夫・二本松康広三氏共編。平成二十七年〔二〇一五〕。
（6）神道大系「諏訪」（竹内秀雄氏校注、昭和五十七年〔一九八二〕）、これは原氏本をあげる。一方、『諏訪史料叢書』巻三

(7)(『復刻・諏訪史料叢書』第一巻、昭和六十年〔一九八五〕)「守矢満実書留他」には、上社本を底本として原氏本と統合した一本と、神長本とをあげる。その神長本とは、奥に「神長重書神満実」とある。

(8)『諏訪史料叢書』巻十五(『復刻諏訪史料叢書』第三巻、昭和五十八年〔一九八三〕)「諏訪上社並社家承文書」。

(9)前章『神道集』「秋山祭事」「五月会事」の生成―「諏訪信重解状」「諏訪上社物忌令」とかかわって―」。

(10)右掲註(6)『諏訪』。

(11)『諏訪史』第二巻〔前編〕(信濃教育会編 昭和六年〔一九三一〕)〔附録〕。

(12)「思想史からみた『聖財集』」(小島孝之氏監修「無住―研究と資料―」平成二十三年〔二〇一一〕、あるむ社)。

(13)『続群書類従』第九輯上、所収。

(14)右掲注(11)同論攷。

(15)右掲注(8)同論攷。

(16)神道大系『諏訪』(竹内秀雄氏校注、昭和五十七年〔一九八二〕)。

(17)『諏訪史料叢書』巻二十六(『復刻・諏訪史料叢書』〔第四巻〕)「諏訪神社縁起」)。

(18)右掲注(8)同論攷。

(19)右掲注(8)同論攷。

(20)ちなみに「諏訪信重解状」については『諏訪史』第三巻(諏訪教育会刊 昭和二十九年〔一九五四〕)は、史料として取り上げなかったが、これを史料として肯定的に取りあげたのが伊藤富男氏であった。それは「諏訪上社の磐坐信仰と大祝職儀式」(著作集第一巻、昭和五十三年〔一九七八〕、永井出版企画)で、この「解釈」を使いつつ、諏訪信仰の古態を論究される。これに対して、石井進氏は「大祝信重解状のこと」(『諏訪市史研究紀要』第五号、平成元年〔一九八九〕)において、「その文章は鎌倉時代の匂がする」として史実性を認め伊藤氏の説に賛じておられる。また井原今朝男氏も、「鎌倉期の諏訪神社関係史料にみる神道と仏道―中世御記文の時代的特質について―」(『国立歴史民俗博物館研究報告』一四八集 平成二十年〔二〇〇八〕)において、信重解状の信憑性について二つの点を補促して、石井氏説に賛じておられる。その記述に史実性がないわけではない。が、多くは、伝承資料にもとづいて史実めいた叙述をみせるのが本書である。『諏訪大社物忌令』の叙述は、勿論、伝承資料によっている。それを史実そのままとることはとうてい認められない。

伝承的真実が叙されているとみるべきである。

第二部　『神道集』の成立

第一章　『神道集』原縁起攷

――巻七「赤城大明神事」「伊香保大明神事」の場合

はじめに

『神道集』という文芸とも宗教書とも言いがたい書物が、文学研究の上でいかなる意義を有するかということについては、その研究態度や立場においていささか見解を異にするであろう。たとえば、その時代・時代の頂点に立つ作品群を繋いで文学史を築こうとされる文学史家、そして、頂点に立ち得ぬ作品群はその達成への地盤的文学としてしか存在意義をお認めにならない国文研究者にとっては、おそらくこの書物の与えられる椅子は存在し得ないであろう。しかし、文学の発生やその生成発展などの中に、文学の本質を見究めようとし、その文学事象の解明に情熱を傾ける、つまり、広く文化史学的立場に立つ国文研究の学徒にとっては、この書の存在は重大な意義を持つであろう。

本稿は、その後者の末輩として、『神道集』研究上、原『神道集』の想定とからみ注目されている、巻七第四十一「上野国勢多郡鎮守赤城大明神事」・第四十二「上野国第三宮伊香保大明神事」をとりあげ、これらの縁起物語がいったいいかなる原縁起によって成ったものであろうかを考察するのがその目的である。

一　赤城大明神縁起物語の舞台

　赤城大明神の縁起譚は、継子苦難の悲しい物語である。伊香保大明神の縁起譚は、横恋慕による悽惨な物語である。継子いじめや横恋慕のモチーフが、なぜ山の信仰を背景とした縁起群やその他の民俗的物語群に採用されるのであろうかという問題は重要な事柄である。が、しかし、本稿ではこの問題は一応外において、まず上州赤城の麓、深津の里を舞台とする継子物語が、いかにして赤城山の縁起譚に繰り入れられて行ったか、その地縁的関連を説明することから論を展開してみよう。

　舞台は、右の如く、赤城山南麓、粕川の下流、勢多の郡深津の里。主人公はこの地に住した豪族高野辺左大将家成公と三人の姫君。家成公の北の方、つまり三人の姫君の実母の死が悲劇の発端。迎えられた継母の悪計。三人の姫君は殺され——これは伝承系統によってやや異なるが——、家成公も姫君たちの後を追う。家成公及び三姫は赤城山の神と現ずる。

　さて、古く鎌倉期以前の赤城信仰の中心は、大沼・小沼の二所明神であり、従って、この信仰は小沼から流れ出る粕川流域において特別な意義をもっていたことが先学によって論証されている(2)。そして、また、今日の赤城本社は赤城山の中腹、荒砥川上流の宮城村字三夜沢鎮座の赤城神社であるが、古くはこの社も当社東一里の粕川流域本三夜沢に存したものとも説かれている(3)。

　そうであれば、この粕川の下流なる深津の里を舞台とする物語が、赤城大明神の縁起に繰り入れられて行く事情も、ほぼ理解されるのである。すなわち、深津の地には赤城本社と最も緊密な関係をもった末社、赤城近戸神社の一があ

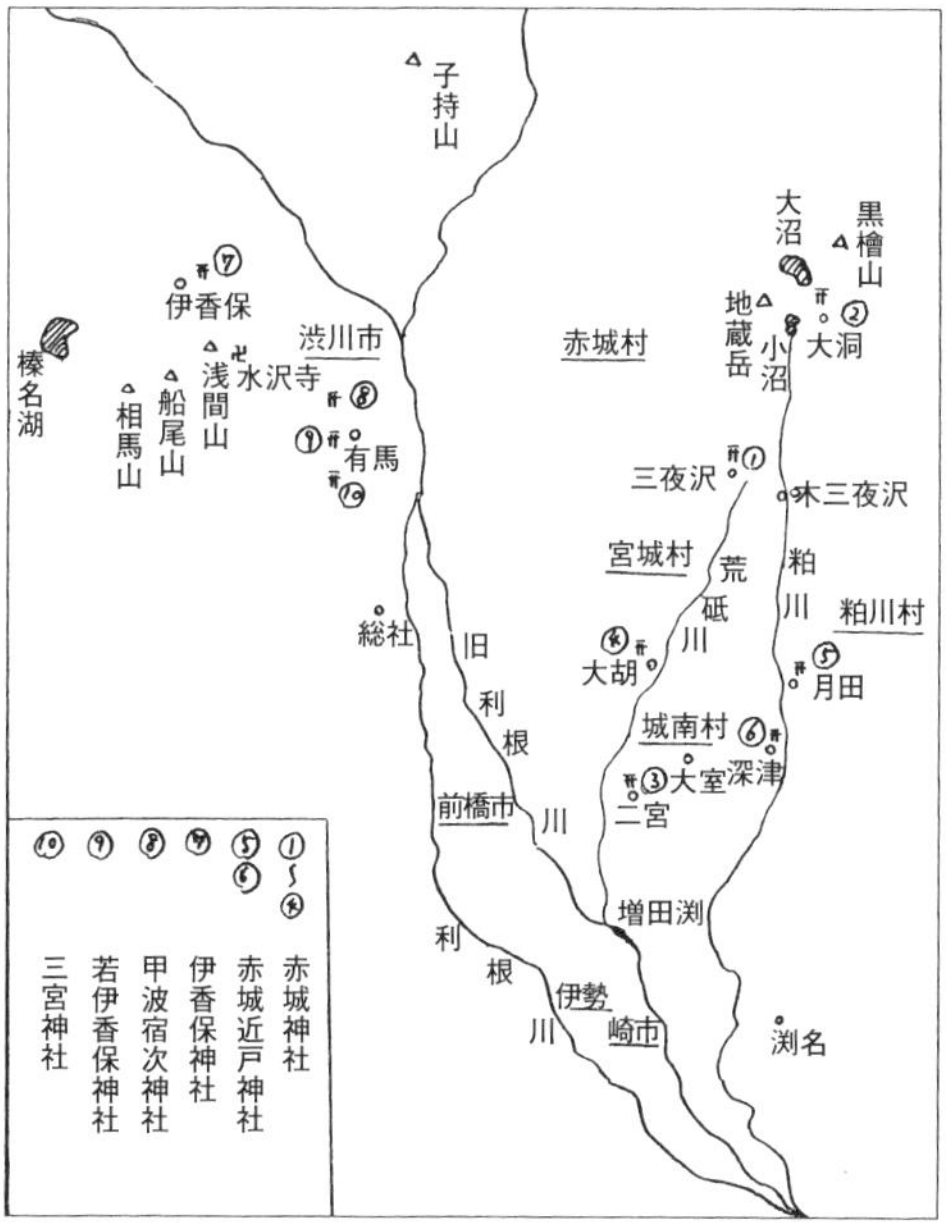

伊香保・赤城地方地図

り、三夜沢の赤城本社の里宮的存在である城南村字二宮の赤城神社の、本社への神幸祭——これは旧四月初の辰の日と旧十二月初の辰の日の二度、二宮を発した御神体が真直ぐ北上し、大胡赤城神社を経由して三夜沢の本社に達し、ここで衣替えをして下山するという儀式で、民間信仰における山の神・田の神交替の行儀を思わせて注目されるもの——が、古くは粕川流域の本三夜沢に向ってなされた時代には、この深津の近戸神社、及び同じく粕川流域の月田の近戸神社を経由していたとも今に伝えている[4]。深津の地が、古くより赤城信仰ときわめて密な関係にあったことは否めないのである。

二　「赤城山御本地」の管理系統

ところで、この深津の里を舞台とする赤城大明神の物語は、語り物風の構成[5]をもって赤城山麓の村々に伝えられてきた。「赤城山御本地」と称するのが普通であるが、近年この「御本地」の写本類もようやく我々の目に触れる機会が多くなってきたのである。即ち、管見に及び得たものだけでも、次の凡そ七本の伝本を数えることができる。

〔一〕岡田希雄氏蔵本[6]（天保二年 田嶋素碩書写）
〔二〕白井永二氏旧蔵本[7]（天保八年大胡在 横沢村井上某書写）
〔三〕真下嘉一氏蔵本[8]（所蔵者勢多郡粕川村在住、江戸末期書写）
〔四〕鎌塚西次郎氏蔵本[9]（所蔵者同郡粕川村在住、延享四年の原本を昭和十五年同村竜光寺住職白幡宗順書写）
〔五〕粕川村竜光寺蔵本[10]（所蔵粕川村女渕竜光寺―曹洞宗―、鎌塚本と同じ延享四年原本を大正十一年白幡宗順書写）
〔六〕二宮赤城神社蔵本[11]（所蔵城南村字二宮赤城神社、江戸末期書写）
〔七〕国定赤城神社蔵本[12]（所蔵佐渡郡東村字国定赤城神社、江戸中期書写か）

そして、右の諸伝本は、〔二〕を除いてはいずれも赤城山麓の村々から見出されたものであり、赤城大明神の信仰宣布の過程において語られ、また書写・伝播されたものであることが想定されるのである。

今、これをもう少し細かくいうならば、室町・江戸時代において、三夜沢赤城本社の社家は東宮と西宮とに分かれ、東宮は地蔵を本地とする信仰、つまり地蔵岳覚満大菩薩の新しい信仰系統に属し、西宮は千手・虚空蔵を本地とする信仰、即ち大沼・小沼二所明神の本三夜沢から遷された古い信仰系統に属するものであった[13]。そして、かの赤城大明神の物語は、千手・虚空蔵を本地とする大沼・小沼二所明神の古い信仰系統に属するものであることは、その内容から当然想定されるのであるが、それなるが故に、この物語はやはり主として二所明神の古い信仰を受け継いだ西宮系を中心に管理されていた形跡が、「御本地」の中からも伺えるのである。たとえば、「御本地」によると、三人の姫君は父を慕って赤城山に登り、沼のほとりに父の廟所を見出し、やがて大蛇に乗った父と再会、その後三人の姫君たちは涙の中に山を下り、深津へ帰らずして二宮に住し、やがて二宮三社大明神（現二宮の赤城神社）と祀られたというのである。

二宮といふ所に我住へしと、三人の姫君達、元来仏の化身にて衆生を利やくの為なれはこそ、七月十五日にはかなくなり給ふ（中略）帝叡聞ましまして、前代いわれなき物共也、神にいわひ給ふへし迚、家成公を赤城大明神と祝ふへし、三人の姫おば、二宮三社大明神といわひこめ申へし宣旨あり、

（白井本）

ところで、右の主張は諸伝本通じて存在しており、この物語の管理の中心を自ら明らかにしている章句と思われる。すなわち、この物語は、二宮赤城大明神社そのもの、あるいはこれと密なる立場にある者の、主として管理育成していたものと察せられるわけである。そして、二宮の赤城社が特にこの物語を管理することになった因としては、当社が古い信仰系統の西宮に属するものであった(14)ことがあげられねばならないのである。勿論「御本地」は西宮系統の語り物としてのみ存したわけではない。赤城の信仰は、室町期には既に三所の神として東宮系の地蔵岳覚満大菩薩の信仰を合わせていた。そして、「御本地」においても、三人の姫宮が増田渕に沈まんとするとき、これを八大竜王が救い出し、虚空より声あって、

けに三人の姫共、御身達は正しく千手観音の再来、虚空蔵菩薩・地蔵菩薩の再誕にて、衆生守らん方便かな、かりに人界に生したり、

（白井本）

と言う。つまり、このことはかの物語には東宮系の要素も含まれていて、もはや西宮系にのみ管理されていたものではなくなっていることを示しているようである。さらには、（二）の岡田本の如く覚満の信仰を主張するテキスト、すなわち、家成公の家臣の一に「浅間坊覚満迚、大力ふ勇の法師」を加え、家成公が赤城山中に死ぬるとき、

浅間坊覚満は、野田・伊香保を近付て、某は君の御供仕、冥途へ急き申也、貴殿達は片時も早く立帰り、我君の御遺言晴して宣と、有池辺に立寄、己か首をかき切て、彼の池中に飛入、終にはかなく也給ふ、

という章句をもつもの、あるいは東宮系に管理伝承された書写本かと思われるものもまた存在していたのである。

三　『神道集』「赤城大明神事」の性格

前章の如くであるならば、『神道集』巻七「赤城大明神事」と同書巻八「赤城三所明神内覚満大菩薩事」との伝承管理の系統が理解されそうである。すなわち、前者「赤城大明神事」は大沼・小沼二所明神の縁起でもあるから、千手・虚空蔵を本地とする西宮系赤城神社の管理するもの、後者「覚満大菩薩事」は本地を地蔵菩薩とする覚満の語りであるから、地蔵を本地とする東宮系赤城神社の管理するものということである。しかし、物語の管理系統はほぼ右の如くであったと推されるのであるが、『神道集』「赤城大明神事」の拠った原縁起は、実は必ずしも西宮系社家に伝えられたそのものではなかったと思われるのである。そして、その想定の一は、まず『神道集』「赤城大明神事」と「赤城山御本地」との対比の上から湧いてくるものである。されば両者の内容の大略を対照して示してみよう。○印は「赤城山御本地」の内容が『神道集』のそれに準じて存在すること——一部変化のある場合はそれを括弧の内に記した——、×印は神道集の内容に相当する章句の存在しないことを示すものである。

段落	小分段	『神道集』「赤城大明神事」	「赤城山御本地」
〔一〕	(イ)	上州勢多郡深栖の里に、高野辺大将家成公という公卿、女御との噂をたてられ、流されていた。	〈第一段〉上州勢多郡深津の里に、高野辺大将家成公という方があった。
	(ロ)	北方との間に、若君一人、姫君三人あり。若君は長じて都に上り、帝に寵任さていた。	北の方との間に、姫君三人もうけられていた。

〔二〕	(イ)	北方、幼い姫君たちを残して帰らぬ人となる。	○
	(ロ)	家成公、信濃更科の地頭の娘を後妻に迎える。	〈第二段〉○
	(ハ)	やがて、継母にも一人の姫君生まれる。	○（一人の若君）
〔三〕	(イ)	家成公、召されて上京、帝に仕える。	○
	(ロ)	三人の姫君たちに、都の婿殿を決める。	○
	(ハ)	継母これを妬み、三姫をなきものにせんと企む。	○
	(ニ)	これを弟の更科次郎兼光にたのむ。	これを腹心の祢津・望月に命ずる。
〔四〕	(イ)	兼光、姉姫渕名姫・次姫赤城姫それぞれの守り役、渕名次郎・大室太郎をだまし、赤城山黒檜岳にて殺す。	祢津・望月、家成公の重臣にて留守役、大胡四郎・大室政勝をだまし、継母の屋形に招いて殺す。
	(ロ)	兼光、渕名の御所に押し寄せ、渕名姫と乳母の渕名の妻を捕えて、利根川倍屋渕に沈める。ついで、大室の御所へ押し寄せたが、いち早く、乳母の大室の女房、赤城姫を負い赤城山中に逃れる。伊香保姫を捕えるため、伊香保の御所へ押し寄せようとするが、お守り役伊香保太夫は一門を集め利根川を守り討手を渡さない。大室女房と赤城姫とは、山中をさまようが、大室女房はやがて黒檜岳にて死ぬ。残された赤城姫は沼の竜神の導きで沼に入り、赤城大明神と現ずる。	〈第三段〉祢津・望月、二人の姫を利根川増田渕に沈める。三人の姫は、千手・虚空蔵・地蔵の再誕とて、八大龍王によって水中より救いあげられる。
〔五〕		家成公、帰郷して姫たちの死を聞き、悲嘆の中に倍屋渕を訪れ、渕名姫のあとを追い、その渕に入って死ぬ。	家成公帰郷、赤城の天狗のしわざと聞いて、赤城山を攻める。〈第四段〉家成公赤城山で死ぬ。六月十五日。継母の実子の若君、母を怨んで遁世、増田渕に寺を建て、やがてその地で死ぬ。

〔六〕	(イ)	伊香保太夫の知らせで、若君の中納言、軍勢を率いて下向、兼光父子を捕え、子ども二人は黒檜岳において、兼光は倍屋渕に沈めて殺す。	〈五段〉家成公の残された腹心の家臣、野田・伊香保、深津の城を攻めて、祢津・望月を討つ。
	(ロ)	継母とその姫君とは、信濃に縁者を求めて逃れるが、更科の宇津尾山に捨てられ、雷のために死ぬ。以来、この山を姥捨山と称した。	〈六段〉継母、信濃に縁者を求めて逃れるが、更級山に捨てられ、大蛇と化してやってきた家成公に殺される。以来、この山を姥捨山と称した。
〔七〕	(イ)	若君、父及び妹の亡び給いし跡を弔い、渕名明神と祀る。	×
	(ロ)	若君赤城山へ登る。と、大沼にて渕名・赤城の両姫と再会、両姫は山の主となって神と現われること、伊香保姫も若君もやがてそうなることを語る。小沼にて父家成公と再会。若君は、大沼・小沼に社を建ててこれを祀る。帰途三夜沢に泊る。	三人の姫君たち、赤城山に登り父家成公の廟所を訪ねる。父家成公現じて、この山にて神と化していること、三姫も神と現ずることを語る。
	(ハ)	若君は伊香保姫のもとに至り、姫の無事を祝いその婿に高光中将を迎え、上野の国司職を預け伊香保太夫に二人を託して帰京する。	三人の姫君は山を下り、深津をいとい二宮に住む。やがて七月十五日、当地で死ぬ。野田・伊香保これを弔い、次第を帝に奏上、帝の宣旨により、家成公を赤城大明神、三人の姫君を二宮三社大明神と祀る。

さて、『神道集』「赤城大明神事」と「赤城御本地」との相異するところで留意すべきことは多々あるが、本稿で特に注目したいのは、『神道集』にあっては、〔四〕〔五〕〔六〕の段落において――その部分を傍線にて示したのであるが――伊香保姫・伊香保太夫なる人物をあげて活躍せしめていること、つまり伊香保について特別な配慮をなしていることである。勿論「御本地」においても、伊香保を家成公腹心の家臣として、大胡・大室なきあと、主君のためにいろいろと尽力せしめる人物として記している。しかし、その忠臣ぶりは野田と相並ぶものであり、作者・語り手の

同情も、家成公譜代の家臣として立派な最期を遂げた大胡・大室には遠く及ぶものではない。物語が赤城山麓深津の里を舞台として語られるとき、下野の野田や隣の郡の伊香保が、深津近郷の大胡や大室に準じて語られるのは当然のことであろう。つまり、物語が深津の里に発し、そして赤城山麓をさまようている限りにおいては、「御本地」的な内容をもって語られるのが当然であり、このような語り方がむしろ原素的・本来的なものであったと思われるのである。

第〔四〕段落（ロ）部分において「御本地」は、三人の姫君がともに増田渕に沈められたとするに対し、『神道集』は渕名姫・赤城姫の二人が倍屋渕・赤城大沼のそれぞれに沈んだとしながら、伊香保姫のみを伊香保太夫の堅い守りによって生き残らせている。そして、〔七〕段落（八）部分の如く、伊香保姫はやがて都の高光中将を婿に迎え、伊香保太夫に助けられつつ上野の国司職に従ったと語っており、『神道集』は次の第四十二「上野国第三宮伊香保大明神事」を語る用意をその中に持っているというべきである。それならば、これは次に伊香保の神々について記す『神道集』編者の脚色であったのであろうか、それとも『神道集』の拠った原縁起が既にこのような形をもっていたのであろうか。もし、それが後者であるとするならば、『神道集』の拠った赤城大明神の物語は、「御本地」の如く赤城地方に伝えられたものではなくて、かの伊香保地方、またはこれと緊密に繋がっている人々によって語り伝えられたものであることが想定されてくるのである。

四　五徳山水沢寺蔵「古水沢寺縁起」と『神道集』「赤城・伊香保大明神事」

さて、『神道集』「赤城大明神事」とほぼぴったり一致する縁起が、「御本地」とは別に、赤城三夜沢の赤城神社に蔵されており、最近これを小堀修一氏が伝承文学資料集第一輯に翻刻収載した。しかし、これは小堀氏も説いておられるように、『神道集』のある一本より採ったものであることがほぼ明らかである。

ところで、『神道集』「赤城大明神事」に続く「伊香保大明神事」は水沢寺の鎮守である伊香保大明神を語ることであり、それはまた水沢寺建立の由来を語るものであった。その水沢寺、すなわち現在浅間山とも水沢山とも称される山の麓の伊香保町水沢にある五徳山水沢寺（天台宗）には、『神道集』「赤城大明神事・伊香保大明神事」の内容にきわめて近い縁起が蔵されている。冒頭部分全体の五分の一、「赤城大明神事」の三分の一程度が欠けており、内題は知るべくもないから、別に新しい「坂東拾六番五徳山水沢寺縁起」なるものと区別して、仮に「古水沢寺縁起」と称するのであるが、書写年代はそう古いものではなく、江戸末期かいくら溯り得ても江戸中期のもの、漢文体でその筆も稚拙というべきものである。巾は三一、五糎、長さは現存部分は一三九糎の巻子本仕たての写本、前部及び末尾に虫喰・破損箇所があり、特に末尾の二行は全く読解不能、行数一〇二行、一行二四字乃至二五字であるが、紙面の余白が少なくなった末尾部分では、一行三一字乃至三二字となって文字は小さくなり、最末尾の七行はとうとう上下全く余白なしの小文字で、一行三七字乃至三八字という書きぶりである。つまり、この巻子写本は正式に書き写されて残されたものではなくて、たまたま心ある者によって書き残されてあったものと思われる。

しかし、その内容を『神道集』のそれと比べるとき、書写年代は古いものではないにしても、いくつかの問題を提示してくれるようである。そこで今、この「古水沢寺縁起」と『神道集』とを対照させ、その異同を紹介してみたいと思う。尚、『神道集』は彰考館本を主にして、その欠除部分などを真福寺本で補い、流布本系に相当激しい異同のあるときは、東洋文庫本をもって併せて掲げるというふうにした。また、両者の章句を細部にわたって対応する場合は、傍線記号（イ）（ロ）（ハ）をもって示した。つまり、『神道集』の（イ）部分は「古水沢寺縁起」の（イ）部分に対応するというわけである。

〔二〕文章内容の近似

次の例のように、両者全く一致するというものではないが、相当に近似した章句部分が少なくない。

〈例①〉

『神道集』「赤城・伊香保大明神事」

(イ)次ノ日ノ午剋計ニ手ヲ抄ル体ニテ召抜々々呼出ッ、(ロ)大室太郎渕名ノ次郎ヲ搦取テ(ハ)是非ヲモ云ハセス黒檜ノ嶽東ノ岳大瀧上ノ横枕藤井ニテ切ラレケリ(ニ)其日晩傾ニハ(ホ)渕名ノ宿所ヘ押寄ッ、(ヘ)御乳母ヲハ渕名ノ女房渕名ノ姫ヲ搦メ取リ(ト)二人ナカラ大簍《アシカ》ヲ作テ其ノ中ニ迫《セメ》入テ(チ)利根河ノ倍屋カ渕ニ沈メケルコソ悲ケレ

（赤城）

「古水沢寺縁起」

(イ)於テレ是《コヽ》ニ(ロ)殺大室ト與ヲ二淵名一(ハ)于黒檜ノ嶽東大瀑ノ上横枕藤井ノ谷(ニ)即日黄昏(ホ)到テ二淵名之宅ニ一(ヘ)俘テ二女乳母及ヒ淵名ノ婦ヲ一(ト)以テ二二女ヲ一而盛リレ籠《モ》ニ(チ)沈ム二利根川倍屋ノ之淵千尋ノ之深底ニ一矣

〈例②〉

(イ)足柄山ヲ越テ武蔵ノ国府ヘ付下ヘハ五万余騎ニソ成ニケリ(ロ)上野ノ国司下下ト聞ヘケレハ更科ノ次郎モ継母ノ女房モ信濃ヘ迯超ヘントソ思シケレ共(ハ)伊香保ノ大夫碓井ノ手向（毛）无二峯ニ關ヲ居ヘテ巻入テ守リケレハ遁テ出スヘキ方モ无ケリ

（赤城）

(イ)超ヘ二伊豆ノ足シ柄ラ山ヲ一到リ下ヘハ二武蔵府中ニ一其ノ衆都ヘテ五万(ロ)於テレ是ニ兼ネ光ツ恐レテ三罪ノ迫ルヲ二其ノ身ニ一謀ル三與レ継婦亡《ニケ》二云ンコトヲ一于信濃ニ一(ハ)伴保ス設二關ヲ於碓氷無毛《ケナシ》之二ツ峯ニ一守ル　厳密也

〈例③〉

(イ)此早穂ニ出テ(ロ)我ハ當職ナリ威勢重シ人ハ已職ナレハ誰カハ隨ヘキ(ハ)押寄テ

(イ)大将公大ニ憤ツテ曰(ロ)我レハ當国ノ重職誰レカ可ケンヤレ不ルレ隨ハ乎(ハ)押ニ寄

奪ントテ大勢共責懸ケレハ（(ニ)伊香保ノ太夫子共九人聟三人ヲ大将軍トリ防戦スレトモ(ホ)今国司ハ大勢ナレハ有馬ノ分内狭キ處ニテ有ケレハ）

（伊香保）

奪イ取ント セ一重ヌ二於多勢一ヲ(ニ)伊香保太夫九子三婿雖レモ防レクト之ヲ(ホ)国司ハ大軍有リ馬ハ境内徠シ

〈例④〉

(イ)和御前達二人ノ讀誦シ下フ千手経ト云我君ノ御経ト讀誦功力ニ依テ(ロ)伊香保山ノ山神并ニ伊香保ノ沼ノ龍神達吠尸羅广女等ヲ遵トテ(ハ)常ハ此御堂ニ参テ(ニ)信心慙愧ノ悟ヲ得タリ(ホ)高光ノ中將殿ヲハ主君ト仰(ヘ)（我）等ヲ王子眷属ト崇メ上リ此ハ偏ニ君ト和御前達御恩ナリ

（伊香保）

(イ)依下テ三君讀二誦御経一ヲ功力上ニ受テ(ロ)伊香山ノ山神沼ノ竜神唵吠尸羅神等ノ護念ヲ一詣二リヌ(ハ)此御堂二ニ又値二ヒ(ニ)此ノ御経ノ功徳一ニ仰二キ(ホ)高光殿ヲ於君主一ト我等ハ(ヘ)成二ル従神眷属一ト偏ニ(ト)三君ノ御恩沢也

〔二〕文体の相異

『神道集』は和漢混淆文とでもいうべきものであるが、「古水沢寺縁起」は右の〈例①～④〉でも知られたように、純粋な漢文体を意識して記している。そして、次の例に見られるような美文調の漢文体、「悲嘆腸ヲ断ツ」「岩石ノ間ニ反側ス」、「旨味口ニ溢《アフ》レ、百戯《ゲ》情《ココロ》ヲ蕩《トロ》カス」、「意《コヽロ》ヲ嬋娟《センケン》ニ移シ、恋執止マズ」などという誇張的表現が目立つ。

〈例⑤〉

『神道集』「赤城・伊香保大明神事」

(イ)姫君ハ空キ死屍ニ副伏シテ我ヲモ引具シテ行ハヤトテ焦下フ

（赤城）

〔姫君ハ空死屍副伏テ天ニ仰地ニ伏如何大室太郎ノ女房行末モ不知自此山中ニ打捨テ何ヲ指テ行給フ我ヲモ共ニ引具シテ何ナル火ノ中水ノ底ヘモ行給ヘト焦叫フ聲ハ谷ニモ峯ニモ響ケリ――東洋文庫本〕

「古水沢寺縁起」

(イ)大室之姫悲嘆断レツ腸ヲ无二ク寄レ身ヲ之處一而反二側於岩石ノ間一ニ

〈例⑥〉

(イ)斯ル處ニ(ロ)赤城ノ沼ノ龍神唵佐羅摩女出来下ツ、(ハ)嚴キ女房ノ形ニテ閻(ニ)浮提ノ命ハ夢幻ノ如クシテ憂キ所ナリ(ホ)龍宮城ト申ハ長壽トシテ快楽多シ(ヘ)去来《イサ、セ》トテ(ト)引具下ツ、

（赤城）

〔(イ)斯所ニ(ロ)赤城ノ沼ノ龍神唵佐羅摩女ノ(ハ)出来嚴キ女房ノ形ニテ姫君手ヲ引キ(ニ)唼ナ糸惜御事ヤ閻浮提ノ命ハ今ニ不始習也雷光朝露ノ境夢幻ノ如也又横死横難有身ヲモ心不レ任憂所也(ホ)我等在所龍宮城ト申ハ長壽不退ノ所也快楽无窮ノ所也(ヘ)去来給ヘ我等守護進ントテ(ト)引具給テ

――東洋文庫本〕

(イ)於レ是(ロ)赤城沼中ノ之神龍(ハ)化シテ二容ヲ美女一来ツテ慰シテレ之ヲ曰ク(ニ)有ル時ハ生則チ茲ニ有リレ死是レ人世没《ナシ》二奈何一スルコト(ホ)唯タ吾郷里異ナリレ之ニ壽齋シク二天地一ニ心ロ呑ム二四海ヲ一旨味溢レ口チニ百戯蕩スレ情ヲ(ヘ)雖トモレ欲スト盡ストニ其ノ状ヲ一汝チ能ク信センヤレ之ヲ乎唯タ不レ如カ面視ニレ之ヲ請フ同シクレ吾ト来レ(ト)道畢テ而導ヒクレ之ヲ深ク入ルニ水底ニ一矣

〈例⑦〉

御簾ノ間ヨリ(イ)只一目見上テ後ハ(ロ)忘レ難ケレハ(ハ)内縁ヲ取ト(ニ)御消息ヲ進ケレトモ(ホ)散テ御用モ无ケリ

（伊香保）

(イ)一見ノ之ヲ(ロ)而移シ二意ロヲ嬋娟ニ一恋執不レ止マ(ハ)雖トモ三因ンテレ内縁ニ(ニ)遺ハスト二(ホ)玉章ヲ一不ニ于曾テ肯《ウケナハ》一

〔三〕文章の詳簡

全般的に『神道集』が詳しく「古水沢寺縁起」は簡潔である。次の〈例⑧～⑩〉などはそれの顕著な部分である。

そして、特に愁嘆場においてこの傾向の強いことが注目される。今、全体の文章の長さを検してみると、「古水沢寺

縁起」は神道集の五分の二程度である。

『神道集』「赤城・伊香保大明神事」

〈例⑧〉

大室《ノ》女房《ハ》山《ヘ》迯入《ケリ》　去来我君別諸人《ノ》切《ラレ》候《ケル》黒檜嶽《ヲ》尋《ントテ》男副《ヘヌ》深山振岩間傅石細道思遣悲峯上《リ》何諸人童《カ》参《ト》呼《共》我呼聲《ノミソ》響谷《ヘ》下《テハ》何《カヲ》大室殿糸惜《上リ下シニ》赤城《ノ》御前御在《ス》也昔《ノ》聲《ヲ》今一度聞《セ》進《セ》給《ヘト》悲只徒《ラ》木魂《ノコエ》計《コソ》答《ヘケル》大室《ノ》女房《モ》叫《ヒ》給《ヘハ》姫君《モ》雛若《ナル》聲付《ニテ》是程《ソ》果報拙《キ》自《ヲ》引具《下リ》斯《ル》歎《ヲ》見《セ》給《コソ》悲《ケレ》山程護法《ノ》木《ノ》々魂命召《セトソ》焦《レ下フ》二人《ノ》女房達谷《ニテ》叫《ヒ》喚《モ》哀《ト》訪《フ》人《モ》无《シ》雲《ノ》宿《ト》薄下《ニ》伏《ニ》岩根《ノ》枕《ヲ》苔《ノ》筵取集《メタル》歎《ノ》喩《ヘシ》方《モ》无《リケル》

（赤城）

〈例⑨〉

日數《ハ》漸積《リケレハ》深栖御所《ヘ》渡《ラセ》廣縁《ニ》辷《ヒ》伏渕名《ノ》姫《ハ》何《ニソ》赤城御前《ハ》在《スカ》我《ヲハ》娑婆留《メ》置給《ナリ》何《カ》三人子共《カ》行別《テ》知《ヌ》山路《ニ》迷《ラシ》赤城《ノ》御前《ハ》赤城山《ヘ》入《ヌト》聞《ケレハ》今《ハ》野干《ニソ》食《ヒ》散《シヌラン》行《テ》見《モ》中々心憂《カルヘシ》渕名《ノ》姫《ハ》倍屋《カ》渕《ニ》沈《メラレタルナレハ》倍屋《カ》渕《ヘ》行《カントテ》旅《ノ》御装束《ヲモ》俳《ケ下ハス》河岸《ニハ》下《テ》居《リ》渕名《ノ》姫《ハ》无自《カラ》参《シ》昔《ノ》体《ヲ》見《セ下ヘトソ》叫《レケル》

（赤城）

「古水沢寺縁起」

赤城《ノ》御前《ト》與《二》大室之婦《一》廻《二リ》峻巌《ノ》之嶮《一》□藤羅《ノ》之蜜《一ニ》饑寒頻《ニ》迫《テ》唯喫《二シ》草根木実《一ヲ》尋《二ネ》于此《一ニ》求《二ム》乎彼《一ニ》

漸《ク》到于深須《ニ》號《二》哭於舊宅《一ニ》就《チ》到《二ル》淵《ノ》崖《一ニ》唯《タ》有《二ツテ》波濤之激流《一ノミ》无《レシ》視《二ルコト》於娘子《一ヲ》仰伏《シ》大《ヒニ》慟

〈例⑩〉

其後国司郡馬郡地頭有馬ノ伊香保ノ太夫宿所ヘ入下ヌ御妹ノ伊香保姫ハ急キ御出有テ兄御前ノ膝ニ御額ヲ懸消ヘ入ラセ下ケル国司モ倶ニ聲ヲ立テソ焦サセ下ケル伊香保ノ太夫ノ女房モ急キ参テ左右呼メ進セ給ケリ国司仰ラレケルハ今ハ我等兄弟二人成ヌ自ハ都ヘ上ヘシ此国ノ々司ヲハ和御前進スル也伊香保太夫ヲ後見トシテ万ノ政ヲ正クシテ此ノ国ヲハ安穏ニ持チ給ヘシ伊香保ノ太夫モ女房モ此姫君ヲハ吉々育給ヘシ聟別ノ人有ルヘカラス小舅ニテ御在シ候ヘハ高光ノ中將殿ヲ聟ニ取リ上ルナリ国司職ヲハ伊香保ノ姫ト同心ニ御計ヒ有ルヘシ国司ハ都ヘ上下ヌ（赤城）

中納言造シテ二殿ヲ于群馬郡有馬一ニ以テ二伊香保ノ姫一ヲ嫁ス二於中將高光一ニ譲リ二国司職一以二伴保一為二忠真ノ臣一ト詳カニ説キ二国ノ之廢興之正斜一而就チ皈ル二于雍州一ニ

しかし、次の〈例⑪⑫〉のように、「古水沢寺縁起」がむしろより詳しい場面も折々はみることができる。また、小部分においては、「古水沢寺縁起」の方が詳しい場合も必ずしも少なくないのである。

『神道集』「赤城・伊香保大明神事」

〈例⑪〉

艮且ク有波ノ中ヨリ姫君ミ離下シ御文時ノ御装束ニテ渕名ノ女房手々ヲ取リ組ツ、顕出ツ、継母ノ御不審ヲ蒙リ渕底ニハ沈マレタレ共日ニ一度母御前ノ忉利天ヨリ々下ラセ給赤城山此渕ヘ通レ給ツ、天上下ノ甘露ヲ与テ飛行自在ノ身ト成ル（赤城）

「古水沢寺縁起」

暫而流水止《トヽマリ》泡湧波巻イテ而崎高キコト丈余且ツ瑠璃ノ殿見ル者ノ怪シム焉四面冥不レ弁二左右一ヲ須臾ニシテ而雲晴レ霧散ジ波破レ二女有リレ中ニ自ラ道ク我ハ是淵名之姫今雖トモレ在リト二幽冥一ニ感シ二慈父ノ之想一ニ已ニ分ケ二波浪一来ル得二不計之難一ヲ没ス二命ヲ於水底一ニ生ハ不レ能ハレ尽スコト孝死ハ闕スレ報コソ恩ヲ豈不ランヤ二悲怨一哉雖レ然リ毎月

一次ニ見ユ二悲母ニ于天庭一ニ與フルニレ我レニ以テス二神露ヲ一喫スルニレ之ヲ而得二飛升ノ身ヲ一

〈例⑫〉

其ノ後伊香保ノ姫ハ夫ノ形見トテ千手ノ本尊トシテ願ハ飽テ別レン諸人ノ生所ヲ示シ給ヘト御祈念有ケリ石童御前モ有ノ御前モ父母兄弟生所ヲ示ヘ歎カレケル

（伊香保）

偖テ而伊香保御前参二籠御堂一ニ爲セ下ヘトレ知ラセ二高光中將ノ生所ヲ一毎日讀二誦シ觀音経三十三巻一ヲ仰キ願クハ觀音薩埵三十三身ノ春ノ花无クニ不ルレ匂ハ里一十九説法ノ秋キ月キハ无キニ不ルレ照サ所一者ヲ耶ト深ク有リ二祈誓一又有リ御前石童御前モ同シク令メ下ヘト二知レ父ノ生所一ヲ讀誦シ二千手経一ヲ擢キ二於肝膽一ニ有二于祈念一

〔四〕 叙述内容の異同

全般に大きな異同は伺われない。つまり、両者の相異は、詳簡の差や内容上の僅かな異同にとどまっているのである。しかし、後半になると、やはりその異同が目立ってくる。特に末尾部分では叙述の順序・内容など相当に大きな異同が見られるのである。その対照を表に示せば、次のようになるであろう。すなわち、〔二〕段落の(ニ)、〔五〕段落、及び〔六〕段落の内容章句は、『神道集』にのみ存して、「古水沢寺縁起」には含まれていない。これに対して、〔四〕段落の(ロ)(ハ)、及び〔七〕段落の章句は、「古水沢寺縁起」にのみ存して、『神道集』には含まれていない。また、〔一〕段落の(ロ)(ハ)、〔三〕段落、及び〔四〕段落の(イ)などは、その内容において両者が一応対応しているところであるが、よくこれを検すると、その詞章内容や語り口などに大分の隔りが見られるのである。

段落	分節	『神道集』「赤城・伊香保大明神事」	「古水沢寺縁起」
〔一〕	(イ)	水沢寺別当の夢に、伊香保姫が現われ、姫はじめそれぞれが神と現じ、当寺の鎮守となる由を語る。	○
	(ロ)	夜が明けて見ると、枕上に一の日記がある。それを開くと、伊香保姫は伊香保大明神、伊香保太夫は早尾大明神、太夫の妻は宿祢大明神、有御前は有御前、石童御前は石常明神、中将殿の姫君は若伊香保大明神と現ずる由記されていた。	夜が明けて見ると、枕上に一の巻物がある。それを開くと、高光中将并びに伊香保姫は伊香保大明神男体女体の両神、伊香保太夫は早尾大明神、太夫の妻は宿祢大明神、有御前は護擁神、石童御前は石津祢明神、姫御前は若伊香保大明神と現ずる由記されていた。
	(ハ)		本地は伊香保大明神は男体が薬師、女体が十一面、若伊香保は千手、有御前は聖観音、石童御前は如意輪、早尾は馬頭、宿祢は千手。
〔二〕	(イ)	国司の柏階大将知隆、伊香保山にて七日の巻狩、沼の深さを計ろうとするに、その夜小山出でて、沼は西に移ってしまう。	○（国司柄階左大将邦隆）
	(ロ)	鹿一頭、水沢寺の本堂に入り、大衆と国司勢との争いがおこる。国司勢、寺に火を放ち、ついに水沢寺は全焼。	○
	(ハ)	別当の恵弥僧正、上洛してこの由を帝に訴える。帝は国司を佐渡ヶ嶋へ流すべしとの宣旨を下され、追立ての使を遣わされる。	国司は佐渡ヶ嶋に流される。
	(ニ)	山の神は伊香保大明神の命により、伊香保沼の東の沼平という小山に石を集めて楼をつくり、国司柏階大将主従二人を捕えてこの石楼にこめる。ここに焦熱地獄の猛火おこり、石楼山の麓を流れる谷沢の冷水は、熱湯となったという。	×

〔三〕	〔四〕(イ)	〔四〕(ロ)	〔四〕(ハ)	〔一〕(ハ)
別当恵弥僧正、本の寺よりやや奥の大平という地に大堂を再建。	赤城と伊香保との沼争い以来、渋河の郷戸村には、衆生利益の湯が湧いていたが、水沢寺再建の折、番匠の妻女などによって、この湯が汚されることがあった。ところが、ある日、僧正の夢に一老女が現われ、衆生利益の湯を汚すとはけしからず、もう少し山奥に運ばんとて、その湯を瓶に入れて弥陀の山を超えるとみる。夢さめて見れば、まさにその湯は絶え失せてしまっていた。そして夢の老女の跡をたどって弥陀の山を超え、奥深き山をみると、かの郷戸の湯は石樓山北麓の北谷沢、伊香保の本湯に出会っているのであった。			伊香保大明神は男体・女体あり、男体は伊香保の御湯の守護とて湯前にあり、本地は薬師、女体は里に下り給いて三宮渋河保にあり、本地は十一面。宿祢・若伊香保の二所はともに本地は千手、早尾の本地は聖観音、有御前の本地は如意輪、石垣明神の本地は馬頭観音。
東円上人、持統帝の宣旨により、本の寺の地より三拾余町奥の、湯の上郷徳沢横枕に寺を再建。	柄階左大将、東円上人を頼って御赦免を乞う。ところが、伊香保・宿祢明神が参詣者のために湧かしめてあった湯が、猛然とふき出し、震動雷電の中に、大将を火車に乗せ伊香保山上に飛び去った。以来、湯の上の湯は絶え失せてしまったという。	伊香保の湯は、元来伊香保・宿祢明神の方便示現の出湯なれば、その効験はきわめて強い。	また、医王善逝の本誓、観自在尊の悲願もいよいよ深い。それを尋ねると、高光中将は男体伊香保大明神、本地は薬師、別当は医王寺。伊香保姫は女体伊香保大明神、本地は十一面観音、別当は湯泉寺。	〔前出〕

〔五〕	恵弥僧正上洛、水沢寺を行基の弟子東円上人に譲る。恵弥僧正やがて入滅、大宝二年十二月十八日、導師を行基として供養。	×
〔六〕	実方中将、歌枕を尋ねての途次、当地に来たり、国司柏階主従二人の燃ゆるを知りて二首の歌を詠ずる。	×
〔七〕		以上、大悲利生の元由を伺うと、水沢観音は伊香保大明神と同体にして、慈悲の恵みはきわめて深い。故に、因縁無縁の徒いずれもが水沢寺に詣りて、その恵みを受けるべきことである。

（尚、段落は、対照の末尾部分についてのみ、仮に附したものである。）

五　「古水沢寺縁起」の原拠

さて、前章に紹介した「古水沢寺縁起」は、一見『神道集』に拠りながらこれを要約して漢文体にまとめたもののようにも推されるが、〈文章の詳簡〉についての〈例⑪〉〈例⑫〉や〈叙述内容の異同〉などにおいても見られたごとくに、単に『神道集』の要約とは断じ得ない部分もまた存するのであった。それどころか、『神道集』に拠ったとする推測をむしろ拒否する箇所の幾つかあることが注目されるのである。

今、その一つとして内容上の少しの異同をあげてみよう。

『神道集』「赤城・伊香保大明神事」

高光中納言殿ハ御契深過セ下程ニ姫君一人御在ス（中略）伊

「古水沢寺縁起」

高光中将及ヒ伊香保御前春秋循環シテ而有二リ三人ノ姫君一モ一ハ

香保太夫伊香保姫母子二人我女房并ニ御娘ノ石童御前御妹
有御前ヲ始トシテ五人ノ女房達ヲ引具シ上ツ、（伊香保）——者姫御前次キハ有御前第三ハ石童御前ナリ也

右は伊香保大明神物語の冒頭部分であるが、両者には相当重要な異同が見られる。即ち、『神道集』は高光中将と伊香保姫との間にある姫はただ一人であって、石童御前と有御前とは伊香保姫の乳母役伊香保太夫夫妻の娘であるとしている。これに対し「古水沢寺縁起」は、高光中将・伊香保姫との間に、姫御前・有御前・石童御前の三人の姫君があったと記している。そして、「古水沢寺縁起」のこの態度は一貫しているのである。たとえば、前章の〈例⑫〉部分を見てみると、『神道集』は有御前・石童御前の二人を「父母兄弟の生所を知らしめ給へ」と祈らせているのに対し、「古水沢寺縁起」は「父の生所を知らしめ給へ」、つまり「父高光中将の生所を知らしめ給へ」と祈らせて、「夫高光中将の生所を知らしめ給へ」と祈る母伊香保姫の願いと全く合致させて記している。ところで、この相異は「古水沢寺縁起」筆者の勝手な作り替えによって起ったものとも思われない。おそらく筆者はその拠った原本・原話に従ったまでであろう。そうであるとすれば、これは「古水沢寺縁起」の原拠が必ずしも『神道集』そのものではなかったとの証拠となるであろう。勿論、どちらが古い形、本来的な語りであるかは、簡単には決し得るものではない。しかし、同じく水沢寺に蔵されている「坂東十六番五徳山水沢寺縁起」などを見ると、赤城大明神の物語を当寺に誘引したものは、当寺の本尊千手観音であったろうこと[15]が暗に理解されるし、伊香保大明神の物語もかの赤城の縁起物語の影響によって成ったことが推される。したがって、伊香保の物語は、まずは赤城の「三人の姫君」をそのまま模して成ったとも考えられるのである。

次に注目してあげるのは、「古水沢寺縁起」においては、赤城明神の物語の最末尾に次の章句のあることである。

則以ニ中納言公一同ク推古天皇ノ御宇三十五丁亥年シ祝ニヒ上ル也相坂關明神一ト也

上州の国司職を妹の伊香保姫夫妻に譲って帰洛した中納言は、やがて都の入口の逢坂関明神に祀られたというのである。中納言のみ上州より遥かな地の神に現じたとする点においては、奇異の感は免れないが、物語に登場する主人公たちのほとんどが神と示現したあとでもあるから、話の筋としてはそう不自然なものではない。赤城の物語の一応の結びとしては、むしろふさわしいとも言えよう。ところが、『神道集』にはこの章句は見えず、単に中納言の帰洛を記すのみである。勿論、『神道集』も物語に登場する主人公たち、すなわち、「赤城大明神事」においては、家成公はじめ渕名姫・赤城姫、そして大室太郎夫妻・渕名次郎夫妻まで、また「伊香保大明神事」においては、伊香保姫・高光中将[16]はじめ伊香保太夫夫妻・太夫の九子三婿・娘の有御前と石童御前、そしてかの中納言と同じく上洛して帝に仕えていた伊香保姫の一女たる姫御前までも、すべて神に祀られたとしている。従って、中納言のみ人間のまま放っておくことの方が、むしろ不思議とせねばならないだろう。ところが、実は『神道集』においても、渕名姫・赤城姫の言葉をもって兄中納言の神と現ずべきことを申し述べていたのである。即ち、赤城の大沼に立った中納言の面前に、妹の姫君たちが現ずるわけであるが、二人の姫君は兄の袂に縋って次のように申すのであった。

何兄御前我等ハ此ノ山ノ主ト成テ神通ノ徳ヲ得タリ、妹ノ伊香保ノ姫モ神道ノ法ヲ悟テ悪世ノ衆生ヲ導身ト成ルヘシ君モ亦我等同心ノ神ト成下ヘシ

伊香保姫は勿論その予言通り伊香保の神と現じたのであった。なれば、当然兄中納言の明神示現の語りがなければならないだろう。従って、ここの場合はむしろ中納言の関明神の示現をいう「古水沢寺縁起」に元来の語り、つまり古態があるのではないか。そして、『神道集』はその編纂の過程でこれを落してしまったのではないかと推される。その編纂がいかなるものであったかについては後述するが、もし「古水沢寺縁起」の右の詞章が古態であるとすれば、この章句のもつ意味は重要なものとなろう。すなわち、この逢坂の関明神は、申すまでもなく盲法師たちがその祖と

も仰いだ蝉丸を祀る蝉丸社のことであり、その一は山城・近江境の大谷の北側に、もう一つは近江大津の町に存在する。そして、特に大津の蝉丸宮には、関大明神蝉丸宮と関清水蝉丸宮の二座があって、特に関寺に隣する関清水蝉丸宮は、江戸時代には「醍醐天皇第四の皇子、日本国中説経讃語勧化師者曲芸ノ者等の祖神」を祀るところとて、これら漂泊の唱導芸能の徒に免状を発していたところである。[17]つまり、逢坂の関明神は古くより――決して江戸時代に始まったことではなかろう――唱導説経の徒ときわめて関係深いものであったから、唱導物語においてその主人公の一人が、物語の舞台の地を遠く離れて奇異な感を与えながらも、あえてこの神と現じたとする語りは、重要な意味を含んでいると言わねばならないだろう。

次には存在しないという消極的な論証であるが、「古水沢寺縁起」には『神道集』垂迹譚の中心思想ともいうべき「神道の法を得て、神明の形を現ずる」という章句の全く含まれていないことを注目したい。

『神道集』「赤城・伊香保大明神事」	「古水沢寺縁起」
○前世ノ罪垢モ皆消テ赤城御前モ自モ諸共ニ神明ノ形ヲ顕テ悪世衆生ノ先達ト成リッ、（赤城）	忘ル二塵世ノ労ヲ一故ニ土人姉妹相共ニ尊シテ而称レス神ト
○二人姫君達モ兄御前ノ左右ノ御袂ニ取付テ何兄御前我等ハ此ノ山ノ主ト成テ神通ノ徳ヲ得タリ妹ノ伊香保ノ姫モ神道ノ法ヲ悟テ悪世ノ衆生ヲ導身ト成ルヘシ（赤城）	（ナシ）
○仏天ノ育ク聞食セヨ君ノ利益方便超エ後ハ済度ノ方便ヲ以正覺成就ノ如来ト成下故ニ我身モ裟婆ニ天下ッ、神明ノ形ヲ現シテ衆	以テ二済度衆生ノ縁ヲ一成シ二正覺ヲ一可レシト得二仏体ヲ一云畢テ如レクニシテ夢ノ皆悉ク去ヌ也

生済度ノ縁ヲ以テ君ト倶ニ正覺ノ道ニ入ヘシ暇マ申テト夢覺メ

（伊香保）

○此ノ寺ノ造立ヲ忘レ下ナヨ主従ノ契約今日計ナリ神明ノ形ト成ラレ後ハ火ノ中水ノ底トモ方々同心ノ利益ニ趣下ヘシ御涙モ昇敢ヘス仰ラレケレハ二人ノ女房達モ呼ハ何カニ實トヤト計ニチ喚叫ヒ下トモ哀ナリ良久クテ後二人ノ女房達我等モ佐ハヤ契進セシ君ニ別レ進テ後千万両ノ金子ナリ共何カハセントテ火ノ中水ノ底ナリトモ君ノ御在サン処ヨリ我カ栖ヲ設ヒ神明ノ形ヲ顕ス共忉利天ノ礬レ无クシテハ鳳輦ニモ乗リ難シ玉ノ囲垣モ許ルサ、リシヲ我等ヲモ引具シテ忉利天ノ雲ノ上ニハ宮殿々々ヲ並ヘ下ヘト

（伊香保）

勿レ忘ル、コト二當寺ノ建立ヲ一云二人ノ姫君ノ言ハク如何ニ母君誠ニ恁《イン》麼者モナラハ金銀珠玉モ不レ物ナラ南西ノ所領モ不レ用ナラ引二率シ我等ヲモ於忉利天宮二共ニシ下喜見ノ城樂一云

これらの章句はすべて「古水沢寺縁起」の筆者が切り捨ててしまったとも言えないことはない。が、その跡を一つも留めずして要約することが、果してかの筆者の能力ででき得るものであろうかが疑われる。つまり、「古水沢寺縁起」の原拠には、元来これら『神道集』流の章句が存在していなかったのではないかとも想定されるのである。

これと類似した例であるが、他の巻においても用いられていて『神道集』(18)編者の好んで用いたと思われる章句、すなわち、編者の脚色であることの予想される部分が、やはり「古水沢寺縁起」には全く含まれていないことを注意したい。例えば、赤城山中において夫の大室太郎を恋い求めつつ死んだその女房を喩えて作者は次の如く記している。

天帝釈ノ舎脂夫人　銀漢《アマノカハセノ》牽牛織女摩耶夫人白浄王波斯匿王末利夫人悉達太子耶輸多羅女離垢浄王ノ陀沙妙夫人阿難尊者ノ尊陀羅女此等皆夫婦深キ契ナリ又聞漢ノ契ノ連枝ノ木漢夫カ比翼ノ鳥亡夫石カ燧野ノ森三輪ノ谷中将ノ塚亦是伉礼深キ

由来ナリ　（赤城）

ところが、この章句は巻十「諏訪縁起事」においてほとんどそのままに、甲賀三郎と春日姫との階老の契りの喩えとして引用されている。

釈天ノ舎脂天人白浄王广耶夫人（中略）陀舎妙美人離苦浄王悉達太子耶輸多羅女阿難尊者ト尊陀羅女釈天ノ舎脂夫人天ノ河瀬ノ牽牛織女此等ハ皆夫婦ノ深契ナリ又聞ク韓ノ契カ連枝ノ木漢夫カ比翼ノ鳥亡夫石燧野森三輪ノ谷中將ノ塚亦是伉麗ノ重由来ナリ　（諏訪）

さらに「諏訪縁起事」においてはこの章句の一部をもう一度用いてもいる。三郎が地底の粟を干した国に宿るとき、その国の主が妻を恋う三郎を慰めて、その志の尤もなることを語る場面の一節である。

悉達太子ノ耶輸多羅女一本故ノ花ノ妻ニ阿難尊者ノ广登迦女難陀尊者ノ尊陀羅女一言寄セ假ノ妻　（諏訪）

しかし、「古水沢寺縁起」では、この引用句はその断片をものぞかせてはいない。また、『神道集』「伊香保大明神事」では、水沢寺炎上のさまを次の如く記している。

折節辰巳風劇シテ吹テ金堂講堂本堂常行堂秘密修行ノ灌頂堂鐘楼経蔵千手院真言院法花院多宝塔一基大風爐大湯屋マテ焼ケ亡ヒケリ　（伊香保）

ところが、この語り口は巻八「桃井郷上村八ヶ権現事」にも、次の如く二度まで用いられている。

○折節辰巳劇吹テ（中略）此火終本堂ト崇奉ル千手堂ニ吹付テ自二大覺院一始トシテ鶏足坊真如院真言院灌頂堂鐘楼経蔵燈明院伝坊院阿弥陀堂相当院二階ノ門三重ノ多寶塔一基大湯屋マテ一宇モ不残焼拂　（八ヶ権現事）

○此火則此峯ヲ吹超シテ石巌寺ニモ大谷小谷南岡峯岡花巌院法相院法花院讃誦院五輪院三重多寶塔一基大湯屋佐法殿マテ焼上ル　（八ヶ権現事）

つまり、これなども『神道集』編者の好んだ語り口と思われるのであるが、「古水沢寺縁起」にはやはりこの語り口を見ることはできない。

○悪世衆生ノ先達ト成リツ、三會説法曉ハ解脱ノ德ヲ得テ菩薩埵ト名

○今ハ衆生利益ノ思ヒテ住ベシ五十六億七千万歳ノ後ニ三會説法、曉ハ一會聞法ノ聽衆タルヘシトテ

右の章句などは勿論、『神道集』編者特有の章句というべきものではなく、唱導色を見せる文芸書には慶々登場するものではある。が、唱導書たる『神道集』の編者もこれを時折見せるのであった。

○彼ノ明神ノ御本地弥勒ニテ御在縁結上ラン衆生ハ必ス五十六億七千万才ノ後慈尊出世三會ノ曉決定成仏スヘシト見タリ （上野国一の宮事）

○人ノ菩提ノ便トメ一乘法花ノ力空シカラス五十六億七千万歳ノ後慈尊ノ出世三會ノ曉マテ我等カ契ハ深ケレハ同座成仏トレヨト成語リ連テ （那波八郎大明神事）

○此ノ一ノ宮ノ御本地弥勒慈尊ノ出世是ナリ故ニ五十六億七千万歳ノ後慈尊ノ出世三會ノ曉結縁ノ衆生必三悪道ニ随在セスシテ出世成道ノ曉ニ値上ラン支疑ヘカラス （諏訪大明神事）

ところが、「古水沢寺縁起」の筆者は、この章句もまた見ることができないのである。

されば、「古水沢寺縁起」に『神道集』編者の好んで用いた章句や編者特有の語り口部分を全く削り取ってしまったのであろうか。しかし、「古水沢寺縁起」に『神道集』要約の姿勢を認めるならば、右のごときことはおそらく不可能事とせねばならないだろう。すなわち、それは、『神道集』を要約するに、他の部分ではその面影を残し、これらの部分に限ってその跡を留めず切り捨てるという使いわけは無理を推されるからである。

六　『神道集』「赤城・伊香保大明神事」の原縁起

以上、前章にあげた幾つかの論証例示に従えば、「古水沢寺縁起」には『神道集』とやや相違する原拠が推定されねばならないことになる。つまり、その原拠は『神道集』そのものではなく、『神道集』流の脚色が加わらぬ、『神道集』以前の原伝承の系譜の中に求められねばならないことになるのである。そして、その原拠こそは『神道集』の原縁起と直接関係するものと思われるから、「古水沢寺縁起」と『神道集』との比較対照は、ある程度『神道集』の拠った原縁起の想定を許すことになるだろう。

さて、そこでまずは赤城・伊香保を一連に語る「古水沢寺縁起」の存在は、『神道集』の拠った原縁起もまた赤城・伊香保一連の物語であったことを想定させる。そして、このとき、先に疑問として提示しておいた事柄、すなわち、『神道集』の「赤城大明神事」は「赤城山御本地」と比するに、伊香保に対して好意的な内容をもっており、これは元来伊香保側またはこれと緊密に繋がっている人々によって管理育成されたがためではないかという想定を思い起こすのである。『神道集』「伊香保大明神事」は水沢寺の由来譚でもある故に、これが伊香保側・水沢寺周辺において制せられたものに拠って成ったことは申すまでもなかろう。したがって、これまでの論証・想定をまとめるならば、『神道集』の拠った原縁起は、伊香保側において制された赤城・伊香保一連の物語であり、その原縁起はおそらくは「古水沢寺縁起」の祖本またはこれに準ずべきものであろうから、「古水沢寺縁起」と同じく水沢寺の管理育成するものということになるであろう。つまり、赤城大明神の物語を前段にした伊香保大明神物語＝水沢寺縁起譚であったと推されるのである。『神道集』の編者は、この原縁起によりながら、あえて「赤城」と「伊香保」とを分割して掲載した。そしてそれがために『神道集』の「赤城大明神事」には原縁起の伊香保色が留まることになったのではないか。また、『神道集』の「赤城大明神事」は、末尾において本地を述べて完結するという一般的な形をとらないままで記されているが、[19]これは原縁起が伊香保の神々の本地譚であれば、あえて赤城の神々の本地を説きたてようとはしていなかったがためではないか。さらに『神道集』には中納言の明神示現の語りが掲載されていないが、これは次に「伊香保大明神事」を語りおこすに対して、あえて削り落してしまったのではないか。因みに、「古水沢寺縁起」は『神道集』「伊香保大明神事」の語りはじめ、「抑伊香保ノ大明神ト申ハ赤城ノ大明神ノ御妹高野邊ノ大將殿ノ第三姫君也」をもっていない。すなわち、中納言の関明神示現を語ってすぐに伊香保姫・伊香保大明神物語を続けている。『神道集』「伊香保大明神事」の右の語り出しは、おそらく編者の分割掲載の折りに創案されたものであろう。そうして、その際、中納言の神示現の語りははからずも切り落とされてしまったもののようである。

以上、赤城大明神・伊香保大明神の物語の伝承生成過程を想定すると、次頁のような図になるかと思う。

即ち、原赤城大明神縁起は、大沼・小沼二所明神の物語として、この信仰を早くに統括した本三夜沢の赤城社及びそのあとを受けた三夜沢の赤城神社西宮の管理育成するものであった。が、これはやがて西宮のみならず東宮系をも含む赤城信仰宣布の語りとして、山麓の村々に流布されて行った。これが「赤城山御本地」であったと推される。一方、赤城大明神縁起はその比較的初期の段階のもの——勿論、本三夜沢時代のものか西宮時代のものかその判別は言い得ない——が水沢寺に運ばれた。この寺が赤城山と同じく天台修験系の寺院であり、大沼の本地と同じ千手観音を本尊と祀っていたためであろうか。かくして、水沢寺の由来譚たる伊香保大明神本地物語が、その前段に赤城明神の物語をおいて制せられた。これを一応原伊香保大明神縁起と称したのであるが、おそらくこれは水沢寺の僧侶またはこれに近いものの成すところであったろう。この縁起に拠りながら、これを赤城と伊香保とに分断し、『神道集』流

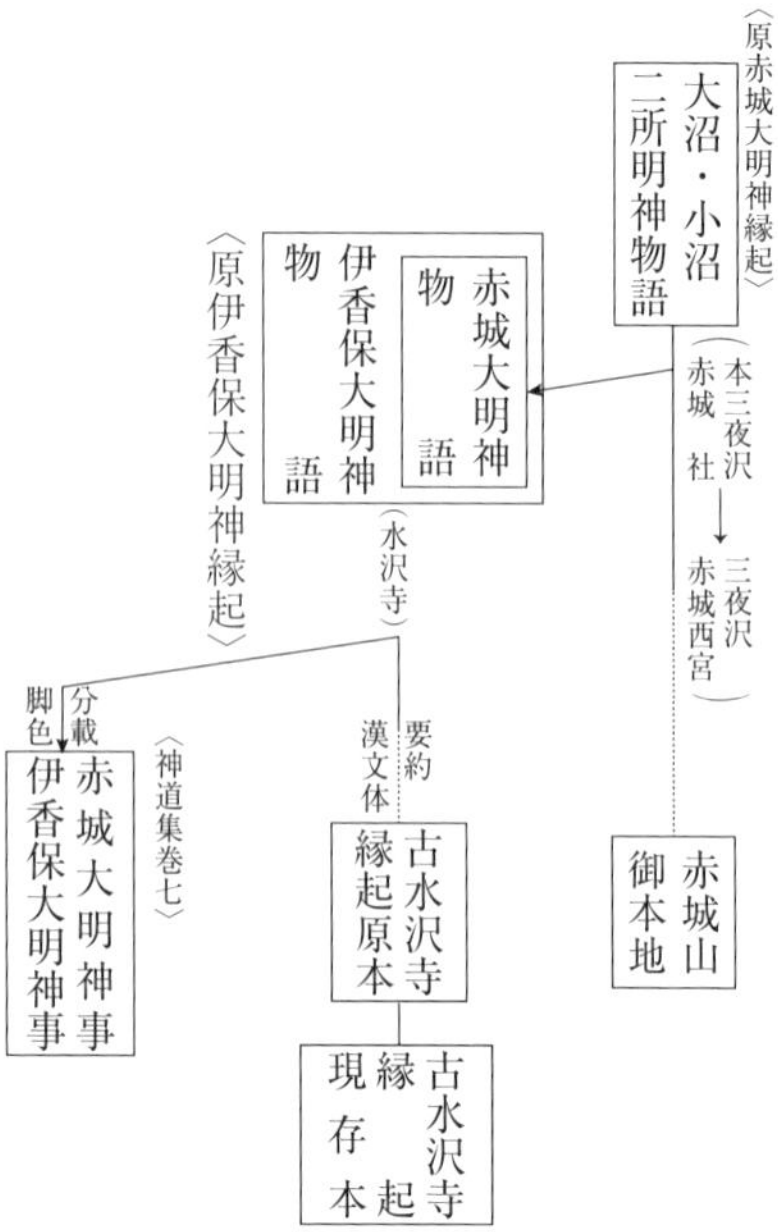

の脚色を加えて成ったのが、『神道集』巻七「赤城大明神事」及び「伊香保大明神事」である。他方、『神道集』が原拠とした伊香保大明神縁起の系譜にあって、これをいささか要約しつつ漢文体に改めて、寺の正式縁起としての体裁を整えようとして成ったものが現存する「古水沢寺縁起」の原本であったろう。そして、この原本の成立はかの美文調の漢文体から推すれば、江戸期以前に潮ることはやはり無理と思われる。この原本をたまたま心ある僧侶により幼稚な筆のまま転写されたのが、現存の「古水沢寺縁起」ということになるであろうか。原赤城大明神縁起・原伊香保大明神縁起の成立背景、特にその民俗信仰とのかかわりなどについては、別に稿を用意しているので、それはしばらくおくとして、その伝承生成の過程を一応右の如く想定してみるのである。

さて、右のようなわたくしの想定がもし妥当であるということになると、原『神道集』想定に問題となる上州関係の七説話は、巻八「覚満大菩薩事」を除いて、すべて西上州、即ち旧利根川の西側の地の出自のものばかりということになる。そして、このことから「原『神道集』なるものは、東上州、赤城大明神の信仰を中心とする唱導団によってまとめられたか」とする先学の有力なお説[20]が、再考を要することになりはしまいかと思われてくる。さらにこのとき思われるのは、『神道集』における巻十「諏訪縁起事」との関連であり、この書における諏訪信仰の位置である。諏訪信仰の勢力が東上州より近くの西上州に早くそれもより強烈に及んでいたことは申すまでもない。つまり、原『神道集』——唱導物語集か——を想定するならば、寧ろこの諏訪と西上州との線上に求めるべきことが思われるのである。が、これについても、いずれ稿を改めて論述することにしたい。

注

（1）『神道集』の中から拾うと、巻二の「二所権現事」と巻六の「上野國兒持山之事」とがある。前者は言うまでもなくお月お星型の継子譚であり、後者は横恋慕を物語展開の重要契機としている。これらはいずれも山の信仰とかかわるものである。民俗的なものを背景として発生・成長したと思われる『もろかど物語』—これについては『軍記と語り物』第二号（昭和三十九年（一九六四））に「もとかど物語とその伝承」と題してやや詳しく論じたことがある—も、またこの横恋慕を物語展開の重要契機としており、『むらまつ物語』などもこれと同じ物語展開をみせ、その成立事情も『もろかど』に類するものと思われる。最近、『伝承文学研究』八号（昭和四十一年（一九六六））誌上に、直江広治・永沢正好氏によって紹介された御霊神示現の物語「敷地軍記」をみると、これもまた横恋慕が合戦物語の最大の契機となっている。

（2）『勢多郡誌』（昭和三十三年（一九五八）、勢多郡誌編纂委員会）歴史編（尾崎喜左雄氏）「赤城神社」の項。

（3）右掲書「赤城神社」の項。

（4）深津の近戸神社については、同地の真藤文平氏（明治二十年四月一日生）その他の方々よりうかがった。月田の近戸神社と深津のそれとは、姉と妹であるとも伝えておられた。明治十一年三月、戸長猪熊善五郎より県庁に差し出された深津の明細には、旧三夜沢にあった赤城明神が二宮に遷宮なさる折、御輿がしばし当地に休められた。故に後その地に社を建て近戸神社と伝えたと記されている。月田の近戸神社については、同社神主の登山武夫氏より専らうかがったのであるが、石川藤三郎氏所蔵江戸期古文書（『粕川村文化財』第二集（粕川村文化財委員会）所載）も録しており、大正十二年関口茂次郎氏誌すところの「近戸神社についての伝説」（同第二集所載）にも掲げられている。即ち、本三夜沢に赤城神社のあった頃は、毎年一回二宮村の赤城神社の御輿が渡御、その折当近戸神社を休息所とするのが常であったと言い、また、粕川での特殊な神事、あるいはささら舞の式など、いずれも旧三夜沢の赤城神社との関係に因縁を求めて伝えている。

（5）諸伝本のほとんどが六段の構成を持って、古浄瑠璃風ともお国浄瑠璃風とも言える。（横山重氏『室町時代物語集㈠』（昭和十二年〔一九三七〕大岡山書店）（昭和三十七年〔一九六二〕井上書房再録）「上野国赤城山御本地」解題参照）。

（6）横山重氏、右掲書所収。

（7）白井氏により『国文学論究』九号（昭和十三年〔一九三八〕に飜刻紹介。近藤喜博氏『東洋文庫本神道集』（昭和三十四年〔一九五九〕角川書店再録。

（8）（9）伝承文学資料集第一輯『神道物語集㈠』（昭和四十一年〔一九六六〕三弥井書店）に小堀修一氏により飜刻紹介。

（10）写本一冊、表紙外題「上野国赤城山正一位大明神御本地」、表紙裏に「依懇望に童子のために悪筆ながらうつし申候　於女渕邑御霊沙門　某書」とある。内題あり、外題に同じ。丁数五十六、一丁六行、一行十三字乃至十八字。奥に、「延享四丁卯三月上旬写之」「以悪筆写置者也　他見御無用」とあり、更に最奥に「此書は当村新井長蔵氏家伝の古本なり　其を借りて写したものなり　大正十一年十月十九日　群馬県勢多郡　粕川村女渕　白幡宗順」とある。つまり、本書は竜光寺前住職の白幡宗順氏が、鎌塚本の書写に先立って、延享四年書写の新井長蔵氏家伝の古本を大正十一年に写しおいたものである。その原本新井長蔵氏本は、残念ながらその所在が不明となってしまっている。

（11）巻子写本、三段目最末で筆を中継している不完本。内題は「赤城大明神御本地縁起」とあり、ついで本文に先立って「地神五代　彦火々出見尊　少奈彦根尊之事」に始まる十八条の目録が掲げられている。内容は白井本や鎌塚・竜光寺本系に属するもので、これらと大きな異同は伺われない。しかし、冒頭は「夫上野国勢多郡大同山赤城大明神之由来ヲ尋ネ奉ルニ」と大沼大同の赤城大明神の由来を語る姿勢を持しており、ついで目録冒頭に見える少奈彦根尊即ち赤城大明神とする主張を記すなど特異な部分も少しく含まれている。特に目録最末の三条「一、大屋三躰明神由来之事　并硯石笠掛石之事」「一、渕名五姫宮由来之事　并笠濃霊井之事」「一、団子宮由来之事　并石塚弥曽兵衛屋敷事」などは他本には全く見られない話柄である。三段目の末尾に、「家齊公」が姫君を求めて赤城山に登る途次、石塚というところで、弥曽兵衛なる者が家齊公に団子を奉る話を挿入している。これは、目録最末尾の「団子宮由来之事」と符合するもので、おそらく本文では最末尾に再度弥曽兵衛の事を説いていたのであろう。思うに、本書は、白井本や鎌塚・竜光寺本などにこの地方の三、四の伝説を挿入膠着させて成っているもののようである。

（12）写本一冊。現在は伊勢崎市の井田晃作氏の許に存し、菊池良一氏の御教示によってその存在を知ったもの。しかし、詳細については後日を期さねばならない。

（13）前掲注（2）『勢多郡誌』歴史編「赤城神社」項。

（14）右掲書。

（15）当縁起は、冒頭に、水沢寺の本尊は伊香保御前の御持尊の千手観音であること、高光中将の菩提を弔うために当寺が建立され本尊が安置されたことを語る。ついで、「古水沢寺縁起」の「赤城」の部分を要約して述べ、竜神の導きで赤城姫が水底に入ると、「忽ち空中に声有て曰く千手千眼観音大士假に姿を人間に托し之れを救んとせし者なり夫れより後ち土人之祭て赤城大明神と称す」と語る。その後に伊香保大明神・水沢寺の由来の物語が語られると予想されるところであるが、さにあらず、すぐに「後高光中将後世菩提の為に堂宇を造立するの宣旨を蒙り伊香保太夫當國に下着して恵弥僧正を以て開山別当となし今を去る千百有余年の昔より大悲の利生今に至る迄かわらせ給ふ事なしと云々」と語って終えてしまっている。つまり、赤城大明神の由来を語るのは、その本地が水沢寺の本尊と同体であればこその意識がはっきり伺えるのである。そして、当縁起は近年の制作―現存本は昭和三年当山十七世法印観考書写、その原本は江戸末成立か―ではあるが、「古水沢寺縁起」原本の成立に「赤城」の吸引された理由をずばり述べている、すなわち、その理由は千手観音という一点にこそ存したことを説明しているかのようである。

（16）「古水沢寺縁起」では、高光中将は男体の伊香保大明神に現じたとはっきり記しているが、『神道集』の方ではいかなる神と現じたかは明記していない。しかし、『神道集』においても、伊香保太夫その他の人々を王子眷属の神と従えて現じたと記しているから、当然高光中将はその主神として崇め祀られていたことを読者に対して暗黙の中に承認させているということになるであろう。

(17) 蔀部月（徳基）編『伊勢参宮名所図会』（寛政九年〔一七九七〕）など。

(18) これは現存の『神道集』を編したものと言うよりは、その一段前の原『神道集』なるもののそれと言うべきかとも思われる。

(19) 勿論、その本地は巻八の「覚満大菩薩事」で明らかにしている故に、この方ではそれを省略したのだとも言えるのである。しかし、わたしは以下の理由からこれを認めないのである。即ち、『神道集』の編纂は、現存十巻に至るまでには幾段階かの過程を経て成されたものと思われ、現存の十巻において一貫せぬ態度や前後の矛盾箇所などからもそのことが想定されるのであるが、今、「赤城大明神事」と「覚満大菩薩事」とを併せ考えると、この二者は同時に編入されたものとは必ずしも考えられない。詳しくは別稿に譲りたいが、「覚満大菩薩事」には「赤城大明神事」に対する意識が含まれており、その内容の一部を挿入することさえしている。これに対して「赤城大明神事」には「覚満」に対する意識は見られない。これから推すれば、「覚満」の編入されたのは、「赤城」より後のことということになろう。従って、『神道集』の編者はその編成過程において、「覚満大菩薩事」を載せるにあたって「赤城大明神事」を補わんとする意識を働かせたということは当然想像できるが、「赤城大明神事」を記すにあたっては、「覚満」との均衡を保持しようとする意図はいまだ存在していなかったと言えよう。されば、「赤城大明神事」において本地が明らかにされていないのは伊香保大明神の縁起である原拠に、これが記されていなかったがためと一応考えてみるのである。

(20) 右掲注（7）近藤喜博氏『東洋文庫本「神道集」』附載の論攷、「神道集について」において、相当詳しく論じておられるところである。原『神道集』なるものをまとめたものは、日光の神をあえて言わぬ唱導団、赤城神の神威にかかわる敗戦をカバーした神人団であろうとして、赤城明神を中心とする唱導団をあげておられるのである。しかし、この御論については、既に、本稿とは別の視点から、『日本民俗学会報』二五号に、小島瓔礼氏が異論を提出されている。すなわち、神道集的世界は日光の唱導団と赤城のそれとの同時代的対立の中に形成されたものというよりも、その世界は日光の猿麿の古伝を押しやってしまう新しい時代のものであると言い、巻十諏訪の本地甲賀三郎の物語は、この神道集的世界において日光・宇都宮の本縁譚をなしており、『神道集』においては猿麿の物語は諏訪信仰によって押しやられていたのであろうと論じておられる。きわめて注目すべき論稿である。

第二章　『神道集』とヨミの縁起唱導——上州在地性をめぐって

はじめに

およそ室町時代の物語のなかに、本地物語と称される一群がある。それは本地垂迹思想にもとづき、神明の前生（本地）を語る物語草子である。それらの物語草子は、元来、読誦・聴聞すべきものであったことは、しばしばその物語草子の末尾にうかがえるのであった。

『熊野の本地』

このさうしを一とよみたてまつれは、一とくまのへまいりたるうちなり、二とよめは二とになり、五と十とよみたてまつれは、たひ〱くまのへまいるうちなり、いくたひもよみたてまつるへし、うかりし御ときの御心を、とふらひたてまつるとおほしめして、いまもうれしくなうしゆをたれ給て、まほり給ふなり、（中略）このさうしちやうもんせんともからは、かならすあくこうかへりて、せんこうとなすへし、

（大東急記念文庫蔵・大形奈良絵本）[1]

『貴船の本地』

このさうしを見給はんする人は、木舟のまらうと神を、しんし申さは、神のとくあらたに、めてたかるへし、（中略）この本地をあらはし、ちやうもんすれは、恋ゆへ、かみとあらはれ給ふ、恋は、まことのみちのはしめ

なり、此さうしを、み〻にふれ、ちやうもんせは、日に三度、まほるへしと、御ちかへ《ママ》なり、いかにいはんや、よみたてまつらん人、しんとく、うたかいあるへからす、（中略）神は、ほんちをあらはせは、よろこひ給ふ、されは、日々夜々に、ほんちをよみ、ちやうもんせは、神はかこし給て、しよくわんしやうしゆ申へし、能々しんかう申へし、
（慶応義塾図書館蔵・室町後期大形写本）(2)

『熱海の神秘』

かみは、ほんちをあらはす事を、よろこひ給へと、これは、ならひなき、しんひなり、これをかたる物、こりをとりて、しん〳〵を、いたさす人は御はつを、あたるし、そつしによみて、人にも、きかせへからす、こゝろあらん人に、きかすへし、ふるまいをも、せさる人には、むやくしよ、返々、しんひなり、ひすへし、〳〵、
（慶応義塾図書館蔵・室町後期横形写本）(3)

『みしま』

このこほんち、一と、よみなは、一との、さんしやにあたり、しよくわんしやうしゆ、かいりやうまんそく、するなり、見るひとも、きく人も、かならす、御りしやうを、かうふるへし、けんせあんおん、こしやうせんしよ、うたかひなし
（赤木文庫蔵・室町末期大形写本）(4)

『諏訪の本地』

こゝろあるも、こゝろなきも、この一くわんのまきものをきかは、ひかしにむかいかつしやうしてらいはいせは、こんしやうにては、ちうふくをゑ、いのちをなかくしそんにさかへ、こしやうには、しやうしりんゑをはなれ、ちうさひをめつし、すみやかにしやう仏ならん事、あにうたかいあらんや、（中略）しんちんなき人にはひすへし、しんちんしよもふのかたあらは、よみきかせ給ふへきものなり
（旧赤木文庫蔵・江戸初期絵入写本）(5)

『諏訪の縁起』

あひかまへて、これをちやうもんすへし、ふつちんに、しんをいたし、三ほうをうやまひ、しひにちやうして、れひきをたゝしくして、けんたう二世の、くわんまうを、いのるへき物なり、すはのちんひしよ、これをあそはし候はん人も、またちやうもんの人々も、しやうしんけつさいあるへく候、ふしやうこゝろにしてむようなり、

（茅野光秀氏蔵・天正十三年大形写本）(6)

『日光・宇都宮の本地』

此御本懐を申は、日光、うつの宮の御本地なり。これをよみたてまつるところへは権現・明神御影をうつしてまもらんとの御誓願あり。いかにも〳〵精進をいたして聴聞したてまつるへき也。信心いたせは如意まんそくなり。

（神宮文庫蔵・天文二十三年写本『日光山宇都宮因位御縁起』）(7)

右の事例は、いずれも「本地」「さうし」のヨミが、自らへの神徳を期待することに留まらず、聞く人の神徳を期しておこなわれるものであったことを理解させる。しかもそのヨミは、『日光・宇都宮の本地』にみえるごとく、神々の影向の意義をもつものであれば、その神徳が期待できるものであり、『熊野の本地』や『みしま』にうかがえるように、それは本社参詣に準ずる機能が期待されていたのである。つまりこれら本地物語の末尾によれば、神々の本地（前生）を説く草子のヨミは、聞き手の神徳が期待される唱導的機能を果すものであったと言える。

なおこれについては、別稿「本地物語のヨミ」(8)に委しく論じているので、本稿は、その本地物語に先行してあらわれた『神道集』所収の「垂迹由来縁起」（「物語的縁起」〈その一〉）の神明縁起群をとりあげ、縁起唱導としての叙述形式および唱導的文体の特徴を明らめ、そのなかに『神道集』の在地性を明らめることとしたい。

一　『神道集』「垂迹由来縁起」の叙述形式

『神道集』収載の縁起の発端は、ヨミの叙述にしたがって「抑〜」、「夫〜」によっており、その中間の叙述は、しばしば「〜ト申ス、〜ト申ス」、「〜申スハ即チ是ナリ」にしたがっている。が、それはかならずしも神明の前生を語る垂迹由来縁起（「物語的縁起」〈その一〉）にとどまるものではない。したがって、前生を語る垂迹由来縁起としては、その前生譚を受けて、それぞれがわが国土に垂迹し、神明として顕現されたとする末尾の叙述に注目してみることにする。

まず前生を語る垂迹由来縁起（「物語的縁起」〈その一〉）の一つの典型をみせる巻二・（第六）「熊野権現事」、（第七）「二所権現事」から検してみる。

〔冒頭〕抑熊野権現ト申スハ、……此権現ト申ハ天照太神ノ時ノ人ニテ御在トモ、示ス処ノ国土ハ遍ネシ、余ノ国ヲ挙テ云ヘカラス、中天竺摩訶陀国六万国ノ主ハ、善財王ト申ス是ナリ、（中略）此王ニ一千人ノ后在ス、一千ノ都ヲ構ヘテ居ケリ、此ノ一千人ノ后ノ中ニ、西ノ端ニ在ス后ト申ハ、源中将ト申人ノ娘ナリ、御位ニ在シテ、五衰殿ノ女御ト申ケル、亦ハ善法女御トモ申シ奉ケリ、……

〔末尾〕三所権現ト申ハ、證誠殿ト中・西ハ三所ナリ、證誠殿ト申ハ、本地阿弥陀仏、昔ノ喜見聖人是ナリ、西ノ宮ト申ハ、本地千手観音ナリ、昔ノ五衰殿ノ女御是ナリ、故證誠殿ノ誓ヒハ、余ノ神達ニ超ヘ給ヘリ、八相成道ノ暁マテ、結縁ノ衆生捨シト誓在ス、（中略）人王第十崇神天王ノ御時、亦一所顕給ヘリ、証誠殿ノ左ニ顕給ヘリ、善財王ノ御子若一王子是ナリ、又中ノ宮ト申ハ、昔ノ善財王是ナリ、人王十一代垂仁天王ノ御時、残ニ八十四所ノ社顕給ヘリ、総シテ九所ノ社ハ、皆山内ニ顕給ヘリ、会シテハ十二所権現ナリ、其ノ外ノ王子達、東西ニシテ道ヲ守リ給、九百九十九人ノ后達トテ追テ来リシカ共、何事モ無ク、赤虫ト云虫ニ成レリ、而本宮ヲ赤坂ト云処マテ来、九品地を結界シタリシ故、三悪道ヲ遁レタル、　（第六）「熊野権現事」

〔冒頭〕抑二所権現事ト申ハ、天竺ハ斯羅奈国ノ大臣源ノ中将尹統ノ御姫君達ナリ、其ノ昔ヲ尋レハ、五天竺ニハ十六ノ大国、五百ノ中国、十千ノ小国トテ太多ノ国アリ、余（今）ノ斯羅奈国ト申ハ、五百ノ中ノ国ノ内ニ大国ナリ、此一国ノ内ニ国ノ数ハ七千三百六十六箇国ナリ、此国ノ帝ヲハ蜜陀羅王ト申、時ノ大臣ニハ源ノ中将尹統トテ厳シキ人御在ケリ、……

〔末尾〕彼中将入道殿ト太郎ノ王子ト常在御前トハ、上山ニ付給シカトモ、未タ機縁ノ行者無リシカハ、多ノ年月ヲ経テ、相模国大早河ノ源、上湖ノ池水ノ辺ニシテ、万巻上人ノ難行苦行ノ功ニ依テ、三所権現トハ顕レ給ヘリ、（中略）之ニ依テ御本地ヲ申ハ、法躰ハ文殊ナリ、忝モ三世覚母ニテ在ス、因位ノ昔ハ斯羅奈国源ノ中将尹統入道是ナリ、俗体ハ弥勒菩薩ナリ、此又賢劫第五ノ如来、当主三会ノ主ナリ、因位ノ昔ハ波羅奈国ノ太郎王子是ナリ、女体ハ観音ナリ、比亦三十三身ノ春ノ花、匂ハヌ里ハ非シカシ、十九説法ノ秋ノ月、照サヌ家ハ非スソカシ、因位ノ昔ハ斯羅奈国ノ源ノ中将ノ御娘常在御前是ナリ、（中略）下山ハ伊豆権現ト申スハ亦、法体千手ナリ、此亦大慈大悲ノ御誓願深クシテ三途ノ群類ヲ利益シ給、俗体ハ無量寿仏是ナリ、因位ノ昔ハ波羅奈国ノ次郎王子是ナリ、女体ハ如意輪観音是ナリ、（中略）女体ト申ハ、因位ノ昔ハ波羅奈国常在御前ノ御妹霊鷲御前是ナリ、　（第七）「二所権現事」

右のごとく「熊野権現事」の末尾は、先の前生譚を受けて、およそはそれぞれの神明の「本地ハ○○ナリ、昔ノ△△是ナリ」の叙述によっており、「二所権現事」のそれも、およそは「本地ハ○○ナリ」と説き、「因位ノ昔ハ△△是ナリ」の文体にしたがっている。しかしてこの叙述形式は、巻四「諏方大明神五月会事」に添えられた金剛女宮譚にもうかがえる。すなわちそれは、

〔冒頭〕抑モ諏方ノ大明神ト申ハ、天竺ノ舎衛国ノ波斯匿王ノ御娘ニ、金剛女宮ト申ハ、天下第一ノ美人ナリ、十七歳ヨリ俄ニ金色ノ体タト替リ、生キ乍ラ鬼王ノ御形ト成リ給ヘリ、……

〔末尾〕上下二所ノ諏訪トハ是ナリ、上ノ宮ハ、昔ノ祇陀大臣也、本地ハ普賢菩薩ナリ、下ノ宮ハ、昔ノ金剛女ノ宮ナリ、本地ハ千手観音ナリ、昔ノ事ヲ忘レ玉ハス、神功皇后ノ新羅ヲ追玉フ時モ、守護トソ承ル、

（〈第十八〉「諏方大明神五月会事」）

などとある。「昔ノ△△ナリ、本地ハ○○ナリ」の叙述は、先の「熊野権現事」「二所権現事」に準ずるもので、そこにはヨミの唱導としての常套的文体が認められるであろう。

さてこれらの垂迹由来縁起は、それぞれの神明の因位の昔を天竺に求めるものであるが、その舞台をいちだんと身近に認めるそれをあげてみる。

〔冒頭〕抑此明神者、人王第二十代ノ帝、允恭天王ノ御時、比叡山ノ西坂本ニ、二人ノ僧アリ、兄弟ナリ、兄ヲハ近江竪者覚円ト云、弟ヲハ美濃ノ法印覚満トソ申ケル、……

〔末尾〕赤城山三所ノ明神ト顕レテ、大沼ハ赤城御前、今ハ赤城ノ明神トテ、御本地ハ千手ナリ、小沼ハ御父ノ高野辺ノ大将殿ナリ、今ハ小沼ノ明神トテ、御本地ハ虚空蔵菩薩ナリ、山ノ頂ハ美濃法印覚満ナリ、今ハ赤城山ノ山ノ頂ニ覚満大菩薩トテ、御本地ハ地蔵菩薩ナリ、[A]当ニ知ルベシ、諸仏菩薩ノ寂光ノ都ヲ出テ、分段同居ノ塵ニ交ツヽ、悪世ノ衆生ヲ導ンカ為ニ、苦楽ノ二事ヲ身ニ受ケ、衆生利益ノ先達ト成リ給ヘリ、

（巻八、〈第四二〉「上野国赤城山三所明神内覚満大菩薩事」）

すなわちそれは「今ハ××トテ、本地ハ〇〇ナリ」とあって、前生の「昔」を強調する叙述にかわって、示現の「今」を主張するそれをとっている。前生の舞台を身近な国土とすることとかかわって、目前の「今」を指示する方法も、ヨミの縁起唱導の常套と推される。そこで、右の「赤城山三所明神内覚満大菩薩事」と連動して本地仏を示さない赤城三所明神縁起の叙述を検してみる。

〔冒頭〕抑赤城大明神ト申ハ、人王十八代ノ帝、履中天王ト申ハ、仁徳天王ノ太子ナリ、（中略）此帝ノ御時、世ノ覚ヘ目出キ公卿一人御在ス、御名ヲハ高野辺ノ左大将家成トソ申ケル、麗景殿女御ニ無キ名ヲ立、上野国勢多ノ郡深栖ノ郷ト云山里ヘ流サレ給ケリ、北ノ方ヲモ引具シ給、田舎ニテ年月ヲ送給程ニ、若君一人、姫君三人御在ケリ、……

〔末尾〕赤城ノ御前（中略）、赤城沼ノ龍神ノ跡ヲ継セ給テ、赤城ノ大明神ト顕レ給シカハ、大室ノ太郎モ夫妻共ニ従神ノ王子ノ宮ト顕レケリ、（中略）渕名ノ姫ハ倍屋カ渕ヘ沈メラレタルナレハ、（中略）明神ノ形ト顕テ、悪世衆生ノ先達ト成リツ、（中略）孤雲ヲ差シテ入給フ、大将軍此ヲ御覧シテ、列テ行ケヤ我子トテ、則倍屋カ渕ヘ飛入リ給ケレハ、（中略）其後倍屋カ渕源ト成シテ、（中略）上野ノ国ノ国司ハ、御父ト御妹ト亡ヒ給シ跡ヲ神ト崇メ給テ、渕名ノ明神ト申ハ即是ナリ、今ノ世ニハ簍渕ト申ケリ、ケル、黒桧ノ山西ノ麓ナル大沼ノ岸ニ下居テ、奉幣給ケレハ、大沼ノ東ノ岸ニ障子返シト云山ノ下ヨリ、鴨ト云鳥一ツ浮ヒ出タリ、其鳥ノ左右ノ翅ノ上ニ、玉ノ御輿有、御妹ノ渕名姫ト赤城御前トハ一ツ輿ニ乗リ給ヘリ、（中略）二人姫君達モ帰ラセ給ケレハ、其ノ跡鴨ヲハ願クハ此ノ沼ニ留メテ嶋ト成シツ、来世ノ衆生ニ明神ノ威徳ヲ顕給ヘト有ケレハ、尤モ然ルヘシトテ、此鴨ヲハ大沼ノ中ニ留メテ嶋ト成シ給ヘリ、今ノ代ニ小鳥ノ嶋ト申ハ即是ナリ、其ノ後国司ハ大沼ヲ出セ給テ、小沼ノ岸ヲ通セ給ヘハ、御父ノ大将殿ハ顕レ出テ、（中略）語連ケテ泣給ヘハ、国司モ袖ヲ絞リツヽ、番匠共モ召シ集メテ、大沼ニモ小沼ニモ御社ヲ立テ奉幣シ給ケル、猶モ此山ノ名残惜クシテ、小沼澤ニ三箇日御逗留有ケリ、故ニ今ノ代ニハ此所ヲハ三夜沢ト申ナリ、（中略）其後伊香保ノ太夫ハ国司ノ御後見ニシテ、今ハ目代殿トテ、有馬ハ分内狭キ処ナレハ、群馬ノ郡ノ内ニ自在丸ト云処ニ、御所ヲ立テ、居ケリ、今ノ世ニ総社トテ神ノ立セ給ヘル処ハ、彼ノ伊香保ノ姫君御在セシ御所ノ跡ナリ、

（巻七・（第四十）上野勢多郡鎮守赤城大明神事）

右のごとく、前生に応じた神明の「今」を強調する叙述にかわって、前生の事蹟とつながる明神示現の「今ノ世」の聖地を、「今ノ世ニハ◎◎ト申スナリ」「今ノ世ニハ◎◎ト申ス即是ナリ」と説く。それはいちだんと身近な態度で、聞き手に共感をもたらす縁起唱導の方法によっていると言えよう。しかして、右の赤城二所明神縁起の続編ともいうべき伊香保の縁起もこれにしたがうようである。

〔冒頭〕抑伊香保ノ大明神ト申ハ、赤城ノ大明神ノ御妹、高野辺ノ大将ノ第三ノ姫君ナリ、前ノ国司ノ高野辺ノ中納言殿ノ御小舅ニ、高光中将殿ハ御契リ深シテ過セ給程ニ、姫君一人御在ス、……

〔末尾〕伊香保ノ太夫（中略）国ノ威勢ヲハ伊香保ノ姫ニ持セ進セ給テ、伊香保ノ目代職ニテ、子共九人ノ亡魂ヲハ九箇所ノ社ト奉幣シ、三人ノ聟共ヲハ三所明神ト顕レリ、高光ノ中将殿ノ御骨ヲハ、伊香保山ノ東ノ麓ニ、岩瀧澤ノ北ノ岸、梨手ト云小澤アリ、今ノ代マテモ水ト梨ノ木ハ有トソ承ル、（中略）岩瀧沢ノ岸ナレハトテ、寺号ノ額ヲハ水澤寺トソ打レケル、（中略）北ノ方ハ伊香保ノ大明神ト顕レ、御乳母ノ伊香保ノ太夫ハ早尾ノ大明神、太夫ノ女房ハ宿祢ノ大明神、御妹ノ有ノ御前御父ノ御屋敷ニ顕レテ、有ノ御前岩瀧沢ヨリ北ニ有ノ御前トテ、今ノ代マテモ御在ス、御姉石童御前沢ヨリ南ニ立セ給テ、石堂ノ明神ト申ス、中将殿ノ姫君ハ都ヘ上ラセ給タレハ、帝崩御ノ後、国ヘ下セ給テ後、母御前ト倶ニ神ト顕テ、若伊香保ノ大明神ト申ス、（中略）抑伊香保ノ

大明神トハ、男体・女体御在ス、男体ハ伊香保ノ御湯ヲ守護シテ、湯前ニテ御在ス時ハ本地薬師ナリ、女体ハ、里へ下セ給テ、三宮渋河保ニ立セ御在ス、本地ハ十一面ナリ、宿弥・若伊香保ノ二所ハ倶ニ千手ナリ、早尾ノ大明神ハ本地聖観音ナリ、有ノ御前ハ本地如意輪観音ナリ、石堂明神ハ本地馬頭観音ナリ、

（巻七・（第四一）「上野国第三宮伊香保大明神事」）

すなわちそれは、明神示現の聖地を前生の事蹟に応じて、「今ノ世マテ◎◎ハ有トソ承ル」「◎◎トテ今ノ世マテモ在ス」と説いて、きわめて聞き手に身近な叙述をとっており、それは伝承の在地性と深くかかわるものと思われる。しかしてそれは、前掲の（第四十）「赤城明神事」と準ずる叙述であるが、かれが本地仏の叙述を（第四三）「覚満大明神事」に委せて、それを欠くのに対して、これは最末に、それぞれ在地の神々の本地仏を一括して説いていることが注目される。

ところで、豊かな物語性を保持しながら、（第四十）「赤城大明神事」などとともに、本地仏顕現の叙述を欠く巻六、（第三三）「三嶋大明神事」は、前生の「昔」を強調する（第六）「熊野権現事」（第七）「二所権現事」（第十八）「諏訪五月会事（金剛女宮事）」などと、神明示現後の「今」を強調する（第四三）「赤城山・覚満大薩事」などの上州縁起群との中間的叙述をみせていることが留意される。

〔冒頭〕夫日本秋津嶋ト申ハ、国常立ノ尊ヨリ以来、天神七代・地神五代、合セテ十二代ハ神ノ代トテ佐テ置ヌ、（中略）此ノ尊ヨリ七代ノ御孫子、神武天王ノ御時、諸国七道ニ分給テ、（中略）三十四箇国也、此七ノ道ノ中ニ、南海道ニ六箇国ナリ、其六箇国ノ内ニ、伊与ノ国ノ三嶋ノ郡ヨリ荒人神ト顕給シ御神ヲハ、三嶋ノ大明神トソ申ケル、此御神ノ由緒ヲ委ク尋レハ、昔伊与国ニ長者一人御在ス、俗姓ハ平城天王ノ御末ニテ、橘朝臣清政ノ長者トソ申ケル、抑此長者ハ四方ニ四万ノ庫ヲ立テ、乏キ事モ御在サリケリ、……

〔末尾〕御父ト母御前ノ御廟ノ上ヘニハ社ヲ立テ、、心憂カリシ昔ヲ思シ忘レスハ、日本国ノ衆生擁護ノ神ト成ラセ給ヘトテ、神号ヲハ昔ノ所住ノ名ヲ捨ヘカラストテ三嶋ノ大明神ト号シテ、父母ノ御廟ナレトモ、一月ニ一度ハ必ス山海ノ珍物ヲ集メテ祭リ奉ラセ給ケリ、其後中将殿ハ夫婦二人烈テ、（中略）神ト顕レ給テ、我生国ナレハ此国ニ住ントテ、ヰヨノ国ニ立セ給ケリ、イヨノ国ノ一宮ト申ハ、昔ノ玉王、中比ハ内蔵人、今ハイヨノ中将ノ御事也、サヌキノ国ノ一宮ト申ハ亦、御乳母ノ女房、高倉殿ノ御事ナリ、アワノ国ノ一ノ宮ト申ハ、玉王殿ノ養父ニ、頼藤ノ右衛門ノ尉殿ノ御事ナリ、而レハ三嶋ノ大明神ノ御託宣ニハ、我氏子ハヒワノ木愚カニスヘカラス、我子ノヒワノ枝ニ置タリシ故ヘ也、ワシハ鳥ノ王ナレハ、ワシニ取ラレタリシ我子モ、万民ノ王ト成レリ、（中略）ワシノハ大明神ト号シテ、イヨノ国ノ一ノ宮ノ御前ニ御ス社ハ是ナリ、三嶋ノ大明神ハ東征ノ為ニ伊豆ノ国ヘ移セ給シ時ニハ、同ク東国ヘ飛ヒ移テ、今ハ彼国ノ鎮守トシテ、ワシノ大明神ト申スハ即是ナリ、又三嶋ノ大明神ハ摺臼ノ音ヲ聞ント誓ヒ給御事ハ、昔竟夜我等二人ヲ禁メ付タリシカハ、口惜シカリシ御恨ミナリ、

まず前生の舞台は、「昔」と強調する縁起群が「天竺」とするのに対して、「今」を強調するそれらは、「日本」として、しかも「人王」の御代、すなわち「人王第二十代ノ帝」（第四三）「赤城山・覚満大菩薩事」「人王十八代ノ帝」（第四十）「赤城大明神事」（第四一）「伊香保大明神事」）の時代のこととして叙するのであるが、右の（第三二）「三嶋大明神事」は後者に準じながらも、遠く「天神七代・地神五代」につながる「神武天皇ノ御時」として叙しており、それは「天竺」とはしないながら、少なくとも「今」からは相当に遥かなることと設定していると言えよう。しかして明神示現の叙述にも、「昔は思シ忘レス」「昔ノ所住ノ名ヲ捨ヘカラス」「昔（中略）口惜シカリシ御恨ミナリ」などと、しばしば因位の「昔」にこだわりをみせる。が、他方では「今ハ彼国ノ鎮守トシテ、ワシノ大明神ト申スハ即是ナリ」などと、四国ならぬ東国在地の「今」を強調する。この「三嶋大明神事」が先行の物語草子に拠っており、な

ほ原拠のままに収載されたと推される。が、それにもかかわらず『神道集』の編成には、それなりの編者の配慮が隠されていることが思われるであろう。(9)

二　山名・神名反読法と在地性

さて、神明の前生を語る垂迹縁起物語（「物語的縁起」〈その一〉）群には、ヨミの唱導とかかわって、一定の叙述形式がうかがえるものであるが、それも末尾の叙述によれば、因位の「昔」を強調する縁起群から示現の「今」を強調する縁起群に及ぶものであった。しかしてその後者の「今」を強調する縁起群は、いちだんと在地性を保有するものと推されるのであったが、その縁起群とひびき合って、神名のヨミにこだわる縁起群がうかがわれており、これもまたそれぞれの縁起の在地性を主張するものと判じられるであろう。以下、その縁起群の叙述形式に応じる神名反読の叙述を注目してみよう。

〈その一〉

○抑日本人王世代、天武天王ノ御宇ニ、伊勢ノ国渡会ノ郡ヨリ荒人神ト顕レ給、上野国群馬ノ郡白井ノ保ニ跡ヲ垂給フ、児持山ノ明神ノ御事ヲ伝ヘテ承ルコト、心モ詞モ及ハレネ、其故ヲ何ント尋レハ、阿野ノ津ト云処ノ地頭ヲハ、阿野ノ権守保明トソ申ケル、……

●各々利生早キ神道ノ身ト成給ヌ、北方ヘ群馬ノ白井ノ保ノ内、武部山ニ住ミ給フ、今ハ因位ノ昔ノ御名ヲハ児持御前ト申シカハ、我所住ノ山ナレハトテ、武部山ト云フ名引キ替ヘテ、明神ノ御名ナレハ、児持山トハ呼ニケリ、児持山ト書テハ、子持山ト読ケリ、本地ハ如意輪観音ニテ御在ナリ、御乳母ノ子ノ侍従ノ局ハ、大鳥山ノ北ノ手向ニ半手木ノ鎮守ト顕テ、本地ハ文殊ナリ、若君ハ岩下ト云処ニ鎮守ト成テ、叓東ノ宮ト申ス、本地ハ請観音ナリ、加若ノ殿ハ見付山ノ手向ニ神ト顕給ヘリ、御名乗リヲ和理ト申奉シカハ、和理ノ大明神ト申スナリ、和理ト書テハ、和理ト読ムナリ、本地十一面観音ナリ、彼ノ御名乗ニ付テ、山ヲハ和理ノ嶽トハ呼ナリ、（中略）上野ノ国ノ目代、藤原ノ成次モ神道ノ法ヲ賜、尻高ト云処ニ山代大明神ト申スハ即是ナリ、山代ノ庄ヲハ我カ妻ニ合セタリシ祝ノ処ナレハ、山代ト云名ヲハ引替ヘテ、吾妻トハ呼レニケリ、阿野ノ津ヨリ尾張ノ熱田マテ馬ニ乗セ進セテ送リ奉リシ人モ、神ト顕テ、其ノ馬ノ形ヲ移シテ、岩尾山ニ駒形トテ、今至ト云処ニ舎人モ馬モ一所ニ立テ、白専馬ノ大明神ト申スハ即是ナリ、故ニ法花方便品ニハ、仏種従縁起、是故説一乗ト説テ、仏菩薩ノ応跡示現ノ神道ハ、必ス縁ヨリ起ル事ナレハ、諸仏菩薩ノ我国ニ遊給ニハ、必ス人ノ胎ヲ借リテ、衆生ノ身ト成リツヽ、身ニ苦悩ヲ受テ善悪ヲ試テ後、神明ノ身ト成テ悪世ノ衆生ヲ利益給御事ナリ、

（巻六、（第三四）「上野国児持山ノ事」）

〈その二〉

○　抑上野国一ノ宮抜鉾大明神ト申ハ、人王廿八代、安閑天王ノ御時、我国へ来給ヘリ、此帝ノ御宇乙卯年三月中半ノ比、上野ト信濃ノ境ナル笹岡山ニ鉾ヲ逆ニ立テテ御在ス、（中略）其由来ヲ委ク尋ヌレハ、南天竺拘留吠国ノ人ナリ、日本国へ渡給シ故ハ、此拘留吠国ト申ハ、国ノ数ハ六千七百六十六箇国ナリ、其ノ国ニ一人ノ長者アリ、玉芳大臣ト云者ナリ、……

●　好美女、（中略）上野国十四郡ノ内、笹岡甘楽ノ郡尾崎ノ郷出山ニ成リ、御社ヲ立テ住ス、美女一人此船守ルヘシトテ、笹岡山ニ留ヌ、今ノ世ニ荒船ノ明神ト申ハ即是ナリ、好且・美好ノ御友二人ノ船頭ノ末ヘハ、今ノ世ニテモ、尾崎検務二人ノ祝リト〔抜鉾〕大明神ノ宮官ナリ、彼ノ〔抜鉾〕明神ノ御本地ハ弥勒ニテ御在ス、（中

略）鉾ヲ引キ抜テ腋ニ挟ミ、抜提河ヨリ此国ヘハ飛給シ故ニ、抜鉾ノ大明神ト書テ、鉾ヲ抜神トハ読ヘキナリ、

（巻七、（第三六）「上野国一宮事」）

〈その三〉

○抑此八箇権現トハ、亦津祢ノ宮トモ申ナリ、此ノ御神ノ由緒ヲ委ク承レハ、日本人王四十八代、称徳天王ノ御時、上野国十四郡ノ内群馬ノ郡ノ内、桃井ト云ケル山里ニ、身ハ賤ナカラ、此ノ所ノ由ヲ知リケル民一人アリ、（中略）何事ニ付テモ不足ノ思ハ無カリケリ、而トモ一人ノ御魂子ノ無キ事ヲ悲ツヽ、仏天ニ祈テ女子一人儲ルナリ、名ヲハ千手御前ト申シテ、乳守太多ニ付テ賞シ遵ケリ、……

●伊香保ノ山ノ東ノ麓、船尾ト云岩ノ下、葛カ窪ト云処ニ、一宇ノ草堂ヲ立ツヽ、千手観音ヲ本尊トシテ、千手ノ姫ノ形見トテ、其前ニテ朝夕ノ行法ヲ始ケリ、聟ノ家保ノ入道殿ハ、急キ都ヘ上リツヽ、円頓房ノ僧正トテ、都ニテ祈禱師ニテ在シケルヲ引具シテ下リツヽ、此寺ノ別当トシテ帝ヘ申シテ、群馬ノ郡、那波ノ郡ヲ料所ニ賜ケレハ、仏法人数モ繁昌シテ今ニ有、房中ハ三百卅三房ナリ、寺号ヲハ船尾寺トシテ額ニハ打チタリケリ、此ノ寺ノ北ノ谷ニ、峯ヲ隔テ、寺ヲ立ツヽ、石巌寺トソ額ヲソ打ケル、房舎ハ六十六坊ノ寺ナリ、別当ハ本寺船尾寺ノ別当ナリ、田烈大夫信保入道殿ハ、夫婦共ニ此寺ニテ念仏三昧ノ勤行シ玉ヒケリ、今ノ代マテモ名ヲ得タリシ信保カ跡ナレハトテ、其在家ノ跡ヲハ信保トハ申ナリ、

○斯ル目出キ大寺ノ滅亡シケル由緒ヲ聞コソ悲シケレ、日本ノ人王五十三代ノ帝、淳和天王ノ御宇、天長五年甲申年、上野国ニ国司一人下玉ヒシ挑苑ノ左大将家光ト云人ナリ、若君一人御在ス、月塞殿トソ申ケル、……

●母御前ハ車ニ召シテ、伊香保ノ沼ヲ尋ネ、深山ノ奥ヘ入セ給ケルカ、峨々タル谷ヲ見下サセ給テ、行量リトモ争カ知ストテ、木ノ上ヨリ御身ヲ投サセ給ケレハ、死屍ト成ラセ給ケリ、只御車計ヲコソ府廳ヘハ返ケル、御車

ノ空ヲ返リシ処ヲ、今ノ世ノ人ハ車立戸ト申シケレ、御乳母ノ黒部局ハ、而トモ奥ノ深山へ入程ニ、岩ヨリ落テ死ヌ、今ノ世ニハ黒部坂トソ申ケル、御守ノ徳戸ノ前カ身ヲ投シ所ヲハ、徳戸ノ窪トテ今ノ世ニモ有リトソ承ル、御後見ノ宮内ノ判官相満カ腹切テ死セシ山ヲハ、今ノ世ニハ相満カ嶽トソ申ケリ、相満ト書テハ、相満ツト読ナリ、（中略）次ノ年ノ三月中半ノ比ナルニ、月塞殿ヲハ天狗共カ輦ニ乗セ奉テ、堂塔ノ焼タル跡ニ捨タルケル、（中略）天狗共ニ捨ラレテ後ハ、心モ物狂ニ成ケレハ、山ノ中ニシテ空ク成リ給ヌ、天狗ノ養育ノ児ナレハ、山神ノ通力ニ護ラレテ、神ト成リ給ヌ、コレニ依、父母ヲ始トシテ、自害セシ八人ノ男女モ同ク神ト顕レテ、八箇王子トソ申ケル、世ノ末ニ成ケレハ、里へ下テ社ヲ立テ、住ミ給、八箇権現トソ申ケル、今ノ代ノ人ハ津祢ノ宮トソ申ケル云々、

（巻八、（第四七）「上野郡馬郡桃井郷上村内八箇権現事」）

〈その四〉

○ 抑那波八郎大明神ト申スハ、日本人王四十九代、光仁天王ノ御時、上野国十四郡ノ内、利根河ヨリ西七郡ノ内ニ、群馬ノ郡ノ地頭ヲハ、群馬ノ太夫満行トソ申ケル、男子八人有、満行墓無ク成給テ後ハ、群馬ノ郡ヲハ八ニ分ケテ知行セリ、其ノ中ニ八郎ノ満胤ハ、容顔美麗ニシテ才覚有頂ナリ、……

● 宗光ハ尾幡へ返リ給ケレハ、其夜ニ震動雷電シテ、大雨ヲ雨ラシ、大蛇ハ那波ノ郡へ下テ、下村ト云処ニ神ト顕レ給テ、今ノ世ニ八郎大明神ト申ハ即是ナリ、（中略）昔宮内ノ判官宗光、今ハ大納言右大将殿ト申ハ、国ノ為ニ父タリ、人民ノ為ニハ母タリ、大蛇ノ為ニハ知識タリ、故ニ人ノ喜ヒヤ積ミケン、其後神ト顕レテ、多胡ノ郡ノ鎮守辛科大明神ト申ハ、京家ノ宗光是ナリ、野栗ノ御前ト申ハ、尾幡姫是ナリ、白鞍ノ大明神ト申シテ男体・女体在ス、此亦尾幡権ノ守宗岡夫婦ノ御事是ナリ、八郎ノ大明神ノ御父、群馬ノ大夫満行モ神ト顕レ給テ、群馬ノ郡ノ内長野ノ庄ニ、満行権現トテ満ツ行キ権現トモ読メリ、今ノ戸椿名ト申ハ即是ナリ、同ク母御前モ神

ト顕レ給テ、男体・女体御在ス、其ノ母御前ト申ハ、今ノ白雲衣ノ権現是ナリ、戸榛名ハ本地々蔵菩薩ナリ、白雲衣ノ権現ハ本地虚空蔵菩薩ナリ、八郎ノ大明神トハ本地薬王菩薩ナリ、辛科ノ大明神ハ本地文殊ナリ、野栗ノ御前ハ本地普賢菩薩ナリ、白鞍ノ大明神ト申ハ、男体ハ本地不動明王是ナリ、女体ハ本地毘沙門天王是ナリ、故[C]ニ知ヌ、諸仏菩薩ノ我国ニ遊玉フニハ、明神ノ神ト現シテ、先ツ胎ヲ借リツヽ、人身ヲ受テ後、憂悲苦悩ヲ身ニ受テ、苦楽ノ二事ヲ身ニ受ケ、借染ノ恨ミヲ縁トシテ、済渡方便ノ身ト成リ給ヘリト云々

（巻八、（第四八）「上野国那波八郎大明神事」）

〈その五〉

○夫レ日本秋津嶋ト申ハ、僅ニ六十余箇国ナリ、（中略）東山道ノ道初メ、近江国廿四郡ノ内、甲賀ノ郡ト云処ヨリ、荒人神ト顕給シ御神ヲハ、諏方ノ大明神トソ申ケル、此御神ノ応跡示現由来ヲ委ク尋ヌレハ、人王第三代ノ帝ヲハ安寧天王トソ申ケル、此帝ヨリ五代ノ御孫子、甲賀ノ権守諏胤《ヨリタネ》ト申ハ、甲賀ノ郡ノ地頭ニテ、威勢重キカ故ニ、畿内五箇国ハ申スニ及ハス、七道諸国ノ間ニモ人数ニ思ハレツヽ、不足ノ思無ク明シ暮シケリ、……

●夫婦二人此ニ乗テ、兵主ノ大明神御在、御使ト共ニ信濃国蓼科ノ嶽ニ付セ給フ、（中略）信濃国岡屋ノ里ニ立テ、御名乗ヲ諏方ト申ス間、諏方ノ大明神トテ上宮ト顕給、諏方ト書テ諏方ト読ム故ニ、本ハ岡屋ノ庄ト呼ケルヲ、大明神ノ御名乗ニ依テ諏方ノ郡トハ申ナリ、春日姫ハ下ノ宮ト顕給フ、維摩妃モ此国ヘ超テ神ト顕給、（中略）今ノ世ニ浅間ノ大明神ト申ハ即是ナリ、甲賀ノ殿神ト顕シカハ、御舎兄達モ御集シテ、兵主ノ大明神ノ御計トシテ、御兄弟ノ中ヲ和平セサセ給ツヽ、皆衆生擁護ノ神道ト顕給、中ニモ甲賀ノ次郎ハ先非ノ罪科ヲ悔悲テ、御息状有ケレハ、北陸道ノ守護神ト成給テ、若狭ノ国田中ノ明神トテ立給ヘリ、甲賀ノ太郎本ヨリ下野国宇津ノ宮ニ御在ケレハ、示現太郎ノ大明神ト顕給ヌ、御父ノ甲賀ノ権ノ守ハ赤山大明神ト顕給フ、御母ハ日光ノ権現ト

顕レ給フ、皆本地弥陀・薬師・普賢・千手・地蔵等ナリ、此御中ニ甲賀三郎諏方ハ上ノ宮ト顕給、本地普賢菩薩ナリ、春日姫ハ下ノ宮ト顕給フ、本地千手観音ナリ、仏菩薩ノ応跡ニ我国ニ遊給、必ス心身ニ苦悩ヲ受テ、衆生ノ歎ヲ思知給ヘリ、

……

○爰ニ亦一ノ不思議アリ、上野国一ノ宮ト申スハ、南天竺狗留吠国ノ人ナリ、其由緒ヲ尋奉レハ、此ノ国ノ数ハ六千七百六十六箇国ナリ、其ノ中ニ草皮国ト申ハ、九千八百七十二郡ナリ、此ノ国ノ長者ヲハ、玉餝大臣ト云、

●好美女（中略）上野国十四郡ノ内、甘楽ノ郡尾崎ノ郷ニ御社ヲ立、山ヲ隔テ住セ御在ス、御座ノ鉾ヲ引キ抜テ御腋ニ挟ミ、本朝へ飛超サセ給シ故ニ、鉾抜神ト書テ、抜鉾大明神トハ読ナリ、三人ノ御美女ノ中ニ一人ヲハ彼荒船山ノ留守ニ置カレ、此ヲ荒船ノ明神ト申ナリ、彼荒船ヲ伏セタレハ、彼山ヲハ荒船山トハ申ナリ、此ノ一ノ宮ノ御本地弥勒慈尊ノ出世是ナリ、故ニ五十六億七千万歳ノ後、慈尊ノ出世三会ノ暁ニハ、結縁ノ衆生必悪道ニ堕在セスシテ、出世成道ノ暁ニ値奉ラン事疑ヘカラス、

○抑亦諏方ノ大明神ト申ハ、神ト顕給テモ年久シ、過ニシ方モ幾千年ソヤ、亦来方モ数ヲ知ラス、……

●凡日本六十余州ニ神祇神社多ト云ヘトモ、心深クシテ神明ノ身ヲ受ケ、応跡示現ノ徳新ニ、衆生守護ノ方便ノ忝キ事、諏方ノ大明神ノ御方便ニ過キタルハナシト云々

（巻十、（第五十）「諏方縁起」）

右のように、〈その一〉から〈その五〉に及ぶ上信地方の各垂迹由来縁起は、それぞれがいささか違った叙述構成によりながらも、その物語の舞台をわが国土に求め、その時代も先の（第四十）「赤城大明神事」（第四一）「伊香保大明神事」、（第四三）「赤城山・覚満大明神事」に準じて、「人王世代、天武天王ノ御事」（（第三四）「児持山之事」）、「人王廿八代、安閑天王ノ御時」（（第三六）「上野国一宮事」）、「人王四十八代、称徳天王ノ御時」（（第四七）「八箇権現事」）、

「人王四十八代、光仁天王ノ御時」（（第四八）「那波八郎事」）などとあり、あるいは（第三三）「三嶋大明神事」に準じて「人王第三代ノ帝ヲハ安寧天王（中略）五代ノ御孫子」（第五十「諏方縁起」）などとある。すなわちそれは、遥かなる「昔」のこととするよりは、「今」に近い「今は昔」「中昔」に属する世界と言えようか。しかして〈その一〉（第三四）「児持山之事」はいまだ「因位の昔」にこだわりながら、「今ハ……児持御前ト申シカハ……児持山トハ呼ニケリ」と叙しており、〈その二〉（第三六）「上野国一宮事」は「今ノ世ニ荒船ノ明神ト申ハ即是ナリ」「今ノ世ニテモ、尾崎検務二人ノ祝リト〔抜鉾〕大明神ノ宮官ナリ」、〈その三〉（第四七）「八箇権現事」は「那波ノ郡ヲ料所ニ賜ケレハ……今ニ有」「今ノ代マテモ……其在家ノ跡ヲハ信保トハ申ナリ」「今ノ世ノ人ハ車立戸ト申シケレ」「今ノ世ニハ黒部坂トソ申ケル」「徳戸ノ窪トテ今ノ世ニモ有リトソ承ル」「今ノ世ニハ相満カ嶽トソ申ケリ」「今ノ代ノ人ハ津祢ノ宮トソ申ケル」、〈その四〉（第四八）「那波八郎大明神事」は「今ノ世ニ八郎大明神ト申ハ即是ナリ」「今ノ戸榛名ト申ハ即是ナリ」「今ノ白雲衣ノ権現是ナリ」、〈その五〉（第五十）「諏方縁起」は「今ノ世ニ浅間ノ大明神ト申ハ即是ナリ」などと記している。この「今」「今ノ世」を強調する叙述は、神明の前生に応じるもののみならず、在地の「今」「今ノ世」の信仰にこたえるものであり、目前の聞き手に直接働きかけるヨミの唱導の口吻をもうかがわせる。しかしてその在地に応ずるヨミの唱導の痕跡は、右の山名・神名反読の叙述に見出すことができるであろう。

　すなわち〈その一〉には、「因位ノ昔ノ御名ヲハ児持御前ト申シカハ、（中略）武部山ト云フ名引キ替ヘテ、（中略）児持山トハ呼ニケリ」とあって、

　児持山《こもちやま》ト書テハ、子持山《こをもつやま》ト読ナリ

と、山名のカキ（書き方）とヨミ（読み方）との二様の説明を試みている。また「加若殿ハ、（中略）御名乗ノヲ和理《かずさと》ト申奉シカハ、和理《わり》ノ大明神ト申ナリ」とあって、

和理《かずさと》ト書テハ、和理《わり》ト読ムナリ

と同じく神名のカキとヨミとの二様の説明をほどこしている。あるいは〈その二〉には、「好美女〈中略〉鉾ヲ引キ抜テ腋ニ挟ミ、抜提河ヨリ此国ヘハ飛給シ故ニ」とあって、

抜鉾《ぬきほこ》ノ大明神ト書テ、鉾ヲ抜《ぬく》神トハ読ヘキナリ、

と掲げており、〈その三〉には「御後見ノ宮内ノ判官相満《あいみつ》カ腹切テ死セシ山ヲハ（中略）、相満《そうまん》カ嶽《がたけ》ト申ケリ」とあって、

相満《そうまん》ト書テハ、相満《あいみ》ツト読ナリ

とあり、〈その四〉には「群馬ノ大夫満行《みつゆき》モ神ト顕レ給テ」とあって、

満行権現《まんぎょうごんげん》トテ満《み》ツ行《ゆ》キ権現トモ読メリ

などと叙されており、いずれも神名・山名のカキとヨミの二様の説明をみせている。また〈その五〉には「御名乗ヲ諏方《よりかた》ト申ス間、諏方《すわ》ノ大明神トテ上宮ト顕給」とあって、

諏方《よりかた》ト書テ諏方《すわ》ト読ム

とあり、あるいは「好美女、（中略）御座ノ鉾ヲ引キ抜テ御腋ニ挟ミ、本朝ヘ飛超サセ給シ故ニ」とあって、

鉾抜《ほこぬく》神ト書テ、抜鉾大明神トハ読ナリ

などと、〈その二〉の叙述を繰り返しているが、いずれも神名のカキとヨミとの二様の説明、つまり神名の反読の叙述がうかがえるのである。

右のごとき山名・神名の反読の叙述、カキ・ヨミの二様の説明は、およそは漢字に通じる在地の聞き手に対するものであり、音読の縁起唱導の一端を留めるものといえよう。[10] しかもそのヨミの縁起唱導の痕跡が、それぞれの縁起の

保有する在地性と深くかかわってうかがわれることが注目されるのである。

以上、前節および本節において、上信地方の垂迹由来縁起群が、神明示現の在地を詳しく説き、かつ「今」「今ノ世」を強調して、その信仰の現代に及んでいることを叙しており、それはそれぞれの在地における縁起唱導の実態に応ずるものと推されるのであるが、山名・神名反読の叙述も、「今」「今ノ世」を強調する在地唱導の口吻にしたがうものと判じられるものであった。それならば、しばしば、これらの在地性豊かな垂迹由来縁起の末尾に見える本地物語の教義的解釈、つまり前生の苦難から神明示現に及ぶ主人公の生涯を仏菩薩成道にそって解釈する応跡示現の神道論もまた、それぞれの在地唱導の末尾に添えられていたものと推されよう。それは、

(A)　当ニ知ルヘシ、諸仏菩薩ノ寂光ノ都ヲ出テヽ、分段同居ノ塵ニ交ツヽ、悪世ノ衆生ヲ導ンカ為ニ、苦楽ノ二事ヲ身ニ受ケ、衆生利益ノ先達ト成リ給ヘリ、（巻八・（第四三）「赤城山・覚満大菩薩事」）

(B)　故ニ法花方便品ニハ、仏種従縁起、是故一乗ト説テ、仏菩薩ノ応跡示現ノ神道ハ、必ス縁ヨリ起ル事ナレハ、諸仏菩薩ノ我国ニ遊給ニハ、必ス人ノ胎ヲ借リテ、衆生ノ身ト成リツヽ、身ニ苦悩ヲ受テ善悪ヲ試テ後、神明ノ身ト成テ悪世ノ衆生ヲ利益給事ナリ、（巻六・（第三四）「児持山之事」）

(C)　故ニ知ヌ、諸仏菩薩ノ我国ニ遊玉フニハ、神明ノ神ト現シテ、先ツ胎ヲ借リツヽ、人身ヲ受テ後、憂悲苦悩ヲ身ニ受ケ、借染ノ恨ミヲ縁トシテ、済土方便ノ身ト成リ給ヘリト云々、（巻八・（第四八）「那波八郎大明神事」）

(D)　仏菩薩ノ応跡ニ我国ニ遊給、必ス心身ニ苦悩ヲ受テ、衆生ノ歎ヲ思知給ヘリ、(D)心深クシテ神明ノ身ヲ受ケ、応跡示現ノ徳新ニ、衆生守護ノ方便ノ忝キ事、諏方ノ大明神ノ御方便ニ過キタルハナシト云々、（巻十・（第五十）「諏方縁起」）

右のごとく、仏菩薩の応述示現の神道教説は一様である。が、四者それぞれ叙述表現を異にしている。しかも、こ

の教説は、上信地方の垂迹由来縁起にいつも添えられるものではない。そのことによれば、この教説は、かならずしも、『神道集』編者の脚色とは言えず、しばしば在地に詳しい上信地方の垂迹由来縁起にのみ添えられたものであり、その原拠となったヨミの縁起唱導に属するものであったと言えよう。

三　『神道集』の上州在地と中央

『神道集』に収められた神明縁起が、東国に片寄りがあり、特に上野国関連の垂迹由来縁起が八話にまで及ぶことは、はやくより注目されたことである。(11)特に近藤喜博氏は、『東洋文庫本・神道集』(12)収載の〈解説〉「神道集について」のなかで、『神道集』は「上野国とは深い関係にあるものの集録」とされ、「上州の神人団にて、神道集の如き唱導のテキストが編集され、その「原神道集が、やがて叡山あたりで再編成された」のではないかと説かれた。これを受ける形で、筆者も拙著『神道集説話の成立』(13)の第一編第一章「神道集の編成」において、上州の垂迹由来縁起群に原『神道集』の存在を想定している。――先の第一節・第二節にあげたヨミの在地性は、それを補強するものでもあった。――しかもそれは、上州の神々を円心とし、それを東国の神々が囲み、さらにその外内を畿内及びその周縁の神々の縁起が包含するという、現『神道集』の編成を考えるものであった。

しかるに故岡見正雄氏は、〈神道大系〉文学編・第一巻『神道集』(14)の解説において、「原神道集なるものの成立を先行させて考える意見もあるが、本書の中に成長増補していった形跡も見出せず、賛成することはできない」と説かれている。しかして、南北朝期の安居院作を認めて、「『尊卑分脈』には、さらに憲基の子憲守、その子親憲の名を記している。（中略）安居院の院主はこのあたりであったわけであるが、個人の名で特定することはできない」と言い、安居院と東国との関係の深さをあげ、先の「本書に東国の諸社の縁起が多いという地方性の著しさは特に注意すべき大きな特徴であるが、中でも上野国に属する章が八章に及ぶ」という指摘に応じて、「上州関係の八章をまとまった資料として、編者の手元にもたらされたのであろう」と推されたのである。

たしかに巻三・(第一六)「上野国九箇所大明神事」を総論、東上州の巻七・(第四〇)「赤城大明神事」、巻八・(第四三)「赤城山・覚満大菩薩事」、西上州の巻六・(第三四)「児持山之事」、巻七・(第三六)「一宮事」、同(第四一)「伊香保大明神事」、巻八・(第四七)「八ケ権現事」、同(第四八)「那波八郎大明神事」を各論とも見立てられる上野関係を一まとめにした資料が安居院流の編者に届けられたとする推測は、一応、可能であろう。しかし、すでに本稿でも取りあげたごとき、上州関係の垂迹由来縁起と豊かな物語性を有する信州の「諏訪縁起」との親近性は、それでは説明ができないであろう。むしろ東上州から信州諏訪に及ぶ物語的縁起群に共通の文化圏を認めるべきものであり、そこに原『神道集』の可能性もうかがえるというものであろう。

ところで、村上学氏は、原『神道集』から『神道集』への二段階成立を認めない岡見正雄氏説を受けて、編纂は一回切りで、それも中央の視座によるものではなく、東国、時に西上州の立場にもとづくそれであったと説かれている。(15)それは、主に『神道集』説話の配列構造を検討された上でのことであり、きわめて注目される論述である。しかし、村上氏自身が「岡見氏が、成長増補していった形跡を見出せずと断じたことについては、本文の解釈によっては異論がありそうである」と指摘される(16)こととかかわって、その編集が一回切りとすることには、(17)いささかの問題が残るであろう。またその編纂の視座が、東国、特に上州にあるとすることには一応賛同できるが、それが「積極的に中央と推する客観的根拠に乏しい」としても、あるいは説話の配列構造からしても、中央からの視座を全く否定することはできないように思われる。

そこで村上学氏の作成された上下二段折り曲りの「神道集説話の配列構造」にそって、十巻五十話の縁起をあげてみると、次頁以下のようになる。

巻第一

一　□神道由来之事
二　□宇佐八幡事
三　△正八幡宮事
四　鳥居事
五　御正体事

巻第二

六　△熊野権現事
○七　△二所権現事

巻第三

八　□高座天王事
○九　□鹿嶋大明神事
○十　×香取大明神事
○十一　×熱田大明神事
十二△祇園大明神事
十三×赤山大明神事

廿六　御神楽事
廿七　天神七代事
廿八　地神五代事
廿九　女人月水神忌給事
三十　仏前之二王神明之鳥居師子駒犬之事
卅一　酒肉等備㆓神前㆒事

巻第六

卅二×吉野象王権現之事
○卅三△三嶋之大明神之事
◎卅四△上野国児持山之事
○卅五×白山権現事

巻第七

◎卅六△上野国一宮事
卅七△蟻通明神事
卅八△橋姫明神事
卅九△玉津嶋明神事

十四×稲荷大明神事
○十五×武蔵六所明神事
◎十六×上野国九箇所大明神事
巻第四
○十七□信濃国鎮守諏方大明神秋山祭事
○十八△□諏方大明神五月会事
○十九×越後矢射子大明神事
○廿　×越中立山権現事
○廿一×能登石動権現事
○廿二×出羽々黒權現事
巻第五
○廿三×日光権現事
○廿四×宇都宮大明神事
廿五×春日大明神事

◎四十△上野国勢多郡鎮守赤城大明神事
◎卌一△上野国第三宮伊香保大明神事
卌二△摂州葦刈明神事
巻第八
◎卌三△上野国赤城山三所明神内覚満大菩薩事
○卌四△鏡宮事
卌五△釜神事
○卌六△富士浅間大菩薩事
◎卌七△上野郡馬郡桃井郷上村内八箇権現事
◎卌八△上野国那波八郎大明神事
巻第九
卌九△北野天神事
巻第十
◎五十△諏方縁起

○　東国関係説話（◎上州関連説話）　△　前生譚を含むもの　□　垂跡示現・祭祀由来を説くもの　×　本地仏の利益のみを説くもの　［　］諏訪関係説話　――（右傍線）諏訪関連説話

村上氏によると、点線以前が前半・後半の総論的部分で、点線以下がそれぞれの各論的部分に当るという。しかして、その前半の各論部分に収められた熊野・高座天王から稲荷、あるいは春日までは、およそ国家体制擁護の神社の性格をもち、公式的性格の強い縁起が収められており、後半のそれに収められた畿内の神社は、その体制に組み込まれない小社が中心であり、その裏通りの神々の延長に西上州の神々の前生説話は配置される。その外枠に、長大な本地物語が巻二と巻九・巻十に置かれており、その前半の（第六）「熊野権現事」（第七）「二所権現事」と後半の（第四九）「北野天神事」（第五十）「諏方縁起」とが、中央・坂東とのセットのもとに対応している、それも前半のそれは天竺を舞台とする、後半のそれは本朝によるとする対応関係があると説かれる。そしてその外枠のなかで、中央の神々の群に対して、坂東、特に西上州の神々の本地説話が、地方在住者の存在を主張する位置に配されており、この配置の構図こそが、「西上州→京」の二段階成立説に賛じ得ない強い理由であるとして、このような配置原理は圧倒的な文化優位性を持つ中央の視座からでは考えにくいと主張される。

たいへん注目される見解であり、巻二・（第六）「熊野権現事」（第七）「二所権現事」と巻九・（第四九）「北野天神事」、巻十・（第五十）「諏方縁起」が対応するというご指摘は一応賛成できる。しかし、（第六）「熊野」（第七）「二所」が前半の国家体制擁護の神々に位置づけられるのに対し、（第四九）「北野」（第五十）「諏方」が後半の国家体制に入り込まない神々の延長に位置づけられるかのごとき主張には疑問が生ずる。申すまでもなく、北野・諏訪ともども、はやく国家体制擁護の神々として信仰されてきているのであった。[18] 勿論、その編集の視界が東国にあることは、巻二から巻十に及ぶ三十九話のうち、東国関係のものが二十五話を含むことで明らかである。そしてその視界の中心が上州にあることも、それが九話に及ぶことから認められるであろう。しかし、その視界が東国に留まるものでなかったことは、総論的部分とされる巻一が（1）「神道由来事」（伊勢）（2）「宇佐八幡事」をもって始めることから理解されるであろう。したがって、各論部分冒頭の（第六）「熊野」（第七）「二所」と最終の（第四九）「北野」（第五十）「諏方」とが、中央の神と東国の神とを対に置くことは、編集の視座に両者を繋ぐ意図があったということであろう。当然、東国・上州に対する中央の視座が問題となる。しかし、中央の神と東国の神とを繋ぐ（第六）「熊野」（第七）「二所」と（第四九）「北野」（第五十）「諏訪」とは、冒頭の（第一）「伊勢」（第二）「宇佐」（第三）「正八幡」にも対応するものであれば、そこにわれわれは中央の視座の介在を認めねばならないであろう。

おわりに

さて、右のごとく、『神道集』の東国性、また原『神道集』を推測させる上信地方の在地性を認めながら、その二段階成立にこだわるのは、大きくは中央から東国・上州に及ぶという視座にもとづいて編成されており、それを支える詞章も少しく見出されるからである。それは総論的部分であるが、たとえば巻一・（第二）「宇佐八幡事」をみると、その垂迹縁起を掲げた後の論義ふうの問答に、次のような詞章がある。

問　世間出世ノ万物、其数甚多シ、何幡ヲ以神号トスルヤ、

答　幡ハ是軍陣ヲ破ル先相ナリ、怨敵ヲ靡ル方ナリ、然間、幡ヲ以テ軍陣ヲ先トス、兵ヲ破ルニ必ス幡ヲ以験ルナリ、世間ノ法ヲ以云ニ、我朝ニハ源平ノ両氏ノ世ヲ乱ツヽ、合戦セシ時、白幡赤幡陣ヲ並ヘタリ、赤幡ノ軍陣宜ク多ケレハ、平氏ノ奢ル事ヲ知リ、白幡ノ敵陣ニ進メハ、源氏勝ツニ乗ル験トス、中比、亦承久ノ乱防ニハ、鳳城ノ官軍、関東ノ兵、宇治河ヲ隔ツヽ、両方ノ岸ノ上ニ打立ツヽ、駒ヲ並ヘ引ヘタリ、都鄙ノ勇士、互ニ申明カ白公ヲ迫シ思ヲ成シ、彼此武将、樊会カ鴻門ヲ破シ心ヲ持ツ、然ニ承久三年辛巳六月十四日ニ、東夷真木ノ嶋

ヲ渡シテ、敵陣ニ関東ノ幡ヲ立テ並ルニ及シカハ、官軍ハ退散シカハ、武士トモ入洛シテ、木幡山・木津河ノ橋・造リ道・四塚ノ辺マテ、併関東ノ軍兵幡ヲ並テ、皇居ヘ向フ、然ルニ鳳城軍ニ負サセ玉シカハ、関東勇ミヲ成ス、幡ノ義此如、

すなわち、承久の争乱における東の鎌倉勢を「関東ノ兵」「関東ノ軍兵」と記し、中央の京方勢を「鳳城ノ官軍」「官軍」「鳳城」と叙すことに問題がないが、その雌雄を決した六月十四日の宇治合戦における鎌倉勢を「東夷」とする表現は、中央の京がわに視座をおいたものと判じられる。ちなみにこの表記は、古本系・流布本の『神道集』本文に共通するものである。また鎌倉がわの『吾妻鏡』に、その表現を検すると、「関東士為レ敗ニ官軍一。已欲ニ上洛一」（承久三年五月廿六日条）「関東士敗ニ官軍一之最初也」（同年五月廿七日条）「東士廿四人忽被レ疵。官軍頻乗レ勝」（同年六月十三日条）「官軍見ニ東士入一レ水。有ニ乗レ勝気色一」「東士官軍挑戦争ニ勝負一」（同年六月十四日条）などと、「官軍」に対して、いずれも「関東士」「東士」などとある。あるいは鎌倉がわに近い作者による『承久記』諸本をみると、慈光寺本は後鳥羽院がわを「京方」とするのに対し、北条がわを「坂東方」と記しており、前田家本・流布本もこれに準じている。『神道集』の「東夷」の表記は、坂東方を京方がさげすむもので、編者は中央の筆者としなければなるまい。

以上、『神道集』にヨミの縁起唱導の痕跡を認め、その上信地方の垂迹由来縁起（物語的縁起〈その一〉）に、原『神道集』の存在を認めようとしたのである。しかし一方で、『神道集』には中央からの視座が厳然と存在することも確認することとなった。それならば、当然、二段階成立説が提示されるであろう。

しかし現存の『神道集』が、中央によく通じた上信の編者によって成ったとすればいかがであろう。それが今後も課題となるであろう。

注

（1）横山重・太田武夫両氏『室町時代物語集』（以下『室物』と略す）第一（昭和十二年〔一九三七〕大岡山書店・昭和三十七年〔一九六二〕井上書房、再刊）。松本隆信氏『室町時代物語現存簡明目録』（『御伽草子の世界』三省堂　昭和五十七年〔一九八二〕所収。以下『簡明目録』または『目録』と略す）では、第三類・(イ)に分別されている。寛永期丹緑本にも「この御ほんぢをもちい。しんする人は。日ごとにまふでずるにをなじ。（中略）此ほんぢきかん人は、一どさんけいをなじ」（『室物』第一、『目録』では第一類・(ロ)）、寛文頃絵巻にも、「これを見きかん人々は、ゆめ〱、あしき事を、たくむへからす、（中略）此ものかたりは、みくまの、御ほんちなり、一へん、よみたてまつれは、きく人までも、くまのへまいりたると、おなし事なり」（横山重・松本隆信両氏『室町時代物語大成』（以下『大成』と略す）第四（昭和六十年〔一九八五〕角川書店）、『目録』では第五類・(ハ)）とある。

（2）『大成』第四（昭和五十一年〔一九七六〕角川書店）所収。『簡明目録』ではAの第一類に分別。荏野文庫蔵・江戸初期写本『きふねのゑんき』にも、「又は、これをき丶給はん人は、南無きふね大みやうしんとゝなへ給ふへし」（横山重氏『神道物語集』）昭和三十六年〔一九六一〕古典文庫）、『目録』ではC）などとある。

（3）右掲注（2）『神道物語集』所収。

（4）『大成』第十二（昭和五十九年〔一九八四〕角川書店）所収。『簡明目録』では第二類。天理図書館蔵・寛文元禄頃奈良絵本には、「かみのほんちを申せは、なふしうし給ふなれは、きく人みな〱、御りしやうに、あつかるへしとなり」（『室物』第一、『目録』では第一類）とあり、東京大学図書館蔵・江戸前期奈良絵本（神道大系・文学編二『中世神道物語』平成元年〔一九八九〕神道大系編纂会　平成元年）も、これと同文である。

（5）『室物』第二（昭和十三年〔一九三八〕大岡山書店）所収。『簡明目録』ではAの第二類。天文十二年絵巻『諏訪御由来之絵縁起』にも、「神は本地をあらはし申せは、三ねつのくるしみをやすめおほしめすなり、あひかまえて〱大明神をしんかうしたてまつる人は、同心に御本地をたつね聞、人々にかたりきかせて神徳をかふむるへきなり」（伝承文学資料集『神道物語集（一）』昭和四十一年〔一九六六〕三弥井書店）、『目録』ではAの第一類・(イ)とあり、明暦四年絵巻（神道大系『中世神道物語』所収）、天和三年絵巻（高橋宏幸氏翻刻『釧路論集』第九号第十号　昭和五十二年〔一九七七〕、昭和五十三年〔一九七八〕、『目録』ではAの第一類・(イ)にも、同文が見える。

（6）『室物』第二所収。『簡明目録』ではBの第一類・(ロ)に分類している。

（7）右掲注（4）神道大系『中世神道物語』所収。『簡明目録』ではAの第二類。なおこれに準ずるものに、宇都宮高校蔵・宝暦文政頃書写『補陀落山祖秘録』（久野俊彦氏「『補陀落山祖秘録』〈翻刻〉」『東洋大学大学院紀要』第十九集　昭和五十八年〔一九八三〕）、柴田家蔵・文政九年書写『日光山御縁起』（高藤晴俊氏「翻刻・柴田家蔵本『日光山御縁起』『栃木史心会報』第十五号昭和五十九年〔一九八四〕」）がある。

（8）徳江元正氏編『室町芸文論攷』（平成三年〔一九九一〕、三弥井書店）拙著『神話の中世』（平成九年〔一九九七〕三弥井書店、再録）。

（9）その編成の大枠は、天台本覚思想にもとづく三神説によるもので、本覚神に伊勢・八幡の仏菩薩をあて、始覚神に熊野・二所の権現をあて、最後の実類神（不覚神）に、北野・諏方に及ぶ明神をあげているのであろう。これについては、田村芳朗氏「本覚思想と神道理論」（『本覚思想論』平成元年〔一九八九〕春秋社）が参考になる。ただし、『神道集』は、巻一「神道由来事」において、神明を菩薩・権現・明神の三所に分けながら、いずれも権實思想の権者に属する仏・菩薩の垂迹であると説いている。また、これについては、村上学氏が、『日本文学と仏教』第八巻（平成六年〔一九九四〕岩波書店）所収の「神道集」にふれておられる。

（10）ただし現存本によれば、七個所に及ぶ山名・神名の反読法は、かならずしも一定の法則にしたがっているものではない。元来、その和訓を示して、音訓をあげたものとすれば、（第三四）「児持山之事」の「児持山ト書テハ、子持山ト読ナリ」は、「児《ちご》ヲ持ツ山ト書テ、子持山《こもちやま》ト読ナリ」、（第三七）「八箇権現事」の「相満ト書テハ、相満ツト読ナリ」は、「相満《あいみ》ツト書テハ、相満《そうまん》ト読ナリ」、「満行権現トテ満ツ行キ権現トモ読メリ」は「満ツ行キ権現トテ満行《まんぎやう》権現トモ読ナリ」でなければなるまい。現存本には、転写上の異同が生じているというべきかも知れない。

（11）はやく柳田国男は、「甲賀三郎の物語」（『文学』八巻十号、昭和十五年〔一九四〇〕、『定本柳田国男集』第七巻、昭和三十七年〔一九六二〕筑摩書房）において、「安居院神道集の物語は大体に東国に偏して居る。殊に諏訪御本地は、両毛の神々と交渉が多く」「物語の第二の中心がもと此方面に在って、そこと京近江との交通の衝に、たまたま諏訪の盆地があたって居たらしい」と説いている。

（12）昭和三十四年〔一九五九〕、角川書店。

（13）昭和五十九年〔一九八四〕、三弥井書店。

（14）昭和六十三年〔一九八八〕、神道大系編纂室。

（15）・（16）『伝承文学研究』第四三号（平成六年〔一九九四〕）所収「神道集の構成原理」、および『日本文学と仏教』〈第八巻〉（岩波書店、平成六年〔一九九四〕）所収『神道集』。

（17）このお立場は、右掲注（15）「神道集の構成原理」において、岡見正雄氏の方法に賛じ、「少なくともわたくしは原神道集なる客観的に明確にできない書物の存在を前提にして『神道集』の性格を考えるより先に、現在の形のより徹底的な分析をすることが正当だとの氏の姿勢を尊重しなければならないと思う」に示されている。あくまでも文献中心の方法によられる点は理解できるが、明確ならざる文献伝承を仮説発想法によりつつ究明しようとするわたくしの立場は、自らこれと異にする。

（18）北野天神が、藤原師輔による社殿の整備にはじまり、摂関家の信仰を篤くするものであり（真壁俊信氏『天神信仰史の研究』平成六年〔一九九四〕続群書類従完成会、所収「北野天満宮の創建」〈藤原師輔による屋舎の造営〉など）、正暦二年には祈雨奉幣の十九社に加えられ、長暦三年に確定した二十二社の制度には、その一社に位置づけられており、（『歴史評論』平成元年〔一九八九〕一月、河合能平氏「日本院政期文化の歴史的位置」など）、一応、国家体制擁護の神として信仰されていたと言えるであろう。また諏訪明神が、鎌倉時代には、伊豆・箱根や三島に準じて鎌倉幕府が深く信仰するものであり、その祭祀や造営には公の費用があてられていた（『伊藤富雄著作集〈第一巻〉』昭和五十三年〔一九七八〕永井出版企画、所収「諏訪上社中世の御頭と鎌倉幕府」など）。

第三章　安居院作『神道集』の編者〈その一〉——澄憲・聖覚の文化圏

はじめに——『神道集』の地域性

およそ安居院作『神道集』は、全十巻から成り、五十条におよぶ神道縁起を収載する。それは巻第一は、総論とも言うべきもので、日本の神明の代表として、伊勢大神宮の縁起をあげ、それに準じて宇佐八幡宮・正八幡のそれをあげ、神道の玄義論を含んでいる。次いで巻二から巻十まで（巻五後半に玄義論的章段を含みながら）南海道の紀伊を含んだ畿内地方から東海道・東山道・北陸道に及ぶ代表的な神明をとりあげ、その縁起を収めている。しかもその収載する神道縁起が、東国に片寄りがあり、特に上州および信州（諏訪）のそれを重視する傾向のみられることは、はやく先学の指摘されることであり(1)、わたくしもそれに準じて原『神道集』の編者を上信地方にあったと推してきたのである。

その論考の一は、右にあげた「神道集原縁起攷——巻七「赤城大明神事」「伊香保大明神事」の場合——(2)」である。これは昭和四十一年十一月十三日、名古屋大学で開催された中世文学会秋季大会において発表したものを昭和四十二年一月十日に脱稿したものである。そこでわたくしは、『神道集』「赤城・伊香保大明神」と五徳山水沢寺蔵「古水沢寺縁起」を詳細に比較検討すると両者に先行する原縁起が、西上州の伊香保側、水沢寺周辺において成立していたことを確認したのである。しかも『神道集』が収載する上州関連の七つの神道縁起は、旧利根川の西側、つまり西上州に属するものであり、その原『神道集』を想定するならば、東信地方の諏訪関連の神道縁起を含めて、その編者は西上州と諏訪との線上に求めるべきであると想定したのである。

その論考の二は、「神道集とヨミの縁起唱導——原神道集の可能性——」で、平成八年、『唱導文学研究』第一集に収載したものである。(3) そこでわたくしは、物語的縁起（垂迹由来縁起「祭祀由来縁起」）の「昔ノ△△ナリ。本地ハ〇〇ナリ」というヨミの唱導の叙述文体を注目。それが巻二の「熊野権現事」「二所権現事」かつ上信地方に及ぶ文化圏をなし、その中心に「山名・神名反語」の叙述形態のあることを認識したのである。つまりその叙述文体のなかに、上信地方の『神道縁起』が核となる文化圏を認め、そこに、原『神道集』の編者を想定したのである。

はたして現在の『神道集』の原拠に、上信地方に存した原『神道集』なるものが、存在したかどうか明らかではない。ただし『神道集』が上信地方と深くかかわりをもって成立したことは疑えない。そこで本編は、『神道集』の編者を東国地方、特に上信地方とのかかわりを改めて考察することにする。ちなみに『神道集』は、各巻の冒頭に「安居院作」とあり、その安居院とつながるものが編者であることを示している。その安居院が、安居院澄憲によって開かれた説経・唱導の家とみるべきことは、はやく筑士鈴寛氏が提案されたことである。(4) それによれば、その「安居院作」は、東国、特に上信地方における安居院流唱導僧の活躍のなかに見出されることとなろう。

なおわたくしは、昭和五十七年に、「安居院と東国——原神道集の成立をめぐって——」を『中世文学』第二十七号に発表した。(5) それに

一　安居院と東国㈠——澄憲・聖覚の場合——

二　安居院と東国㈡——隆承・憲実の場合——

三　安居院と東国㈢——憲基・覚寺・澄俊・憲守の場合——
四　安居院と東国——東国・上州の安居院——

によって、考察を進めている。したがって本稿は、これを踏まえ、一部の重複を含めて論述することとなる。

一　澄憲法印の文化圏

Ⅰ　澄憲と関東

およそ安居院流の唱導は、『尊卑分脈』（次頁収載）に見えるごとく、「四海大唱導一天名人」なる澄憲を開祖とする。それは、はやく筑士鈴寛氏が指摘されたごとく、梶井・壇那流に属する学匠である。それを嗣ぐのが、「能説名才」「天下大導師名人」と謳われた聖覚大僧正であった。しかもその澄憲・聖覚の富樓那《るるな》の弁才は、代々の安居院の法印に引き継がれ、南都・北嶺の寺院から朝廷・公家、貴紳にまで及んでおり、さらに東国、鎌倉の地にも届いていたのであった。

まずその開祖、澄憲法印の東国における活動は、かならずしも明らかではなかった。しかし『吾妻鏡』文治四年十一月九日の冬になれば、源頼朝は、いまだ在京の折に、母の供養法会に澄憲法印を招いていたことが知られる。

〇九日庚子。二品外甥僧任憲参向。未二知食一之間。欲レ被二尋仰一之処。称二故祐範子息一之由。仍召二入北面客殿一。有二慇懃御談一。彼祐範者。季範朝臣息。二品御母儀舎弟也。御母儀早世之時。毎レ迎二七々忌景一。請二澄憲法印一為二唱導一。讃二嘆仏経一。加之。永暦元年二品令レ下二向伊豆国一之時者。差二郎従一人一奉レ送レ之。毎月進二使者一。件功于レ今不二思食忘一。而其子息適参上。可レ為二記念一之由。太令二歓喜一給云々

〔尊卑分脈・貞嗣卿孫〕

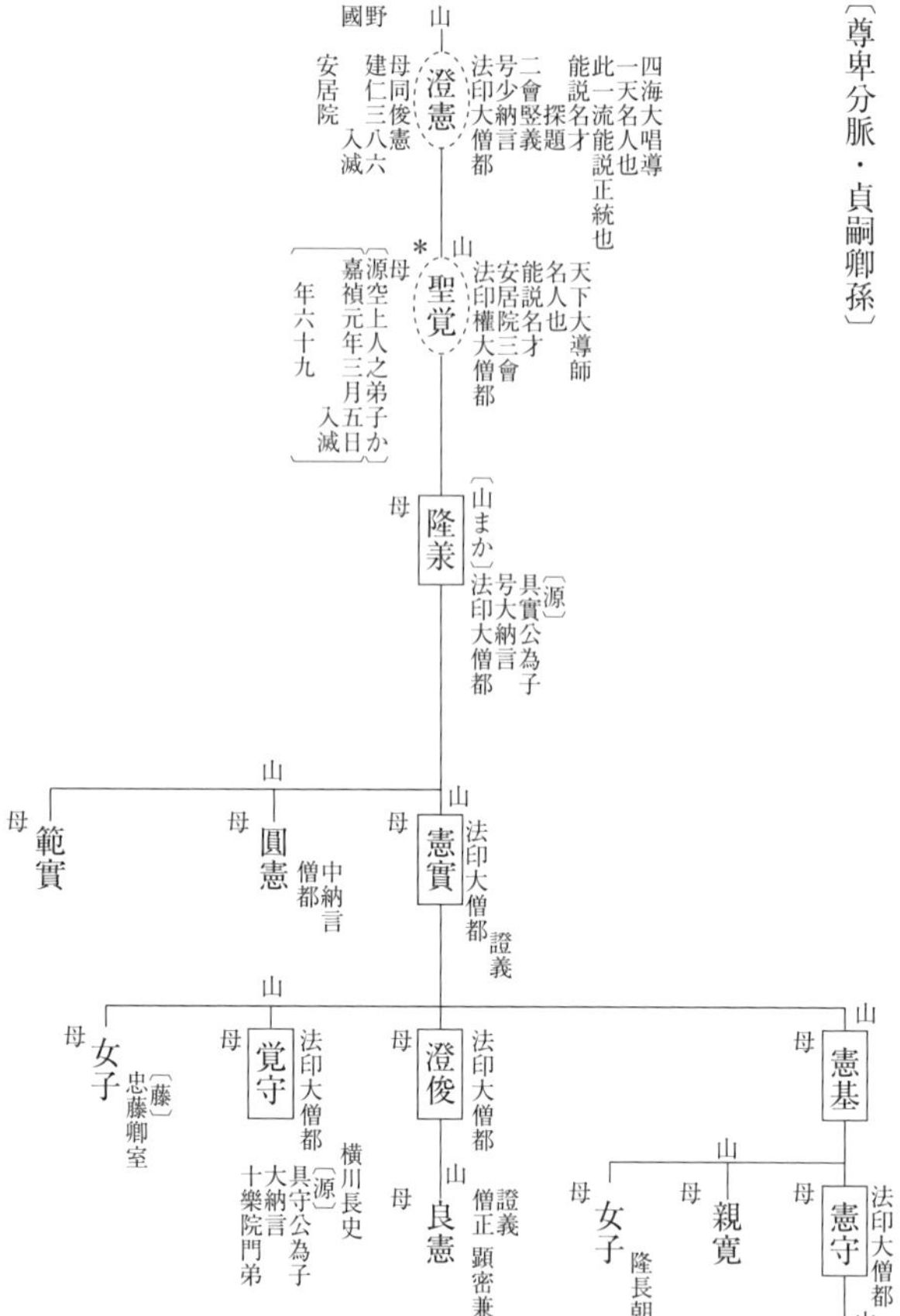

すなわちこれによると、鎌倉の頼朝は、七日の当日、母方の叔父で忘れ得ぬ恩人なる祐範の子息任憲を迎え歓喜しているのであるが、その叔父の篤い志を紹介するのに、頼朝の母が早世した折、七日の忌ごとに澄憲法印を迎え、その法会を営んでくれたというのである。しかしその澄憲法印が、鎌倉に赴いて、頼朝と再会することがあったかどうかは、確認することはできない。

ところが、その澄憲法印が東国に赴いていたとする記事が、天台僧・亮海の著する『諸国一見聖物語』（至徳四年〔一三八七〕）のそれに見えている。ちなみに亮海は、常陸・真壁郡関城町黒子の千妙寺（恵心流）第三世なる学僧である。それは澄憲が、今の浜名湖にある三河の橋本に宿するときのこと、その説話を聖が聞きとめた物語である。

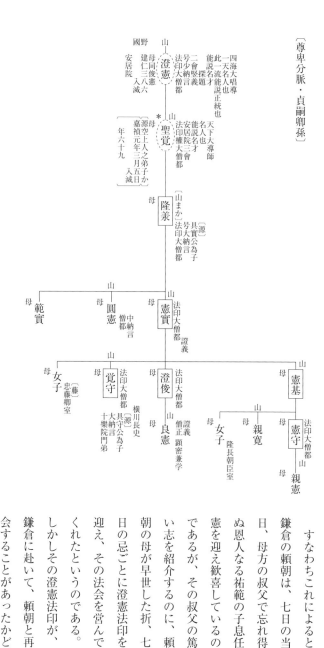

サレハ澄憲法印ノ古ヘ、関東下向ノ時、橋本ノ宿ニ付キ玉ヒタリケルニ、折節長者ノ女メ空ク成、明日三七日ト申ス日、彼ノ宿ニ法印着給ヒケルニ、長者不レ斜悦テ、（中略）広大慈悲ノ高僧ニテ御座スナレハ、何ニカハ高キ賤キ善悪ノ隔ヲハ思給フヘキトテ、請奉リシカハ、澄憲辞退ニ不レ及トテ、彼ノ長者カ許ニ入ラセ給テ、漸写頓写ノ経共ノ供養ヲ宣給、諷誦願文ナント読上給テ、施主段ニカカリケルニ、彼ノ長者啼々申上ケルハ、アレニ立テタル琵琶ハ、亡者カ朝夕手馴シ形見也、彼ノ菩提ノ為ニ御布施ニ奉ルヘシ、関東ヨリ御上洛ノ時キ召レ候テ、児君達ニ参ラサセ給ヒ候テ、彼織女カ罪障モ浮ヒ候様ニ御訪候ハ、御志シタルヘキ由シ申モアヘス、涙ニムセヒシカハ、澄憲モ実ニ恩愛ノ悲ハサコソト思食シ、御衣ノ袖御顔ニ当テ涙ヲ押へ、老イ音エ指上テ、

一面ノ琵琶ノ音ハヒカラサルニ海老ノ浪ニヒヒキ、

一張ノ琴ノ音ハシラヘサルニ松風ニマシル、

高市山ノ夕ニハタノマヌ妻ヲ待、

浜名ノ橋ノ明ホノニハアカヌ別ヲ悲ム、

ト云句ヲハ、ハタト上ケ給ヒケルニソ、長者モ其外ノ見聞聴衆モ、落涙袖ヲシボリケルトカヤ、

およそ澄憲法印の下向は、平治の乱の折、下野配流のときが考えられるが、澄憲は「若イ声エ指上テ」とあれば、この折のこととは考えられない。これに続けて『物語』は、

カカル明匠も此所ヲハ行ヤラセ給ハテ、一両日御逗留アル宿ニテ候ナント、宿ノ主シノ物語リ、実ニ心ホソク面白ク覚へ候シ也、

と続ける。その諸国一見の聖は、編者・亮海の擬装せる姿である。それならば、この澄憲法印の橋本宿説経譚は、宿の主の直接語るものでなかったとしても、編者自身が当地で聞き取ったものと推される。それが史実と認めるかどう

かはともあれ、室町のはじめ、当地にも安居院流の唱導の及んでいたことを知らせるものと言えよう。またこの物語（説話）が、関東天台の談義僧によく知られていたことは、『一乗拾玉抄』（叡海著、長享二年〔一四八八〕）に収載されていたことから知られる。

物語云、参河ノ国、矢作《ヤハギ》長ガ娘ヲ殺シテ百ケ日ノ追善ニ、安居院ノ澄憲ヲ奉請、御説法有《アル》時、彼ノ長ガ娘ノ名残リ惜テ、髪ヲ切テ、形見ニ持タルヲ仏前ニ置ク。是御覧シテ、諷誦ノ時ノ御時、「高瀬山ノ朝ニハ飽ス別ヲ悲ミ、浜名ノ橋ノ夕ニハ取ヌ妻ヲ待ツ、神ハ捨玉フトモ仏ハ助玉」ト、一句言玉ヲ、母ノ長、弥殊勝ニ思、珍宝ヲ布施奉也

同材の澄憲法印の説経譚である。しかし舞台を、遠州の橋本宿から参河の矢作宿に移し、形見の琵琶に対する施主段の句は、形見の髪に対する諷誦の句にかえており、その句にも相当の異同がある。それは談義の語りのなかで起こった異同とも言えるが、また安居院流唱導文化圏の広がりを示すものとも考えられる。

Ⅱ　澄憲と武蔵・慈光寺

しかるに近年、安居院澄憲の唱導活動が、確かに関東に及んでいたことが明らかにされるに至った。それは金沢文庫蔵『釈門秘鑰《ひりやく》』によるもので、わたくしには松田宣史氏が教示されるものであった。それは同文庫蔵「釈門秘鑰」第五之五7丁オに見出される。

常行三昧釈〈武州慈光寺常行堂供養之次注之〉
常行三昧者天台円頓ノ行者ノ修行ル四種三昧之中ノ其ノ一色也、天台摩訶止観立ツ十章ヲ中第一大意ノ章ニ有五略……

およそこの『釈門秘鑰』は、安居院澄憲がその自草を基に自ら編纂した唱導文集で、阿部泰郎氏によれば、この金沢文庫寄託称名寺蔵本は、鎌倉末期、釼阿によって書写された写本で、はやく櫛田良洪氏によってその概要が示されていたのである。それは現存二十六帖、他に断簡があり、『金沢文庫古文書・識語篇』（昭和三十一年〔一九五六〕）に、その奥書の識語が採録されている。すなわち、それは澄憲が、嵯峨清涼寺別当任雅の望みに応え、石清水八幡宮で催された法華経の為の「尺」を草し、これを後代に貽す旨が記されたものである。その最後に、

天台沙門澄憲記之　年七十三也　旦暮難知云々

とある。これについて阿部泰郎氏は、「この時の仏事の表白は、同じく金沢文庫本『転法輪鈔』中の「神祇上本」所収「為八幡法楽毎日講」として収められており、一方、その「尺（釈）」の分が『釈門秘鑰』に収められたものであろう」と推され、その上で、「この識語は『釈門秘鑰』の成立を示すものではない」と判じられ、次のように解しておられる。

金沢文庫本を閲するに、その中に、「法花略釈正治二年相国御命注進／天台老沙門澄憲病中執筆也」（第十四之七）、また「楊柳観音尺己上楊柳観音尺、任愚意所及注之／有真言師徳人、請可奉供養、此観音／其子細来問之次、粗廻愚意　答此趣了。／後為此尺伝後来了、于時正治二年春也。」（第八之四）があり、建久九年より更に九年後、七十五歳の老境にあって自ら「尺」を草した旨の注記が含まれる。故に本書の成立はそれ以降、建仁三年の入滅までの間と推される。

なお右にあげた阿部泰郎氏の解説は、御室仁和寺に蔵された当時蔵『釈門秘鑰』の〈翻刻を解題〉（国文学研究資料館文献資料部『調査研究』第十七号）[6]によるものである。ここで阿部氏は、仁和寺本『釈門秘釈』の〈解題〉において、その奥書に、「澄憲草云々／建保五年二月廿四日於禅定院／僧坊書写了」をあげ、その書写年次が、金沢文庫本の第十四之七「法花略尺」の本奥書に、「写本云　建保五年十月廿五日於／慈雲寺書写了」に近い書写とあり、「金沢文庫本

の祖本も仁和寺にあった可能性がある」とされている。しかして同氏は、澄憲草「釈門秘鑰」の内容について解説を試みられた後に、「金沢文庫本『釈門秘鑰』復元的構成（私案）を示されている。その第五には次のごとくにある。

五　阿弥陀佛大功徳田中勝釈　御供花結願
佛果難成極楽易生釈
往生極楽願佛在世人發之事
阿弥陀佛有三種様釈
常行三昧釈 武州慈光寺常行堂供養之次注之
於天王寺讃歎之 後白川院

右によれば、澄憲法印が「武州慈光寺」の「常行堂供養」において、「常行三昧釈」をおこなっていたことは確かである。その慈光寺がいかなる寺院であったかが問題となる。

Ⅲ　慈光寺と関東天台

さてその慈光寺は、正しくは都幾山《ときざん》一乗法華院慈光寺と称され、武蔵・比企郡の山中に建立された天台の一大道場であった。本尊は十一面千手千眼観音。古く天武天皇が白鳳二年（六七三）に慈訓《じきん》和尚によって開かれたと伝え、その本格的開山は、鑑真和尚の高弟・釈道忠とする。その間、役小角が東遊して西蔵坊を設けたとも伝えるので、山岳修験の道場でもあった。(7) しかして平安時代には「天台別院一乗法華院」の勅願を賜わり、鎌倉時代には、その僧坊が七十五坊に及んでいる。東山衆徒三十二坊、中谷衆徒十七坊、西谷衆従二十六坊で、その僧坊跡は、海沢太久夫氏の「中世の慈光寺と僧坊収載の分布」(8)（二二六頁）で確認できる。なお海沢氏は右の論攷に「慈光寺僧坊跡等所在地名表」

天台別院　一乗法華院慈光寺

をあげられるが、それは1の「全蔵坊」から79「霊山院」に及んでいる。また「慈光寺僧坊の推移一覧表」をあげ、西谷衆従、中谷衆従、東山衆従の属する僧坊名を具体的に示されている。しかしこれらのなかには、「常行堂」は見えていない。慈光寺本坊、釈迦堂などに求めるべきかと推されるし、48の「浄土院念仏堂」も注目される。

この慈光寺に対して、鎌倉の頼朝は、深い尊崇の念を抱き、その霊験を強く期待していたのである。それを示すのが、『吾妻鏡』文治五年（一一八九）六月二十九日の条である。

廿九日丁巳、日来御礼敬愛染王像、被送于武蔵慈光山、以之為本尊、可抽奥州征伐御祈祷之由、被仰含別当厳耀并衆徒等、当寺者、本自所有御帰依也、去治承三年三月二日、自伊豆国遣御使盛長（安達）、令鋳洪鐘給、則被刻御署名於件鐘面云々、

これによると、頼朝の慈光寺尊崇は、挙兵以前の治承三年に遡るものであり、このたびは奥州征伐にあた

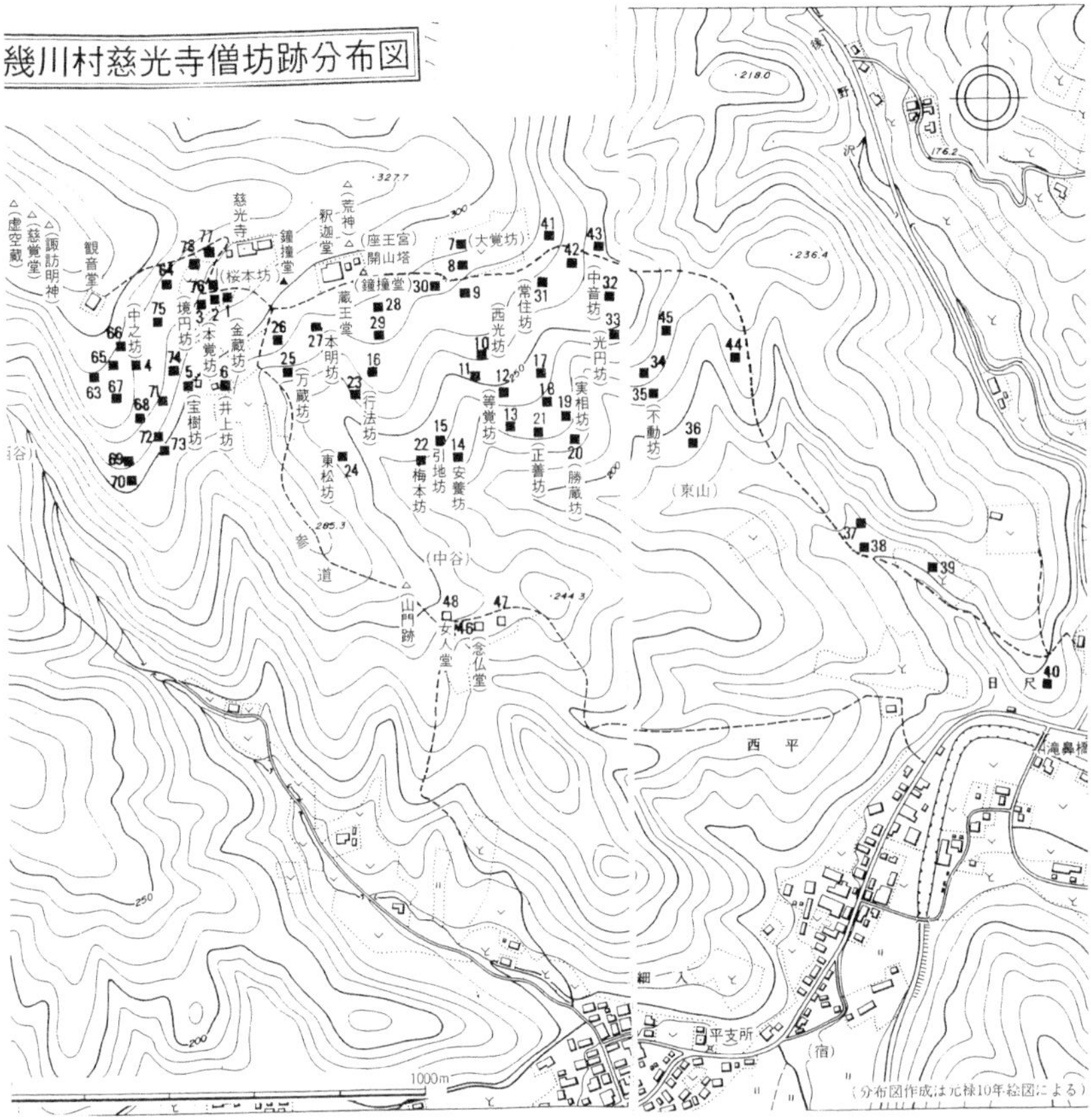

り、あえて持仏の愛染王像を当寺に納め、その祈祷を別当厳耀並びに衆徒に託し、合戦の戦勝を期したのである。しかもその折の願文は慈光寺文書に留められている。(9)

伝　源頼朝願文

武蔵国比企郡慈光山

一　今度頼朝下向奥州、為于泰衡（藤原）追伐、

日来礼敬之愛染王奉送于慈光山、以是為本尊、可抽奥州征伐御祈祷旨、

被仰含別当厳耀并衆徒等候訖、当寺

者、本自所有御帰依也、去治承三季（年）

三月二日、于豆州遣信濃守盛長（安達）、令鋳

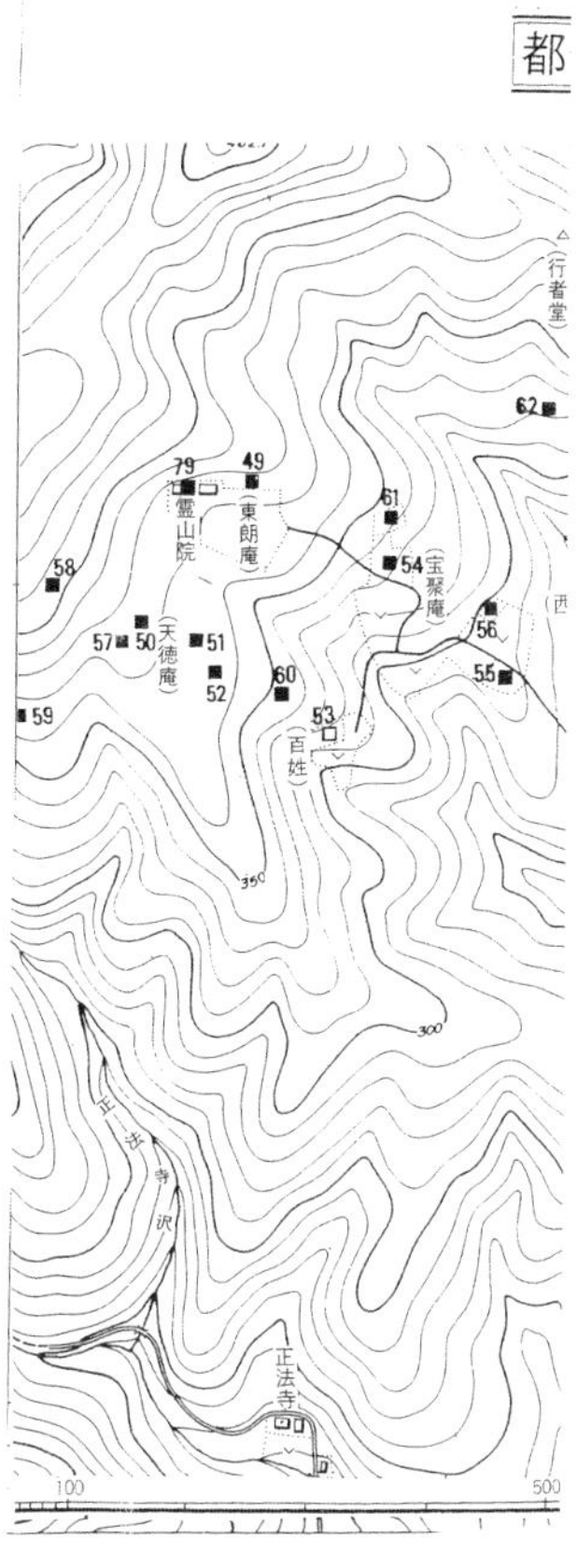

洪鐘令寄進刻、付署名於件鐘面
所也、
運増武素願成就仕、令還府本国
鎌倉
者、為御報貰（賽カ）、重令寄付仏供灯
油免、可
為一山神社仏閣再興旨、執達願文、
仍如件、
謹言　源頼朝（花押）
文治五年六月廿九日

しかして頼朝は、奥州合戦に勝利して鎌倉へ帰還する途次、その祈願成就の御礼として愛染王御供米と長絹一千疋を当寺に送っている。『吾妻鏡』同五年十月二十二日の条である。

廿二日戊申、被送愛染王御供米於慈光山、又被下長絹百疋於衆徒之中、是依素願成就也、

しかもやや真偽は疑われるのであるが、慈光文書[10]には、建久二年に頼朝が田畠千二百町を寄進したとする書状が含まれている。

伝　源頼朝寄進状
武蔵国比企郡遠一山
慈光寺天台別院

伊与《（予）》守頼義《（源）》御願依為御寺、
令再興訖、并天下之諸役神役等、
重寄進中由之事、両江・両谷津
田畠合千弐百町、永無相違之状、
仍如件、

鎌倉之右大将頼朝（花押）

建久二年　　承仕七人

衆徒七拾五坊

これによれば、源家の慈光寺尊崇は、頼義に遡るというのである。しかも鎌倉の頼朝と慈光寺とのかかわりは、『吾妻鏡』やその他の文献に見出すことができる。すなわち後白河院四十九日の仏事が修される折には、慈光寺の僧衆が参じて布施を賜わっている。『吾妻鏡』建久三年（一一九二）五月八日の条である。

八日己卯、法皇《（後白河院）》四十九日御仏事、於南御堂《（勝長寿院）》被修之、有百僧供、早旦各群集、布施、口別白布三段・袋米一也、主計充行政《（二階堂）》・前右京進仲業《（中原）》奉行之云々、

僧衆

鶴岡廿口　　勝長寿院十三口　　伊豆山十八口
箱根山十八口　　大山寺三口　　観音寺三口
高麗寺三口　　六所宮二口　　岩殿寺二口
大倉観音堂一口　　窟堂一口　　慈光寺十口

浅草寺三口　　真慈悲寺三口　　弓削寺二口

国分寺三口也、

またその後白河院の一回忌にあたっての千僧供養にも慈光寺僧衆が参じ、別当の厳耀が一方の頭を勤めている。『吾妻鏡』建久四年三月十三日の条に、それは見える。

十三日庚辰、迎旧院《（後白河院）》御一廻忌辰、被修御仏事、千僧供養也、御布施、口別白布二端・藍摺一端・麞牙一袋也、武蔵守義信《（平賀）》為行事、其儀、被定宿老僧十人、所為頭也、仍各相具百僧、点便宜道場、為沙汰饗禄等、毎百口被相副二人奉行云々、

（中略）

一方頭百僧徒之、

法橋厳耀

奉行
法橋昌寛　　中四郎惟重《（中原）》

（後略）

また建久五年十一月に、鶴岡八幡宮において、足利義兼が施主となり、一切経ならびに両界曼荼羅供養が営まれたのであるが、『鶴岡八幡宮一切経并両界曼陀茶羅供養記案』(11)によると、その十一月十五日に、将軍源頼朝と北条政子は結縁のために参詣。それには畠山重忠以下の武人が供奉しており、願文は南都の信枚（覚明）の草、題名僧六人のために、「慈光寺一口」が含まれている。

右のように、澄憲法印が常行三昧釈を講じた慈光寺は、天台別院として、関東天台の中心として隆盛をきわめ、鎌倉の頼朝もまた篤く尊崇し、鎌倉における仏事、法会にも、別当、厳耀はじめ、その衆僧を参仕せしめていたのであ

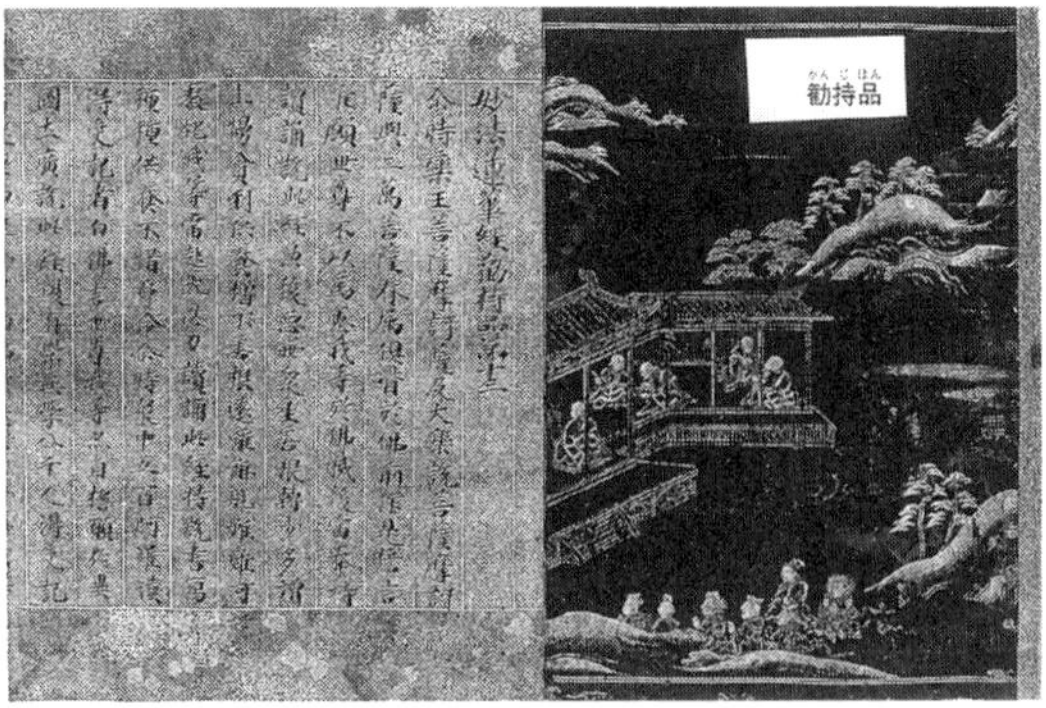

法華経一品経

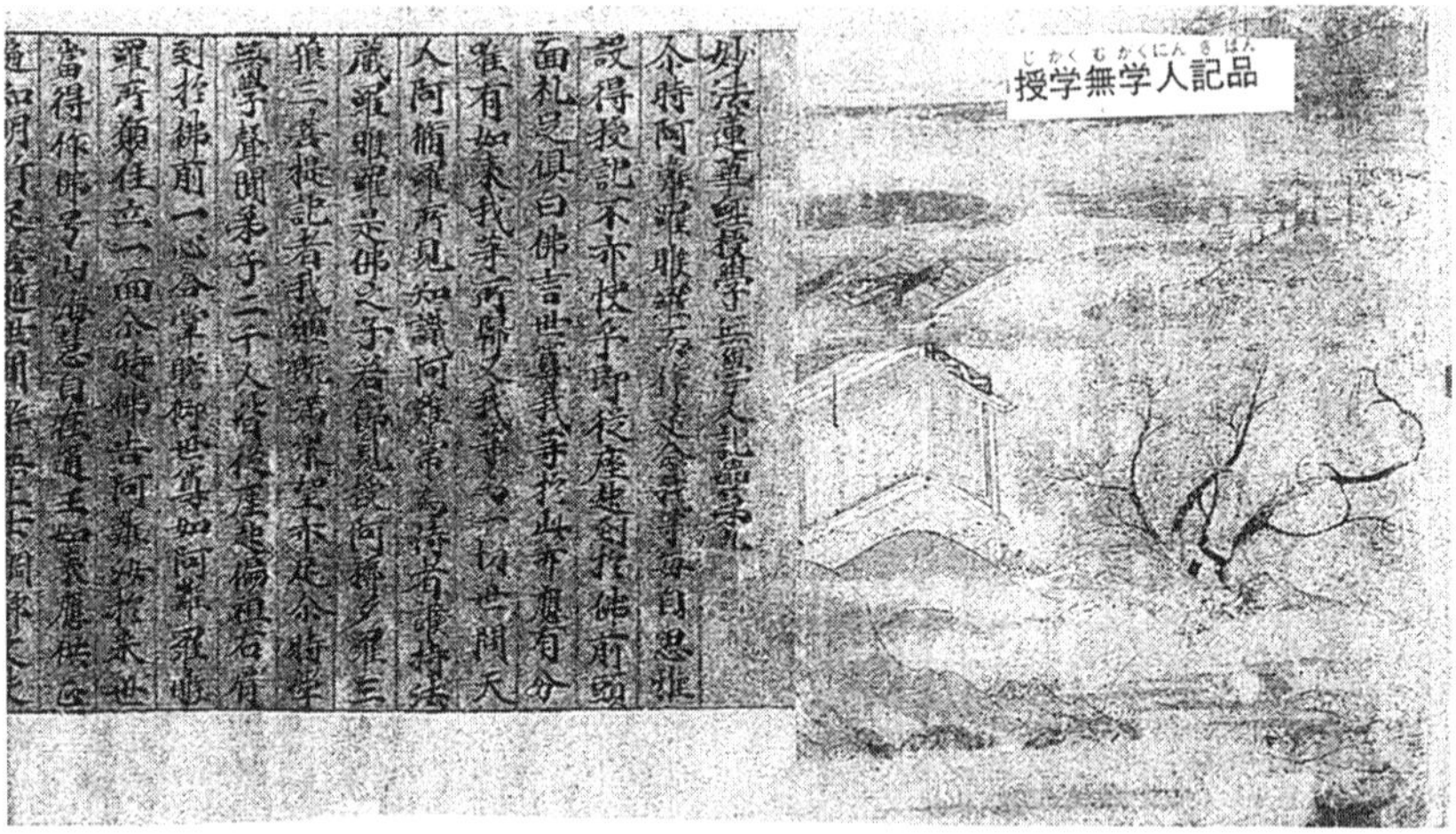

る。しかもそれは、頼朝一代に留まったものではなく、次の北条執権時代にも及んでいたものと推される。たとえば、それを想定させる一つに、「慈光寺経「法華経一品経」」の存在がある。[12] これは文永七年（一二七〇）の年記のある目録があり、それ以前に奉納されたもので、ジェフリー・ミラー氏の「慈光寺経をめぐる諸問題」[13]に収載された結縁者名は、次頁上段のようである。詳しくは、そのミラー氏の論攷にまかせるが、それは鎌倉幕府と緊密な関係をもった、関白・兼実の孫、藤原道家につらなる九条家関連の人々である。そしてそれは、道家の四子、頼経が幕府の主として、征夷大将軍であ

経巻名（文永七年の目録の順による）	文永七年目録中の結縁者名
序品	御所
方便品	五条大納言
譬喩品	仁和寺法印
信解品	宜秋門院
薬草喩品	別当僧正
授記品	妙高院僧正
化城喩品	禅林寺法印
五百弟子品	左大臣
人記品	法性寺大納言
法師品	禅林寺法印
宝塔品	十楽院僧正
提婆品	吉祥御前
勧持品	如意御前
安楽行品	大原僧正
涌出品	大政入道
寿量品	二位殿
分別功徳品	法性寺殿
随喜功徳品	法性寺法印
法師功徳品	九条殿
不軽品	持明院大納言
神力品	東光院法印
嘱累品	春日殿
薬王品	萱殿
妙音品	嵯峨入道
観音品	東御方
陀羅尼品	大原御法印
厳王品	おとど
勧発品	幸御前
観普賢経	宝寿院宮
無量義経	芝上僧都
阿弥陀経	姫君
般若心経	堀川大納言

った時期、永元元年（一二一九）から寛元二年（一二四四）頃、あるいは遅くとも目録の書かれた文永七年（一二七〇）までの間に、九条家と関東との縁によって慈光寺に収められたものと推される。

ところで、この梶井・壇那流の安居院澄憲の唱導を受容した天台別院・慈光寺の学流はいかなるものであったかは明らかではない。しかし頼朝の依託した別当・厳耀は、次頁の加藤功氏の「慈光寺と鎌倉武士」(14)に収載された略図にあるごとく、秩父・畠山重能の弟であり、重忠の叔父に当たる人物である。しかもその厳耀は、小此木輝之氏の「長楽寺の草創と開山僧栄朝」(15)によると、「栄西から皇慶以来の台密谷流を嗣いでいる」のであった。その栄西禅はともあれ、天台の学流としては、梶井流と同じく皇慶・谷流に属し、あるいは聖昭の穴太《アナウ》流に組みしたものと推される。ちなみに安居院流は、良源の高弟・覚運を開祖とする壇那流に属し、その流を繁昌させた恵光坊禅師澄豪につらなり、その澄豪は穴太流にしたがうものであった。

さてこの慈光寺において、さらに注目すべきは、かの東上州の長楽寺を開いた釈円房栄朝が、まずは当寺において出家していることである。すなわち栄朝は、永万元年（一一六五）に上野国那波郡に

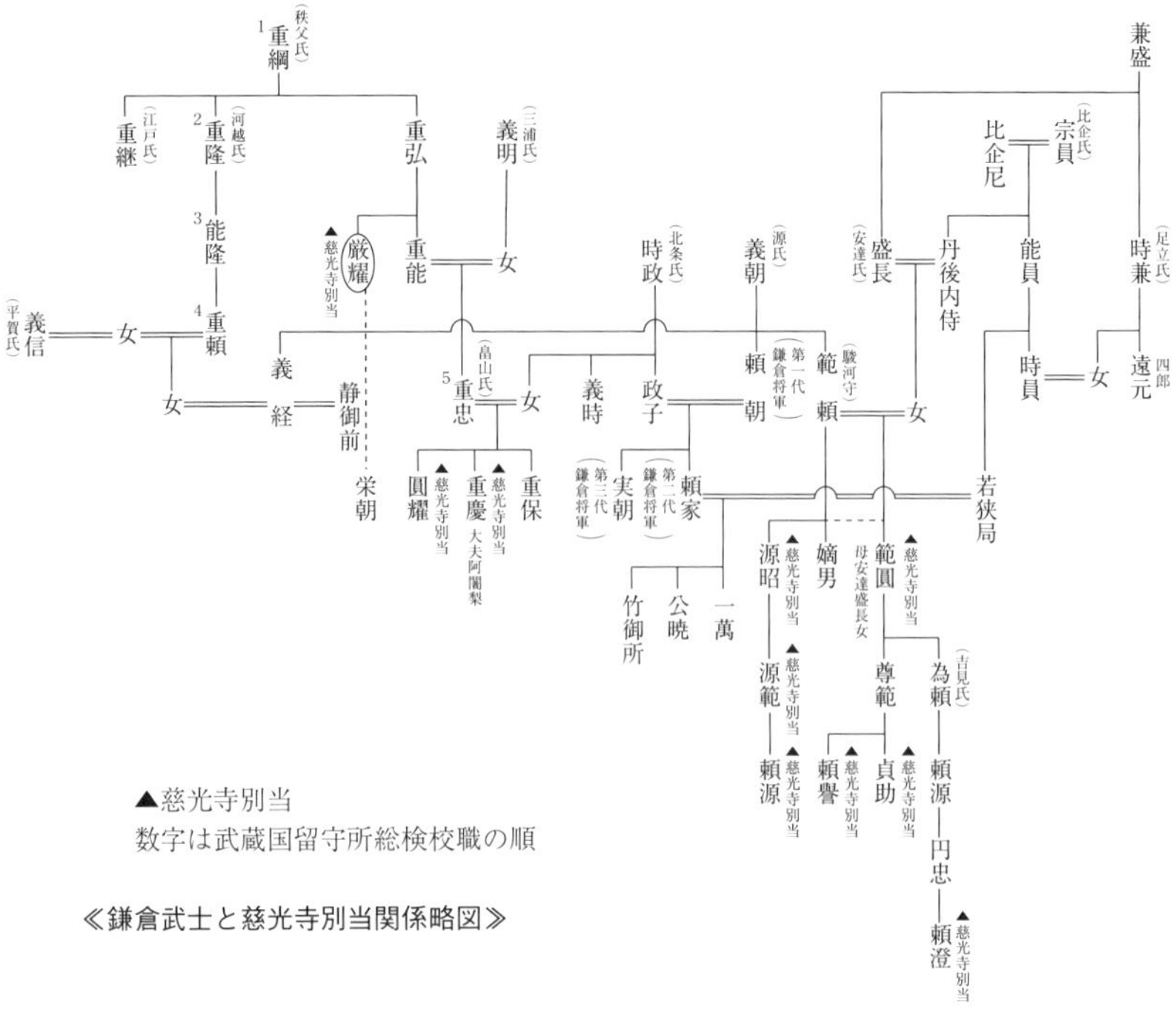

≪鎌倉武士と慈光寺別当関係略図≫

生まれ、当寺の厳耀のもとで出家し、その厳耀に準じて栄西に師事したのち、やがて慈光寺に住して、山内に塔頭として、枯華山霊山院を開創したのである。(16)その霊山院には、建久八年（一一九七）に栄朝が山内に三輪大明神を勧請したとする棟孔墨書銘が留められている。(17)

（表）婆伽梵請金毘羅神霊山会上為鎮護
　日城垂跡三輪大明神建久八丁己年禅
　師栄朝㧞拈花峰請神鎮座霊□（鷲山カ）

（裏）　三輪大明神

また寛元三年（一二四五）、栄朝が当寺に梵鐘を奉納している。その銘文は、次のようである。(18)

（一区）

奉冶鋳　六尺椎鐘一口
天台別院慈光寺
大勧進遍照金剛深慶
善知識入唐沙門妙空
大工物部重光

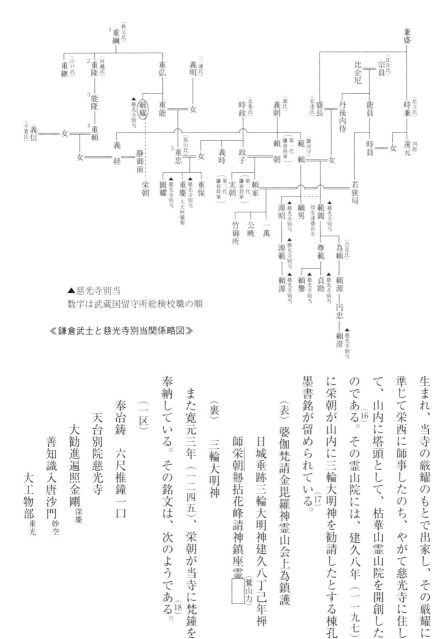

栄朝開創の桔華山霊山院

寛元三年乙巳五月十八日辛亥
願主権律師法橋上人位栄朝

(二区)

銅一千弐百斤

その大工(鋳物師)の物部重光は、当代きっての関東鋳物師の名工で、建長七年(一二五五)の年記がある鎌倉・建長寺の梵鐘(国宝)の作者として知られる(19)。

ところで、この天台別院の慈光寺で注目されるのは、時代がやや下ることであるが、鎌倉末期のこと、かの仙波・喜多院を開いた尊海が、当寺に住して説経活動を営んでいたことである。すなわち『仙波喜多院代々祖師過去帳(20)』には、次のように記事が見出される。

中興僧正尊海

中興僧正尊海字円頓、武州足立郡人、依㆓泉福信尊㆒剃染納戒志操卓犖該㆓学顕密㆒、尋住㆓慈光寺㆒、屢応㆓衆請㆒講㆓演法華㆒、永仁四年郡守某奏㆓伏見上皇㆒重㆓興本刹㆒延㆑師居焉、後上㆓叡山㆒謁㆓僧正心賀㆒諮㆓叩観道㆒、凡七年而帰、鯨棲経庫枝院衆寮

次第而成、又構二堂宇一修二虚空蔵法一、感三見明星隕二清泉上一、信尊滅後兼二主泉福一乗レ牛往還、正慶元年十一月廿日安詳而化、或言僧正加レ大莫レ可レ考、

尊海僧正　正慶元年壬申入寂　至元文三年戊午計四百七年

（後略）

それは元文三年（一七三八）に記されたものであるが、これによると尊海は泉福寺信尊よって受戒、天台の顕密を修学、当慈光寺に住して屢衆請に応じ、法華を講演したというのである。言うまでもなく尊海は、武蔵・河田谷の心尊に従い、やがて仙波に関東天台（恵心流）興隆の基礎を築いた学僧であった。今、その学流を裕慈弘氏の「慧壇両流の関東伝播」[21]にうかがっている。

所謂る中古天台、即ち慧檀両流を中心とする観

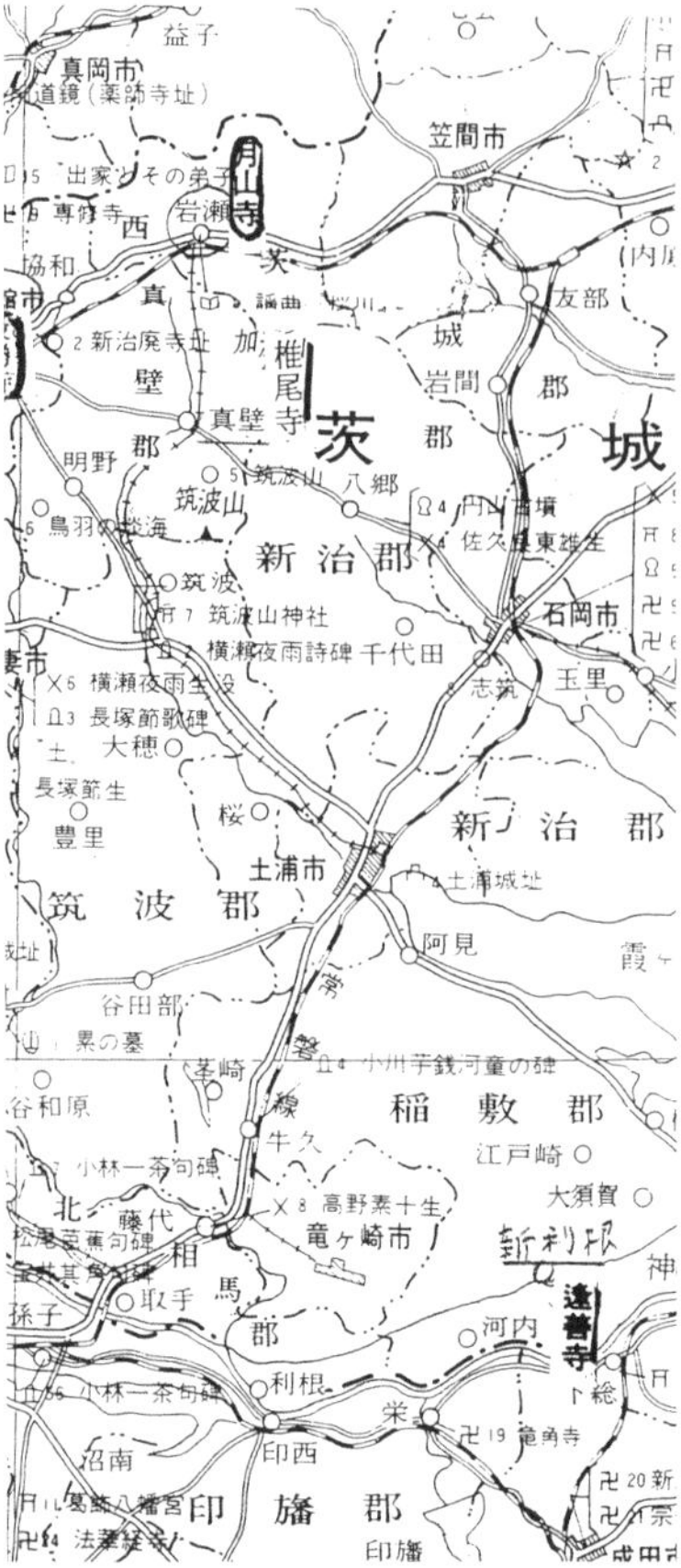

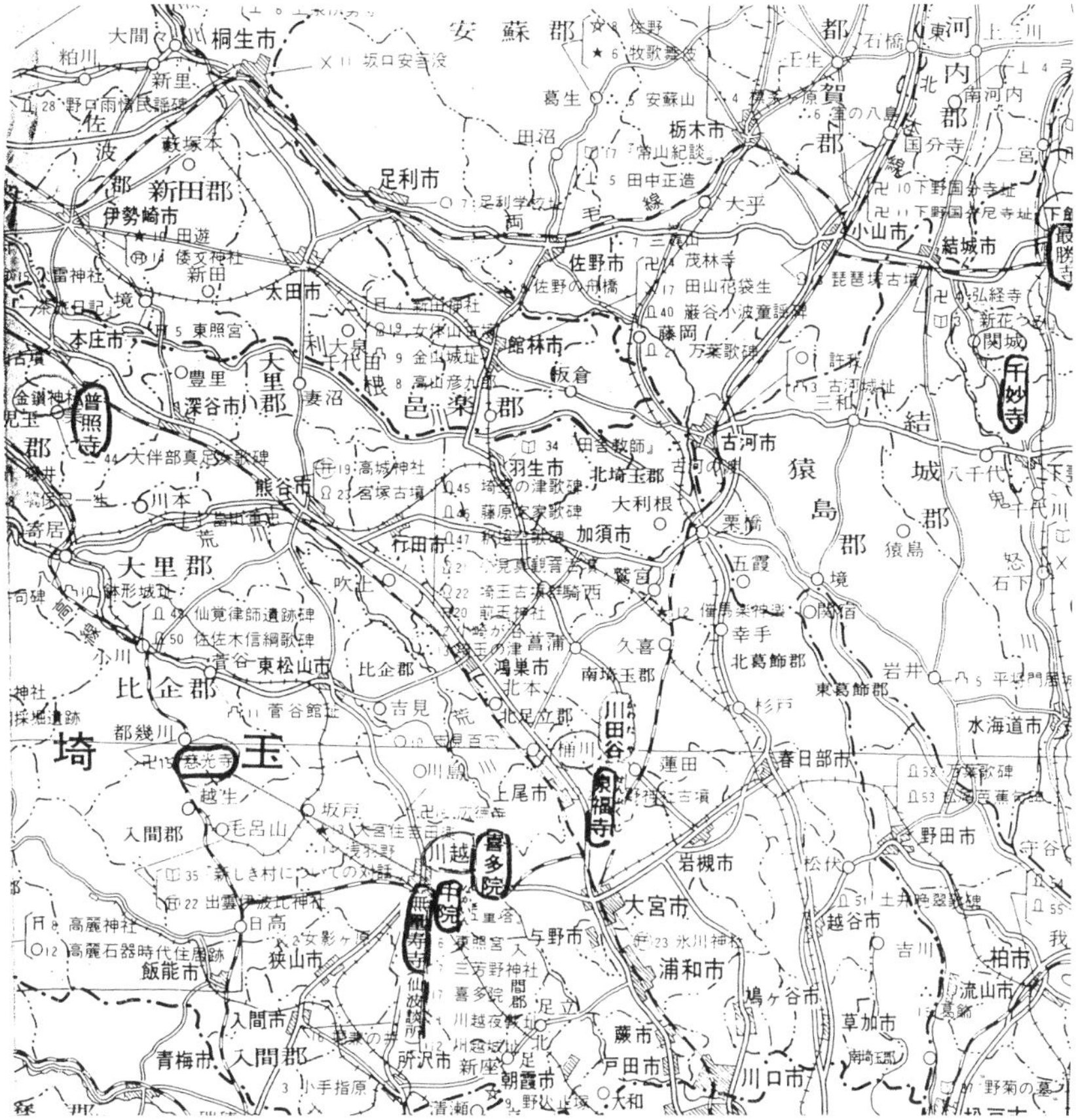

室町時代の関東天台（恵心流）談義所分布地図[23]

心主義の教學の、關東へ
の傳來については、古來
河田谷の心尊が初めて慧
心流を傳へたが、然し未
だ三重七箇の法門を傳へ
るに至らなかつたので、
其の弟子仙波の尊海が比
叡山に登つて、心賀から
之を傳へ來り、爾來仙波
を中心として大に榮へた
と云つてゐる。（中略）
次に心尊・尊海は共に慧
心流特に椙生《すぎお》流若くは行
泉房流を傳へたのであり、
また殊に尊海以來その門
葉が非常に發展して、坂
東五百八十ケ寺はみな仙
波の末寺となり、その徒

を仙波門徒といつて悉く慧心流を習つたといふのみならず、之を比叡山や京都のそれに対して田舎慧心と名けるといつて、所謂る田舎慧心といふ語は殆ど田舎天台といふ語と同義語に用ひられて居る。

これに続けて裕氏は、右のように、関東天台は、ほとんどが仙波の末寺となって恵心流に属したかのように説かれてきたことに対して、それは実態とは違っており、檀那流の教学もおこなわれていたことを指摘される(22)。つまり鎌倉期から室町初期に至った関東天台の教学は、かならずしも恵心流一色のものではなく、古くは兼修することも少なくなかったと言われる。それにしたがえば、鎌倉時代における天台別院の慈光寺は、檀那流の澄憲の唱導があり、恵心流の尊海の説経もあり、恵心流有勢以前の天台教学のメッカであったということになる(23)。

二　安居院聖覚の文化圏

Ⅰ　聖覚と関東

安居院流の唱導は、澄憲法印を開祖とし、その真弟・聖覚によって大成される。その聖覚大僧都の東国における活動を文献にたどれば、『吾妻鏡』安貞元年（一二二七）七月廿五日の条にうかがえる。北条政子の三回忌に法要における記事である。

○廿五日壬寅。霽。民部大夫入道行然為二二位家御追善一。令レ草二創梵宇一。今日遂二供養一畢。導師聖覚僧都。自二京都一令二招請一。夜前下着給。凡表白餝レ花。啓白貫レ玉之間。聴聞尊卑。随喜渇仰。非レ所レ及二言語一乎。竹御所為二御結縁一御出。相州。武州渡御。

同年七月、聖覚は京都より鎌倉へ下向。その廿五日は、新造の丈六阿弥陀堂における政子の追善供養の導師をつとめる。その表白・啓白はまことにみごとで、参会者すべての感動を誘ったというのである。

しかもこの聖覚は、鎌倉幕府と深いかかわりをもった伊豆・箱根両山の支配権をもっていたことが、はやくに指摘されている。(24)『門葉記』巻九十一の記事である。

一、桜下門跡庄園等

甘露寺在松崎

穴太園在東坂本

伊豆山

箱根山

大学寺伊勢国

国友庄近江国

安養寺丹波国

件庄園伝領之輩為尫弱之間。毎処違乱。爰権少僧都聖覚領掌之後。為小僧房領。仍経院奔達執政多以令落居了。

（中略）件領等可令聖覚僧都門跡永領掌也。

すなわち、これによると、聖覚は伊豆・箱根両山の支配権を青蓮院門跡の慈円から譲渡されていたことになる。しかして聖覚以降、安居院の嫡流は東国、北条政権となみなみならぬ関係を維持するのであるが、それは先の別稿「安居院と東国」にまかせることにしたい。

Ⅱ　聖覚と日光山別院

およそ澄憲法印の真弟・聖覚は、出家して叡山竹林院の法印静厳に師事し、やがてその竹林院の里坊なる安居院に住し、唱導の名人と仰がれた天台僧であったが、一方、法然上人に帰依して、その影響を受けたのである。その法然上人の事績を叙した『法然上人絵伝』（四十八巻本、徳治二年〔一三〇七〕～文保元年〔一三一七〕頃）第十七巻には、上人にしたがう聖覚の生涯が叙されている。その〔第五図〕に次の詞書がなされる。

上野國の國府に明圓といふ僧侍りき　遊行聖の念佛申てとほりけるをとゝめをきて　道場をかまへ念行を興行しける程に　或夜のゆめに貴僧きたりて告云　念佛申ものは　かならす極樂に往生する也　敢て疑事なかれ　末代悪世の衆生の出離解脱の道　念佛にすきたるハなし　我ハ吾朝の大導師聖覚といふもの也　法然上人の教によりて　彌陀の本願を信し念佛を行して　極樂に往生したる也とて　一期の行状　往生の次第こまかにかたり給ていまこの道場の念佛に結縁せんかために　常にこの道場にあるなり　但十一月には本所に法談の事あるによりて結縁のために必本所にかへるへし　法談以後ハ又このところにかへりて　念佛に結縁すへき也との給へり　夢さめて後　不思議の思をなし　聖覚といへる人ハいつれの所の人そ　我朝の大導師とハ何事そとたつぬるに　しりたりといふものなかりけれハ　明圓鎌倉へのほりて　日光の別當僧正の房にいたりて尋申に　聖覚法印といへるハ　京都の安居院といふ所に侍りき　天下の大導師　名譽の能説なりしかは　しらぬ人ハなしと仰られけれハやかて上洛して　安居院の舊跡をたつね　嫡弟憲實法印に夢の次第をかたるに　在世の行狀といひ　往生の次第といひ　一事として違する事なし　就中十一月一日より天台大師講を始行して　二十四日まてハ毎日の講經終日の論談也　しかるに十一月にハ本所に法談あり　結縁のために必本所に歸へきよし示さるゝ事　この講演の砌に影向の條疑なしとて　憲實法印感涙をそなかされける　明円ハ聖覚法印の墳墓にまうてゝ夢の中の歡化をよろこ

「法然上人絵伝」巻十八〈聖覚伝〉(24)

ひ　歓喜の涙をなかし　二心なき専修の行者になりにけれハ
本國にかへりてハ　自行化他のつとめ念佛の外他事なかりけり
其後ハ安居院の墓詣となつけて毎年に上洛してかの墳墓にそま
うてける一期のあひた念佛をこたる事なくして瑞相をあらハし
端坐合掌して　數百遍の念佛をとなへ　殊勝の往生を遂にけり
子息明心幼稚の程は　明圓か　後家尼　年ことに安居院の墓詣
をしけるか　明心成人の後ハ　年ことに明心上洛しけり　明心
又兼日に往生の時日をさしていすにのほりて念佛数百遍をとな
へ端坐合掌して往生の素懐を遂にけれハ　其後ハ明心か子息明
観　毎年上洛して墓詣をそしける

これによると、上野國の国府に念仏道場を構えていた朝円という僧がいたという。この僧がある夜の夢に、大導師聖覚なる人物が現われ、一期の行状、往生の次第を細かに語り、十一月には法談のために本所に帰ると告げる。夢さめて、聖覚という人はいかなる人物かを知りたくて鎌倉に上り、日光の別当僧正の房を訪ねると、その方は京洛の安居院という所におられた天下の大導師にして、名誉の能説であると教えられる。早速に明円は上洛して安居院の僧房を訪ね、嫡弟憲實法印に夢の次第を語ると、憲實は一事もたがうことなしと言い、たしかに十一月一日より天台大師講として二十四日まで、毎日の講経、終日の論談がおこなわれる、その法談のため本所に帰るとの影向の条は確かであると、感涙を流されたという。それを聞いて明円は、聖覚法印の墳墓に詣で、感激の涙を流して帰国。ひたすら念仏に励み、それは明円の後家尼からその子、明心にまで及んだとする。

ところで本稿は、右の上州の念仏聖・明円の出自を尋ねる前に、その夢に現われた聖覚上人の身元を明かした日光の別当僧正なる人物と聖覚とのかかわりを検してみる。およそ「日光山別当の房」とは、鎌倉の犬懸《いぬかけ》ヶ谷《やつ》（杉本寺の南方、釈迦堂ヶ谷の東隣）に存した日光山別院のことである。(25)『華項要略』巻三十二によると、頼朝が日光山に帰依して、その祈祷師として本坊の本覚院を日光山に構え、それが日光山を管領することになり、やがて鎌倉にも本坊犬懸谷坊を建立、ここに日光別当が住することになったのである。その元祖は、天台・慈賢僧正の弟子で、六條家顕輔の孫、顕家卿の息、尊家《そんけ》法印である。今、『尊卑分脈』をあげてみる。

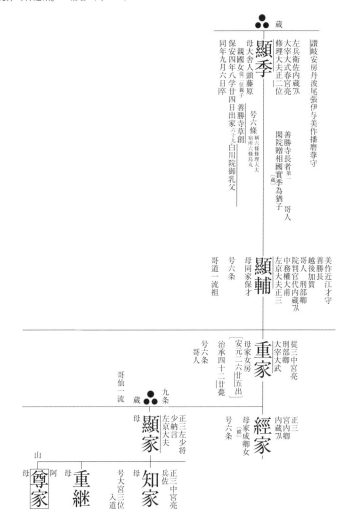

蔵

讃岐安房丹波尾張伊与美作播磨等守
左兵衛佐内蔵乃
大宰大弐春宮亮
修理大夫正二位
善勝寺長者第一
閑院贈相國實季為猶子〔蔵〕
哥人

顯季

母大舎人頭藤原
親國女従二位親子
号六條稱六條修理大夫 宿所六條烏丸
善勝寺草創
保安四年八学廿四日出家六十九 白川院御乳父
同年九月六日卒

美作近江才守
善勝長
越後加賀
哥人　刑部卿
院判官代内蔵乃
中務権大甫
左京大夫正三

顯輔

母同家保才
号六条
哥道一流祖

従三中宮亮
刑部卿
大宰大弐

重家

母家女房
〔安元二六廿五出〕
治承四十二廿薨
号六条
哥人

正三
宮内卿
内蔵乃

經家

母家成卿女〔膜〕
号六条

九条
蔵
哥仙一流

正三左少将
少納言
左京大夫

顯家

母

正三中宮亮
兵佐

知家

母
号大宮三位
入道

重継

母

山
阿

尊家

母

また『華項要略』の収載する略歴をあげておこう。

奉仕良快大僧正　慈源大僧正　道覺親王

尊家法印

入道從二位顯家卿息

慈賢僧正弟子　日光元祖　日光別當

號大貳又日光法印

仁治三年六月十日任權大僧都慈源僧正讓

寛元元年　月　日任大僧都

寶治二年　月　日敍法道覺親王讓

康元元年十月爲相州時頼姫病祈修愛染之法

文慶元年五月十日爲秋田城介入道覺智三年追

福勤曼供導師

同年八月十二日爲將軍御惱御祈御等身藥師

佛開眼供養卽日始行藥師法

同年十二月十八日依將軍御願八萬四千基塔

供養導師

弘長三年十一月十三日爲最明寺殿不例祈修法

華護摩

文永二年六月十三日於鎌倉殿爲御息所御産祈

　放光佛供養導師

あるいはまた『吾妻鏡』によると寛元年間（一二四三～四七）から文永年間（一二六四～七五）に及んで、将軍家の祈祷僧として活躍、鶴岡の供僧とかねている。(26)

この尊家法印が聖覚とどの程度のかかわりをもったかは明らかではないが、聖覚撰と擬される『言泉集』（金沢文庫蔵）(27)「三帖之二」に、次のような記事がみえる。

　高野縁起抄」

金剛峯寺建立修行縁起」

…………………

地主山王丹生大明神」（前略）

神代第七代去來嶋去來波」尊大師子也紀伊國伊都郡」*

奄田村石日降坐天野宮靜坐』二四オ

書本云」

　貞永元年九月十三日御室高野」御持佛堂供養御導師

參啓之」次抄集之了　聖覺六十六

建長五年五月八日　尊家」

文永十年三月廿四日於千秋谷』二四ワ[1]

口宿所書寫了同廿五一交了」

圓高」

これによると、この説草は、聖覚法印が御室高野の持仏堂における供養法会の導師をつとめ、その折にそれを抄して集としたものである。その貞永元年（一二三二）は、聖覚が亡くなる三年前である。それがおよそ二十年後の建長五年（一二五二）に、尊家法印が転写、それを文永十年（一二七三）に圓高にる人物が書写・校了したというのである。すなわちこの奥書には、聖覚法印と日光山別当との接点が見出される。勿論、それは直接的交渉を示すものではないが、尊家法印が聖覚の唱導活動に並々ならぬ関心を抱いていたことは明らかである。これを先にあげた『法然上人絵伝』の〈聖覚伝〉と重ねてみると、この鎌倉の日光山別院は、聖覚以来の安居院流唱導僧たちの東国における活動拠点の一つであったとも推される。

ただし、上野国の国府にあった念仏行者・明円が上洛して接したのは、憲実法印であったとすれば、その仲介の日光山別当は、尊家法印というよりは、当山二代の別当・源恵大僧正があたるとも考えられる。ちなみに尊家法印は文永十年（一二七三）十月十二日に入滅をしている。(28)その後を襲って日光山別当に任ぜられたのが、将軍頼経の三男で、尊家の灌頂弟子、勝長寿院の別当を兼ねた人物である。『華頂要略』巻三十一の略歴をあげてみる。

源恵大僧正

入道將軍大納言賴經卿三男

師主最源僧正　尊家法印灌頂弟子

法務　成恩院檢校　日光山別當　勝長壽院別當

弘安元年正月十五日爲天變御祈將軍家沙汰於

本坊修熾盛光法　奉行攝津前司入道

同年二月十五日
正慶二年六月十八日於關東本坊依將軍家命爲
異國降状御祈修七佛藥師法
同三年七月十七日依將軍家命爲天變御祈修普
賢延命法
同年十二月朔日爲雷鳴御祈於將軍家修七佛
藥師法
（中略）
永仁元年四月辭天台座主
正安三年十二月二十日依將軍家命爲異國降伏
御祈修七佛藥師法

ちなみに洛中にあった憲実法師の活躍は、別稿であげたごとくおよそ文永五年（一二六八）から正応二年（一二八九）に及ぶものであった。それは日光山別院の元祖・尊家法印の最晩年に当り、第二代・源恵大僧正の時代に及ぶのである。ちなみに源恵大僧正の入滅は、徳治二年（一三〇七）十月二十日であった。(29)

Ⅲ　上州・天台系念仏寺院

およそ『法然上人絵伝』の〈聖覚伝〉に示された上野の国府の念仏行者・明円・明心の属した寺院としては、『念仏往生伝』の著者であり、『沙石集』巻十に念仏行者としての活動を伝える「行仙房」（上野国山上《やまかみ》）を通して、当地方における専修の念仏寺院が問題とされるであろう。[30]しかし、それを鎌倉天台の日光山別院とのつながりからみると、それはかならずしも法然の専修寺院とは言えず、あるいは天台系の念仏寺院に求めるべきかとも考えられる。

これについて近年、群馬県の郷土史研究を牽引されてきた近藤義雄氏が、『群馬の浄土信仰』[31]において、前橋市南部・亀里町の天台寺院・極楽寺をあげておられる。当寺は正式には成菩提山光明院極楽寺と称されるが、俗に山号は常盤山として、常盤御前の伝説を有する。本尊は阿弥陀如来、寺伝によると平安時代の貞観六年（八六四）、慈覚大師円仁の開基とするが、その中興は心献上人（天暦二年〔九四八〕没）と伝える。およそ平安時代半ば過ぎの創建と言える。[32]永和三年（一三七七）の大般若経・奥書に、「上州群馬郡極楽寺住僧、永和三年巳正月廿八日　良舜」とあり、江戸時代には朱印三五石が与えられている[33]（今も念仏会が盛んにおこなわれている）。その本尊の阿弥陀如来座像は、平安後期の脱乾漆像である。行基作と言い、頼朝所持のものと伝える。

ところで、この阿弥陀座像が、昭和三十九年に解体修理された。その折に体内の背の部分から鎌倉末期の修理における銘文が見出されたのである。

極楽寺・本尊

銭十六貫文
奉修補□□主
□□□弥陀仏（南無阿）
浄阿　良阿　雲阿
下阿　□阿
学阿　助阿
浄空　龍阿

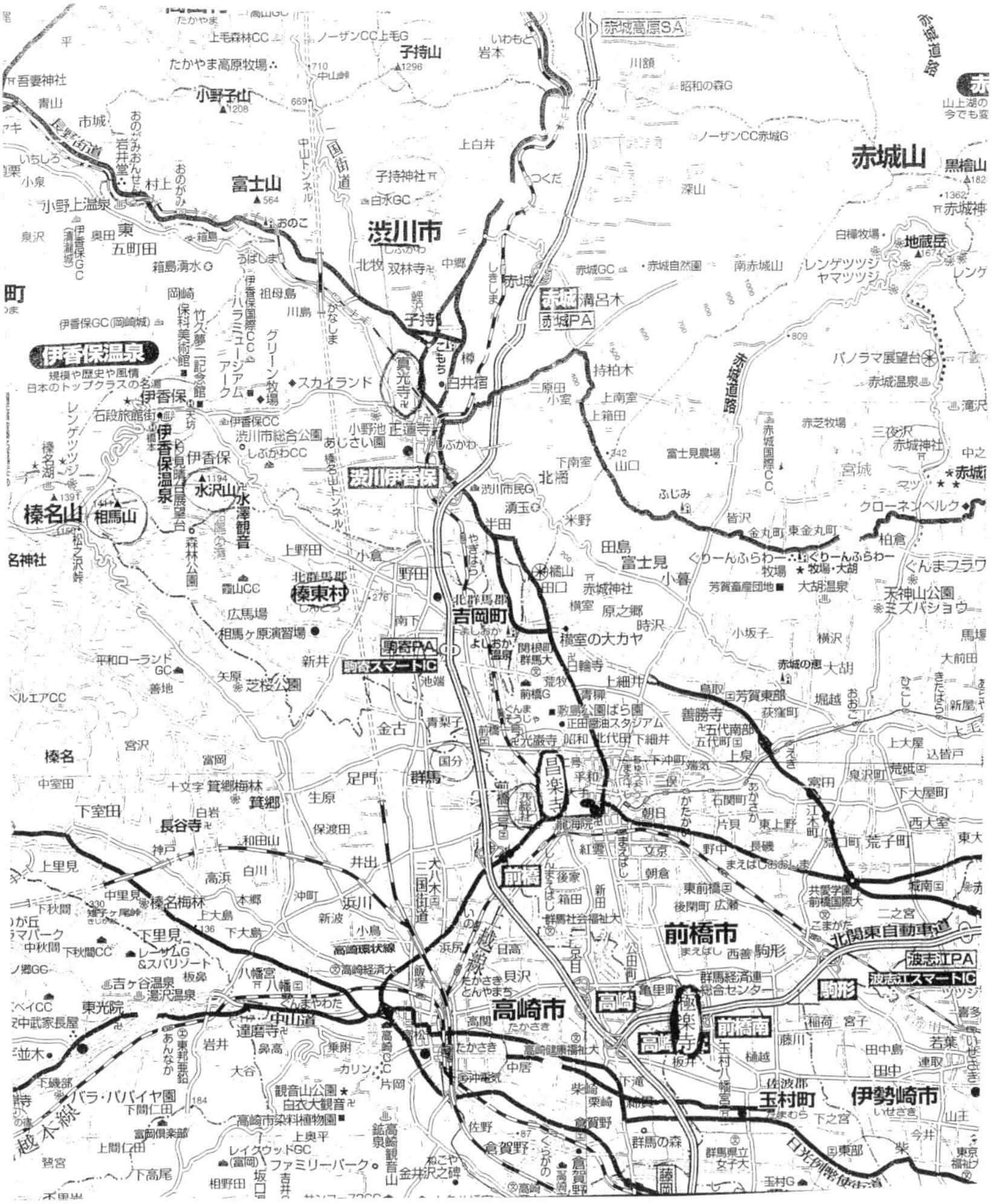
赤城高原SA
子持山
小野子山
富士山
赤城山
渋川市
子持神社
伊香保温泉
榛名山
相馬山
水沢山
水澤観音
真光寺
渋川伊香保
榛東村
吉岡町
駒寄PA
駒寄スマートIC
赤城PA
赤城道路
地蔵岳
黒檜山
赤城神社
赤城温泉
大胡温泉
前橋市
高崎市
伊勢崎市
玉村町
昌楽寺
総社
群馬
国分
箕郷
長谷寺
中山道
東光院
越線
上越本線
高崎環状線
前橋南
高崎
駒形
波志江PA
波志江スマートIC
北関東自動車道
日光例幣使街道
三国街道
上毛森林CC
ノーザンCC赤城G
クローネンベルク
芝桜公園
相馬ヶ原演習場
観音山公園
白衣大観音
高崎市染料植物園
群馬の森
群馬県立女子大
群馬社会福祉大
前橋国際大
共愛学園
群馬経済連総合センター

上州・国府周縁図

仏師静忍并長道
阿（カ）褥ス明円
正和五年丙辰三月

これについて近藤義雄氏は、次のように判じられている。

この銘文によると正和五年（一三一六）に二人の仏師により修理されたと記されている。また協力者九名中八名は「阿号」をもつ人物であるから浄土信仰の人々であり、年号の前に「褥ス明円」とあるから明円は既に没し、弟子たちが念仏信仰の名を連ねたのであろうか。明円の没年は不明である。また、極楽寺の所在地は近世まで群馬郡であった。鎌倉時代には利根川の流路も現在の広瀬川流路であり、鎌倉時代にはこの付近まで国衙領であるから明円没後なら絵伝の記す「上野国の国府に明円という僧得りき」の記録ともほぼ一致する。

すなわちこの「明円」の銘をもって、『絵伝』の「上野国の国府の明円」の念仏寺院を当極楽寺と想定されたのである。

しかし、その極楽寺の所在地（前頁・地図参照）は、「この付近まで国衙領である」とされるが、これを国府の内とみるのはやはり無理があるように思われる。それならば、国府の内にも天台の念仏寺院が見出されるであろう。その候補が、前橋市元総社の天台寺院・昌楽寺である。

当寺は、西林山浄土院昌楽寺と称される。本尊は阿弥陀三尊、弘安四年（一二八一）に珍尊法印の中興を伝える。元来当寺は、宝亀年間（七七〇～七八〇）に船尾山（相馬山麓榛東村）に建立されていたが、平安末期に千葉常胤が山王権現とともに上野の里（山王廃寺跡）に再建したものという。[34] その旧地は、「昌楽寺廻り」（昌楽寺跡）として残されており、それが慶長九年（一六〇四）に現地に移転したのである。[35] 永禄六年（一五六三）奝然書写の「草木成仏記」（叡山

浄土院　昌楽寺　本堂

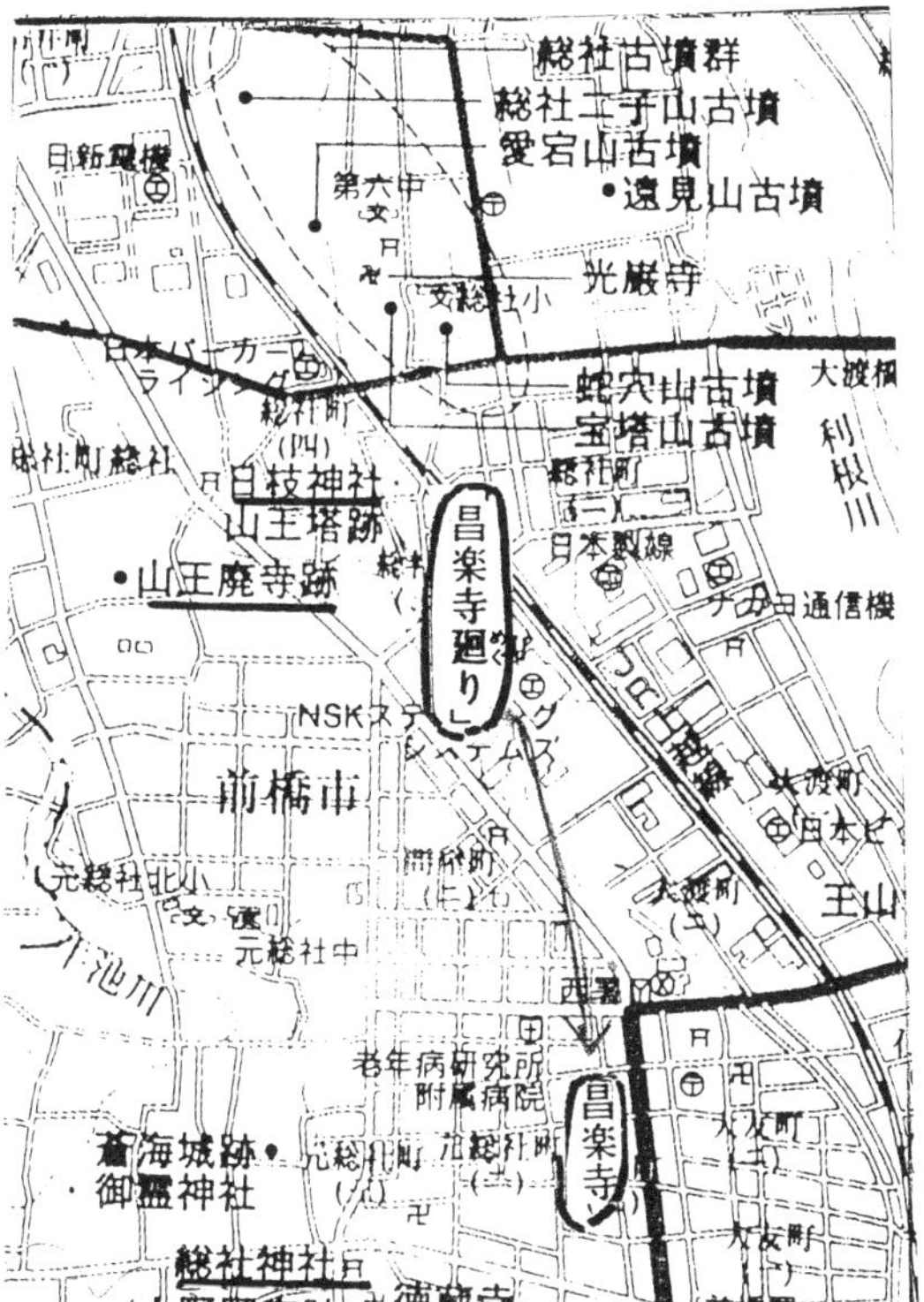

総社町周辺[36]

文庫蔵）の奥書に、「於上州惣社昌楽寺談所為祭礼用意書之」とあり、天台の談義所であったことも注目される。[36] それは山王権現を守護神とする旧昌楽寺の謂いである。浄土院を称するので、古くより天台の念仏を勧める寺院であったにちがいない。現地に移ってからも念仏が興行されていたのであり、明治十二年（一八七九）の「上野国西群馬郡寺院明細帳」[37]には、

一　境内仏堂　壱宇

念仏堂

本尊弥陀
由緒不詳
堂宇　東西四間半　南北五間

とある。また文政十二年（一八二九）の「念仏堂惣修覆寄進」の文書（群馬県之文書館蔵）などもみることができる。(38)

右によれば、『法然上人絵伝』にある「国府」の明円が営んでいた念仏道場は、先の亀有の「極楽寺」よりも、旧昌楽寺こそ、その可能性を認めるべきものと推されるのである。

おわりに――『神道集』と東国

およそ安居院流唱導僧の東国における活動は、鎌倉を中心とするものであることは、別稿「安居院と東国」において説いている。今、右のごとく、改めて澄憲・聖覚の唱導活動を検すると、やはりそれは鎌倉が中心であったことが察せられる。しかもその文化圏は、鎌倉から西の伊豆・箱根方面へ広がり、鎌倉から北の武蔵・上野方面に及んでいるように推されるのである。

これを『神道集』の編成・構成に照らしてみると、いささかの重なりが感じられる。それも物語的縁起（垂迹由来縁起・祭祀由来縁起）の配置に、その傾向がうかがえる。あえてその地域性に配慮して、その物語的縁起をあげてみる。

巻八・富士浅間大菩薩事（駿河）
巻二・二所権現事（伊豆・相模）
巻六・三嶋大明神事（武蔵）

上野国児持山事　（上野）
巻七・上野国一宮事　（上野）
上野国勢田郡鎮守赤城大明神事　（上野）
上野国第三宮伊香保大明神事　（上野）
巻八・上野国赤城山三所明神内覚満大菩薩事　（上野）
群馬桃井郷上村内八ヶ権現事　（上野）
上野国那波八郎大明神事　（上野）

この上野国の物語的縁起群に接してあげるべきは東信地方のそれである。

巻四・信濃国鎮守諏訪大明神秋山祭事　（信濃）
諏訪大明神五月会事　（信濃）
巻十・諏訪縁起事　（信濃）

これによると『神道集』の編者は、東国・鎌倉に通じる上野に拠っていたかとも推される。そこでその物語群として無視できないのは、巻二の「熊野権現事」と巻九の「北野天神事」である。しかしこれらの物語的縁起は、かならずしも紀伊や山城よりもたらされたものとは限るまい。熊野信仰・天神信仰の拠点を東国・上野に見出されるのではないかとの考えも寄せられている。(39)今後の課題とすべきことである。

（1）筑士鈴寛氏「神道集と近世小説」（『日本演劇史論叢』昭和十二年〔一九三七〕巧芸社、所収。同氏『中世芸文の研究』昭和四十一年〔一九六六〕、有精堂。柳田国男氏「甲賀三郎の物語」（『物語と語り物』昭和二十一年〔一九四六〕、角川書店、

（2）『定本柳田国男集』第七巻、昭和三十七年〔一九六二〕、筑摩書房、再収）、近藤喜博氏『東洋文庫本・神道集』（昭和三十四年〔一九五九〕、角川書店）〈神道集について〉など。

この草稿は、一旦『国学院雑誌』の編集部に入稿したのであるが、再度の検討を期してとりさげ、そのままになっていた。この旧稿をそのまま五十年後の平成二十七年八月の『伝承文学研究』六十四号に収載している。

（3）福田晃・廣田哲通編、三弥井書店。

（4）右掲注（1）の「神道集と近古小説」。

（5）中世文学会、なおこれは拙著『神道集説話の成立』（昭和五十九年〔一九八四〕、三弥井書店）に収載する。

（6）平成八年（一九九六）刊。

（7）原島礼二氏「慈光寺創建」（『都幾山慈光寺』昭和六十一年〔一九八六〕新人物往来社）など。

（8）右掲注（7）『都幾山慈光寺』所収。

（9）（10）（11）都幾川村史資料3『古代・中世史料編』（平成九年〔一九九七〕、都幾川村）第二編「中世資料」

（12）次頁の図版（写真）は、都幾川村「都幾川の歩み―都幾川村史普及版―」（平成十三年〔二〇〇一〕）、埼玉県立歴史資料館、企画展「まほろばの里・比企―慈光寺とその周辺―」（平成十八年〔二〇〇六〕）によっている。

（13）（14）右掲注（7）『都幾山慈光寺』所収。

（15）『中世寺院と関東武士』（平成十四年〔二〇〇二〕青史出版）第一章第二節。

（16）右掲注（9）都幾川村史資料3、第二編「中世史料」、同注（16）同書第一章第二節など。

（17）（18）（19）（20）右掲注（9）都幾川村史資料3、第二編「中世史料」。

（21）『日本仏教の開展とその基調』（下）（昭和二十三年〔一九四八〕、三省堂）第二章「慧檀両流の発生及び発達に関する研究」。

（22）すなわち、次のように叙されている。

次にその傳播の範囲狀態を簡單に列記すれば、

慧心流　（心尊・尊海を中心として）

武蔵河田谷、同仙波、同金鑽、下野長沼、常州月山、同伊沙塚、宇都宮、上總武射等々

檀那流

下總船橋、同大須賀、同印西、同殖生、上總八幡、相州秋葉、常陸行方、同筑波、常州小貫、奥州　鹿役、

上野赤荻、信州越地、下野日光等々

といふ状態であつて、大体に於て慧心流は武蔵國を中心として關東平野の西北部に中心を置き、檀那流は下總・上總・常陸を中心とする東部海岸地方に盛であつたやうに思へる。勿論之は一往の分類で、實際は殆どみな兩流兼學であり、兩流互に混雑してゐたといふのが事實に近いのである。

（23）室町時代における東国天台（恵心流）談義所とかかわる「法華直談集」をあげる。

1『一乗拾玉集』

叡海（上州渋川・真光寺開山）（←豪海《金鑽寺開祖》←尊海《川越中院》）

長享二年〔一四八五〕、於防州・興隆寺

2『法華経鷲林拾葉集』

尊舜（月山寺《常陸・岩瀬》四世）→（津金寺《信州》）→千妙寺・八世

永正九年〔一五一二〕、於千妙寺《『尊談』》

※『諸国一見聖物語』至徳四年〔一三八七〕亮海（千妙寺四世）

3『法華経轍塵抄』

実海（仙波・北院僧）天正二年〔一五七四〕、於北院（喜多院）

4『直談因縁集』

舜雄（下館《常陸》・最勝寺住格）天正十三年〔一五八五〕

参考

『因縁抄』（室町末、於天台談義所力）

〔一〇〕「筑波根老翁事」—常陸　推尾寺のこと。

『山家要略記』一本の奥書に「永和四年（一三七八）書写」とあり。

逢善寺文書「檀那門跡相承并恵心流相承次第」

常陸・稲敷郡新利根小野慈雲山無量寿院

(24) 角川源義氏「曽我物語ノート」（日本古典鑑賞講座『太平記・曽我物語』昭和三十五年（一九六〇）角川書店。角川源義氏『語り物文芸の発生』（昭和五十年（一九七五）、東京堂出版）第二篇「語り物文芸の発生（第二稿）」再録。角川源義氏編。「妙本寺本曽我物語」（貴重古典籍叢刊3、昭和四十四年（一九六九）角川書店）「妙本寺本曽我物語改」。『角川源義全集』第二巻、昭和六十二年（一九八七）、角川書店、再録）。

(24) 新修・日本絵巻物全集14『法然上人絵伝』（昭和五十二年（一九七七）、角川書店、転載）。

(25) 日本歴史地名大系14『神奈川県の地名』（昭和五十九年（一九八四）、平凡社）「犬懸ヶ谷」の項。

(26)『吾妻鏡』寛元三年（一二四五）三月十六日、同年三月十九日、建長五年（一二五三）五月二十三日、康元元年（一二五六）十月十三日、正嘉二年（一二五八）五月五日、文応元年（一二六〇）五月十日、同年八月十二日、同年十二月十八日、弘長三年（一二六三）十一月八日、同十六日、同十七日、文永二年（一二六五）六月十三日、同年六月二十一日の条。

(27) 永井義憲氏編『安居院唱導集』（上巻）（貴重古典籍叢刊6、昭和四十七年（一九七二）、角川書店）。

(28)(29) 渋谷慈鎧氏編『日本天台宗年表』（昭和十二年（一九三七）初版、昭和四十八年（一九七三）再刊、第一書房）。

(30)『群馬県史』通史編3（中世）（平成元年（一九八九）群馬県）「概説・中世上野の社会と文化」参照。『法然上人絵伝』第廿五・第十四には、上野の国の〈大胡小四郎隆義伝〉が付されている。また『念仏往生伝』第四十六には、「上野国大胡小四郎秀村」の往生伝が収められており、「以二源上人消息一為二亀鏡一」など、法然の法系の時代に属することを示している。赤城山麓の大胡地方に、法然の法系につらなる念仏行者のあったことが注目される。

(31) 平成二十年（二〇〇八）、みやま文庫。

(32)『ぐんまのお寺』（天台宗Ⅰ）（平成十一年（一九九九）、上毛新聞社。

(33) 日本歴史地名大系10『群馬の地名』（昭和六十二年（一九八七）平凡社）「極楽寺」の項。

(34) 右掲注（33）同書「昌楽寺」の項。

(35)『群馬県の歴史散歩』（平成十七年〔二〇〇五〕、山川出版社）による。

(36)右掲注（33）と同じ。

(37)丑木幸男氏編、平成七年〔一九九五〕、群馬県文化事業振興会。

(38)青木祐子氏の教示による。

(39)わたくしどもは、平成二十年以来、『神道集』注釈研究会（石井行雄・大島由紀夫・小助川元太・山本淳の四氏、および福田）によって、その注釈を進めている　そのなかでの意見である。いずれそれは注釈書において示されるであろう。

第四章　安居院作『神道集』の編者〈その二〉——西上州の天台文化圏

はじめに——天台・壇那流の行方

前章であげたように、北武蔵の山中、都幾《とき》山にあった一乗法華院慈光寺は、平安末期から鎌倉時代にかけて、天台の別院として、東国の天台教学のメッカであったと言える。実は天台壇那流に属する澄憲法印の唱導活動もそのなかにあったのである。しかしその天台別院は、かならずしも壇那流一派の教学の中心ということではなく、恵心流のそれを含んだ天台教学の寺院であった。それゆえに鎌倉時代半ばには、やがて川越・仙波・喜多院を中心として、東関東に恵心流の教学を拡散させた尊海僧正の当寺における説経活動があったのである。しかして室町時代に至り、仙波を拠点とした恵心流の天台教学は、関東一円を席巻するほどに展開することになる。

しかしそれに先立って、慈光寺別当・厳耀に従った栄朝は、厳耀に準じて鎌倉の栄西に師事、当山に枯葉山霊山院を開創するとともに、承久三年（一二二一）、東上州に天台寺院・長楽寺を開く。その教学は栄西に従うものであったが天台教学を継承するものであり、栄朝流という独自の教学を展開したのである。しかしてその天台教学も、栄西のそれを継承するもので、恵心流よりも壇那流に通じるものであったと言えよう。

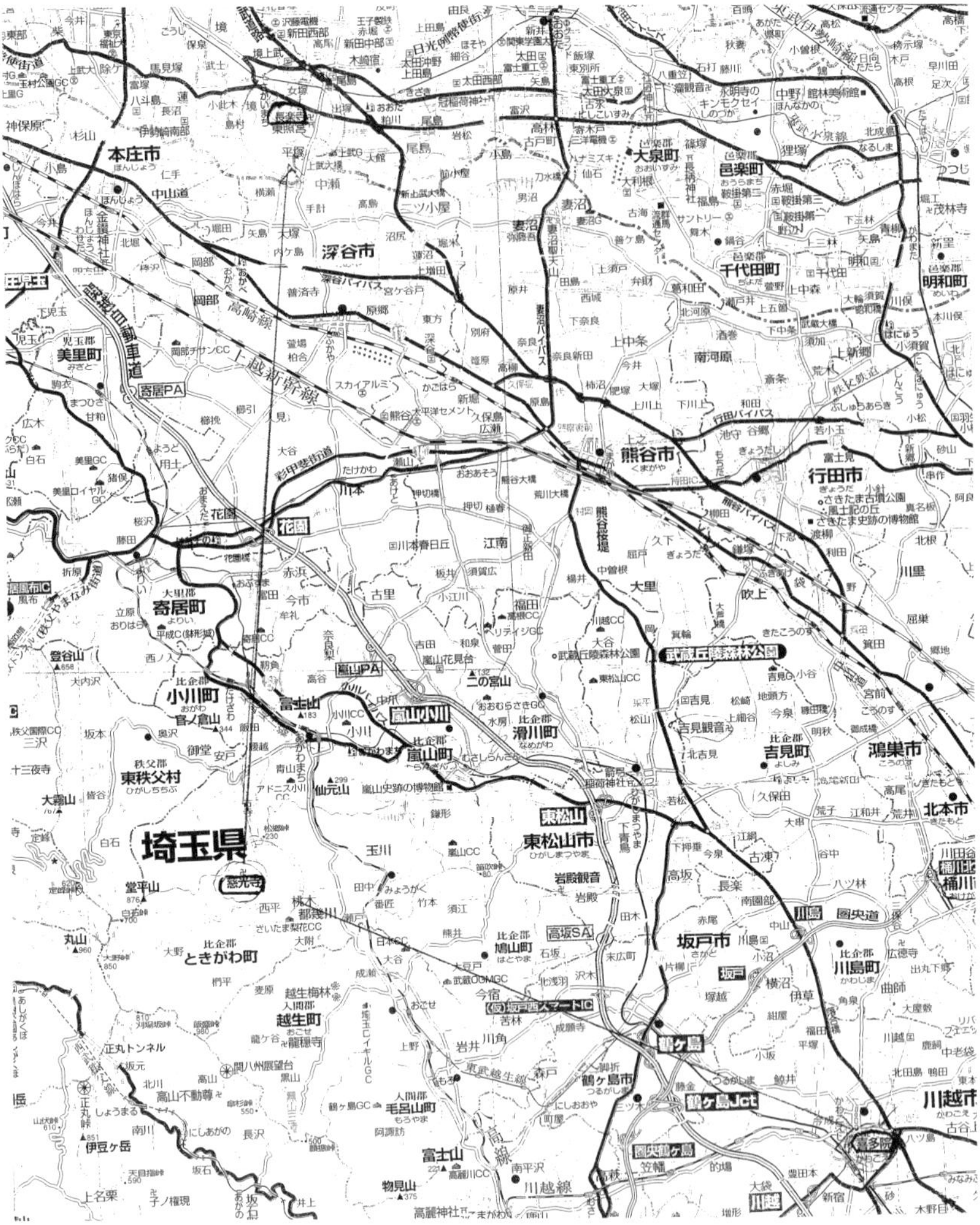

天台別院・慈光寺の文化圏

長楽寺　三仏堂

三仏堂本尊（阿弥陀如来）

一　上州・長楽寺の天台教学

Ⅰ　台密十三流のなかの栄朝

さてここで、小此木《おこのぎ》輝之氏の『中世寺院と関東武士』(1)をたよりとして、栄朝に至る天台教学の法脈を検してみる。小此木氏は、その第一章第一節の「上野国と天台宗寺院」のなかで、平安時代の浄土院・緑野寺以来の上野・天台教学の展開をたどり、中世以降の赤城・榛名山麓における神仏習合の天台寺院をあげ、それを受けて、

このような状況の中で長楽寺栄朝の果たした役割は大きいといわなければならない。(中略)彼は台密谷流のうち、蓮華流・葉上流などを中心に川流や東密の一部をも伝えた。

と説かれる。本稿を進めるには、ここにあげられた天台教学の流派の理解が必要である。したがって、それを『密教大辞典』(2)によって確認することから始める。

まず、「台密十三流」をみる。それは次のように説かれる。(以下、傍線、傍点は筆者)

台密根本三流中の根本大師流(山流家)・智證大師流(三井流)の二流と、慈覚大師流の法系を汲める川流と、同じく慈覺大師系統の谷流より出でたる院尊流・蓮華流・佛頂流・智泉流・穴太流・味岡流・三昧流・法曼流・功徳流・梨本流の十流とを併称す。台密法流には此外、谷流の法系中に大原流・廬山寺流・雙厳房流・葉上流・黒谷流等あれども、十三流の中には攝めず。

しかしてその法系が図示される。

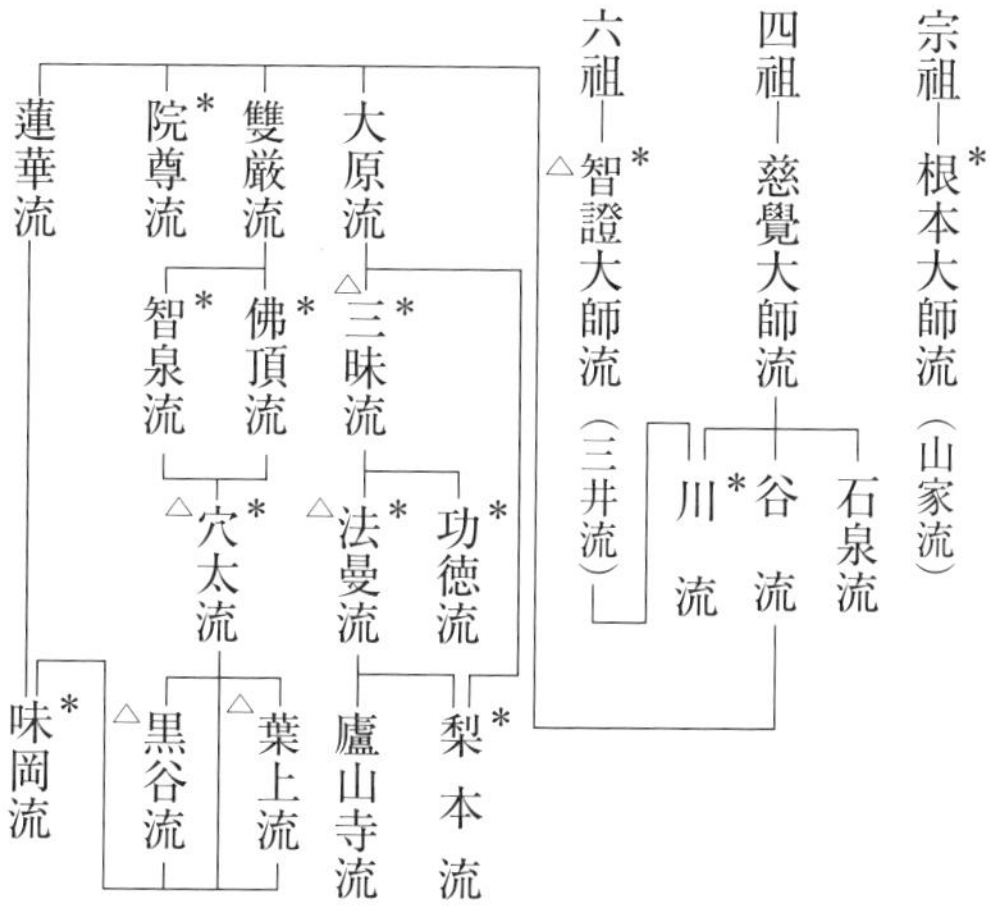

（備考）表中＊印は十三流、△印は寺山六流。

繰り返すことになるが、「四祖」より「慈覺大師流」、それから「石泉流」「谷流」「川流」が分脈。その谷流から「大原流」、そして「梨本流」、また「雙厳流」から「穴太流」「葉上流」、さらに「蓮華流」から「味岡流」が分れるとある。

次に谷流をあげる。まず「台密に於ける事相の一流派。池上阿闍梨皇慶を流祖とす。叡山東塔南谷井ノ房に住したるよりこの名あり。良源並に慶有より葉山系の正統を伝へし覺超の法流を川流とするに対す。皇慶は東塔院静真に師事して台密四祖慈覺大師の法系を伝へ、慈覺大師所伝の秘訳を得たり。又鎮西に赴き背振山に登りて、景雲に随ひて密灌に浴し、東密の法流も伝ふ」とある。しかして「川流は後幾何もなくして衰へしが、谷流は益々盛大に赴き、更に幾多の支流を出せり」とあり、「即ち十三流の中」「悉くこの法系なり」とする。したがって。その法系は、先の「台密十三流」の委せて、それをあげることはない。

次に川流をあげる。「台密に於ける事相の一流派」「比叡山横川なる壇那院の覺超を流祖とす」「而して谷ノ流は幾何もなくして漸次衰微せり」とある。そしてその略系は次のように示される。

良源—慶有—覺超—嚴範—敬深—陽宴—相實(合行)
覺超—慶鏡—藥奉—延懷—智能—實圓—慶懐—忠慶—基好—榮西—胤慶(離作業)

次に蓮華流をあげる。「台密十三流の一。蓮華永意を祖とす。永意は谷流祖皇慶並にその資長宴に受法せし法匠にして寛治年間の人なり。(中略)蓮華院忠済は大に当流の密軌を集大成せりと稱せらる。忠済は更に穴太の聖昭に受諾し、之を胤慶に伝へ、聖豪を終て栄朝に至る。栄朝は葉上房栄西の法資なるを以て、慈に葉上・蓮華両派併伝せらるゝに至れり」とある。その略系は次のようである。

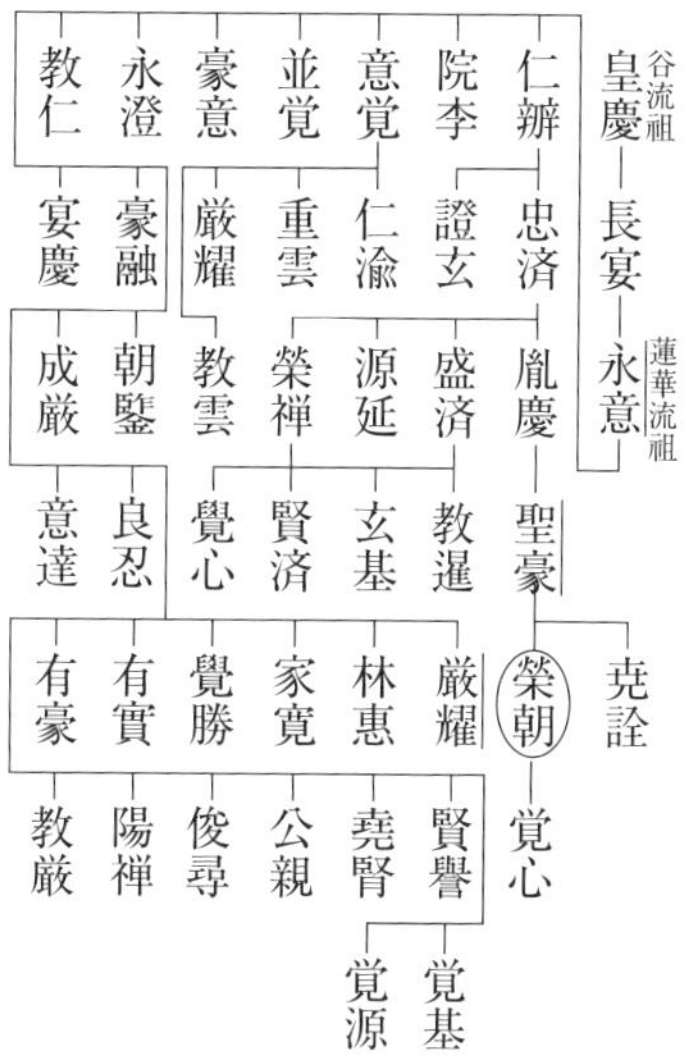

次に穴太流である。「台密十三流の一、谷ノ三流の一。行厳の資大慈房聖昭を流祖とす」とある。次いで「谷ノ流の祖皇慶の付法に頼昭あり、その下に行厳・覚範の両匠出で佛頂流・智泉流を開く。聖昭は師行厳より佛頂流を受け、更に覚範の資院昭及び其資行玄より智泉流を傳へ、此の両流を兼綜して一派を立て穴太流と称す。叡麓穴太《あなふ》に住せしに由る。當流は現時も相傳せられ、此流の行軌によりて密行を修するもの多し」と叙す。しかして法系は次のようである。

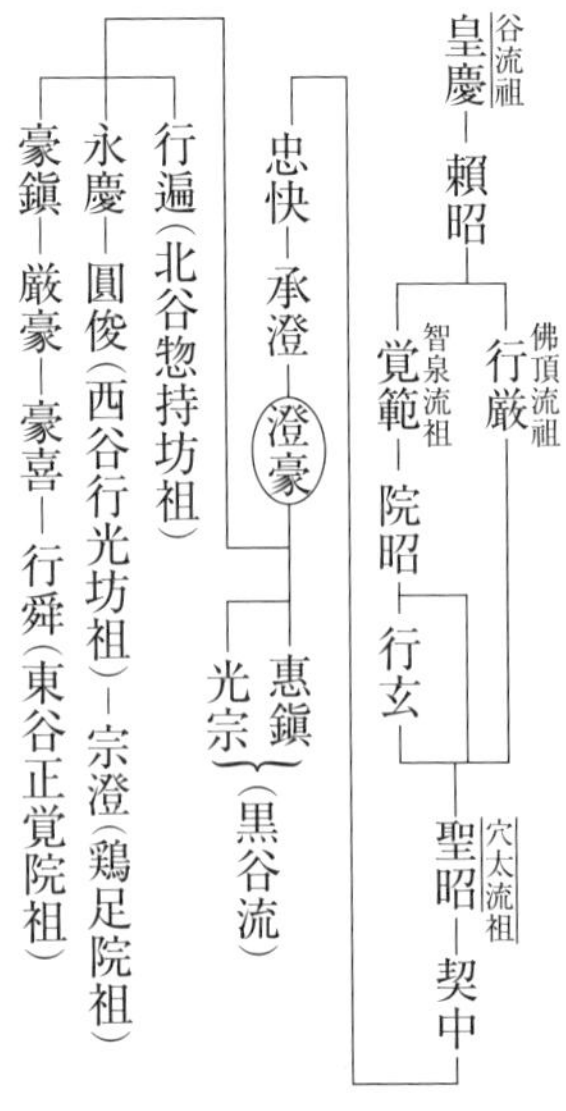

ここでようやく、栄朝に直接つながる葉上流をあげる。「台密十三流の一なる穴太流の法系なり。葉上房栄西を祖とす。栄西は（中略）谷川両流を兼学せり。東塔東谷葉上房に住して一流と開きしかば葉上流と称す。（中略）またこの法統を建仁寺流と称す。（中略）栄朝は聖豪に随って蓮華流を兼伝し、之を上州世良田長楽寺に伝ふ」とある。しかして法系は次のように示される。

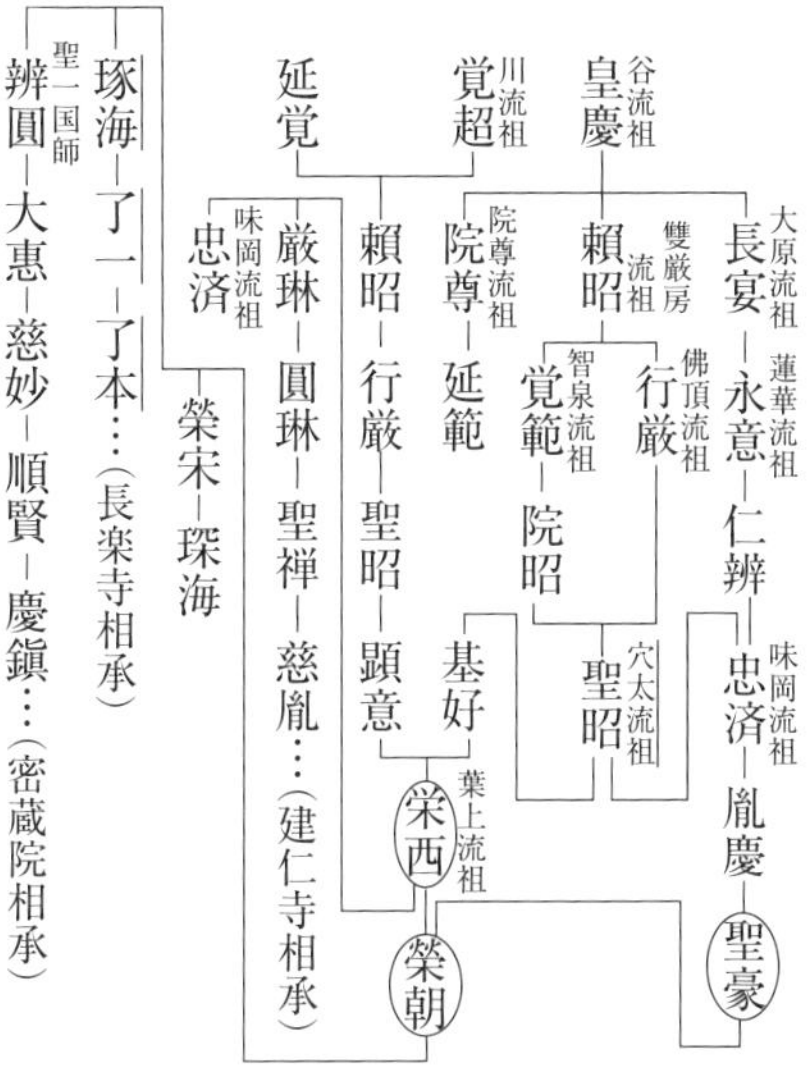

なお、小此木氏があげられる「東密の一部」とは、同氏が同じく第二節「長楽寺の草創と開山僧栄朝」の項で、「さらに「東寺天台大血脈図」によれば、禅栄から真言宗小野流の血脈も相承している」との叙述とつながるものと察せられる。

Ⅱ　栄朝の法脈

およそ小此木氏は、右にあげた「長楽寺の草創と開山僧」の項において、「蓮華院流血脈譜裏書」の〈栄朝伝〉をあげて、その法脈を説いておられる。今、その〈栄朝伝〉をあげる。

世良田長楽寺開山釈円坊栄朝

上野州那波郡人　依慈光山厳耀別当出家同受法灌頂。号大勧進上人。

次随建仁開山葉上僧正栄西。受鉢具足成僧、同受法灌頂、則穴太流也。栄西以黄龍(慧南)袈沙直付授之、今世良田大光庵在之、

又奉値奉武州岡部即成坊(聖豪)、蒙再三呵責、重受則蓮華院嫡々相承之、法全和(唐青龍寺)嵐三衣並谷阿闍(皇慶)梨所持鈴・杵・明鏡・輪・宝螺・金錍・宝冠・一流聖教等、悉以付属之、今普光庵在之、

又云、慈覚(円仁)大師尊像弁七社影像、当流灌頂式送之ヲ了義、

栄朝の出自、そして慈光山別当の許における出家、受法については先にふれた。ここでは「大勧進上人」と号されたことを記す。ついで厳耀の師、建仁開山・栄西に葉上流を受法したこともすでにふれている。ここでは受鉢具足戒の僧となったと記す。その受法・灌頂が穴生流の法系に属することは、先の『密教大辞典』の「穴生流」であげている。その栄西から下賜された黄龍袈裟は、今に「大光庵」にあるという。ちなみに大光庵は、栄朝の住した塔頭である。(3)

次に武州岡部の即成坊(聖豪)に出会い、厳しい指導を受けて、重ねて蓮華院の法系を相承するとある。これも先の『密教大辞典』の「蓮華流」でみたことである。その証拠として「法全和尚三衣」「谷阿闍梨所持」の鈴・杵から一流聖教など、すべて栄朝に付属されたという。それは今に「普光庵」にあるという。その普光庵とは、栄朝から円爾弁円を経て、深海(長楽寺五世)へ伝授された密教灌頂を伝える道場であった。(4)

また慈覚大師尊像・七社影像を伝え、「当流灌頂式」は、これにもとづくとある。これは栄朝の法脈が、「慈覚大師流」をも兼修することを言うのであろう。改めて『密教大辞典』の「慈覚大師流」をみるに、「台密根本三流、台密十三流の一。慈覚大師円仁を祖とす」とある。しかして円仁の略歴をあげ、その法脈の大系を次のようにあげる。

胎金蘇三部相承　恵果
　義操―義眞(胎・蘇)
　法潤―法全(胎)
　惠則―元政(金)
　辨弘―全雅(金)
　―圓仁

悉曇相承
　宗叡(中天相承)
　實月(南天相承)
　―圓仁

次いで、「その説くところ密教に重きを置き、(中略)慈覚門徒は比叡山延暦寺を本據として之を宣布せり」として、その略系を示す。

圓仁
　安慧―長意―玄昭―玄鑒―(中略)―良祐―相實
　安然
　　玄昭―尊意―智淵―明靖―静眞―皇慶…
　惠亮
　　安高―長仙―平燈
　慈叡
　　遍昭―維首―圓賀―慶圓―慶命―覚空
　常濟
　　辨日―最圓―玄昭―玄鑒―覚惠―良源…
　南忠
　　惟尙―安然―大惠―浄蔵
　　　玄静
　承雲―観秀―覺惠
　海惟―安高―長仙―皇慶―蓮好―行暹
　元譽
　　道海―貞延―覚空―長宴
　長意―相應―義性―法禅―観樹
(以下略)

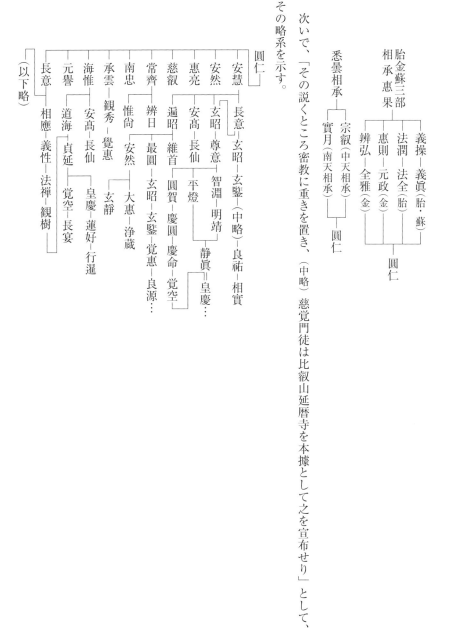

また「七社影像」とは、山王七社の謂いであろう。それを伝授する「了義」は、長楽寺九世で、主に普光庵に住した僧侶である。(5) 小此木氏は、右掲書第二章第三節「長楽寺と法流の展開」において、主に「長楽寺古文書」を引用しながら、その事跡を検証されている。それによると、その生年は正和四年（一三一五）。文和二年（一三五三）長楽寺八世の了恵(意)から「両部合行灌頂私記」の写瓶が許され、貞治二年（一三六三）同じく了恵から「秘密灌頂私記」の書写が許されている。また応安元年（一三六八）「離作業灌頂私記」を了恵の本によって書写している。さらに永徳三年（一三八三）、「慈堂大師画像賛」を記し、秀尊に与えている。この年了義は六十九歳で、長楽寺普光庵に住している。

しかもこの了義の法流が、以下にあげる一宮光明院に伝えられていることが注目される。すなわち応安元年、了恵が長楽寺にあって書写した「三昧那戒私記」の奥書には、それが永徳三年（一三八三）に、「長楽寺門前植(指)善庵」において「遍照金剛皇源」（一宮光明院）に伝授されていることが記されている。またその長楽寺了義の法流が、一宮光明院に伝授されていたことは、長楽寺の『渓嵐拾葉集』の奥書によっても知られる。それをあげてみる。

嘉暦二年十二月日、於金山院方丈記之　天台沙門光宗
永和戊年(四年)夏日、於世良田長楽寺、為令法久住書写之　遍照金剛了義
嘉応二年戊辰七月三日、書写了、　了源四十二歳
応永二十二年乙未五月十八日　皇澄二十九(二十一)歳
于時文正二年丁亥二月二十六日、書写畢。　沙門源俊

つまり嘉暦二年（一三二七）、天台の記家なる光宗が洛東の金山院方丈において記された『渓嵐拾葉集』が、上州の長楽寺に伝わり、それを永和四年（一三七八）に同寺において了義が書写、それを嘉慶二年（一三八八）に了源、ついで応永二十二年（一四一五）に皇澄、さらに文正二年（一四六七）に源俊が書写したとある。その「了源」「皇澄」「源

浅間隠山
榛名山
相馬山
榛名神社
矢立スギ
亀沢温泉
倉渕温泉
川浦
権田
倉渕
くらぶち相間川温泉
角落山
鼻曲山
霧積温泉
旧軽井沢
小瀬温泉
塩壺温泉
野鳥の森
脇田美術館
現代美術館
熊野神社
中山道
坂本
霧積ダム
坂本宿
横川SA
碓氷峠
松井田
松井田妙義
安中市
秋間梅林
みのりが丘パノラマパーク
東光院
安中原市のスギ並木
中山道
信越本線
磯部温泉
丁須ノ頭
谷急山
高岩山
妙義山
妙義神社
妙義温泉
桜の里
碓氷軽井沢
日暮山
妙義荒船佐久高原
国定公園
富岡市
貫前神社
光明院
勧学寺
実相寺
西興寺
下仁田町
信越自動車道
信州街道
(姫街道)
物語山
荒船山
鹿岳
四ツ又山
黒滝山
南牧村
大日向
稲含山
赤久縄山
物見山
内山峠
下仁田街道
大上峠
烏帽子岳

西上州の地図

俊」とは、一宮光明院の法系に属する僧侶たちである。

二　西上州・光明院の天台教学

Ⅰ　長楽寺と一宮光明院

さてここで、栄朝開山の長楽寺と西上州の一宮光明院の関係をあげることとする。およそ天台寺院・一宮光明院は、尾崎山光明院阿弥陀寺と号し、天元四年（九八二）一宮・抜鉾神社（現貫前神社）の祠官・志摩守光明の開基を伝え、長く当社の別当をつとめる寺院であった(6)。それは長楽寺の末寺に属するものであるが、西上州・長楽寺末寺を統括するほどの有力寺院であった。したがって、鎌倉末期に本山・長楽寺が衰退する折には、かわって長楽寺流の潅頂・伝受をつとめている。それは長楽寺文書の『穴太流印信物目録』の奥書によって知られる。

永正五年九月末日

自法印恵淳ヨリ慶弁ヘ付法ナリ

若モ光明院ノ仏法断絶ニ及ハ、此巻ヲ以テ可二キ相続一ナリ

其外《ソノホカ》五ヶ寺共ニ此ノ本ニ仏法ノ付属可有ル也、伝燈大阿闍梨位遍照金剛慶弁《光明院》（花押）

これについて小此木氏は、先の「長楽寺の草創と開山僧栄朝」の項において、それまで一宮光明院が長楽寺に代わって灌頂をおこなっていたが、永正五年（一五〇八）になると、それもこのように目録だけをたよりにして済ませるようになったことを示しているとされる。

また同じく長楽寺文書の(7)『都法灌頂秘録』の奥書にも、次のごとくに記されている。

上州一宮・貫前神社

同　上

右秘録者、不思議以冥覧、頼慶阿闍梨感徳求法華、然則光明院仮代之為亀鏡、奉寄進者也、依淳昌法印奉請取之、

奉授与裔存法印者也、微妙之秘書不可他見云々

亍時慶長四年乙（己）亥霜月十八日

許可灌頂之於于道場、請取之者也

大裔念之
光明院廿六ノ代住持

廿七代存秀

上野国一宮光明院住（什）物都法秘録写

（存秀）
光明院（花押）

すなわち慶長四年（一五九九）、光明院裔存が淳昌から受けとった秘録を二十七代の存秀に授け、その写しを長楽寺に寄贈したというのである。およそ慶長初年には、長楽寺において灌頂式等が全く分からなくなり、その写しを光明院からとりよせたものと察せられる。

Ⅱ　『穴太流印信物目録』と光明院

そこでかつては、一宮光明院に蔵されていた長楽寺文書の『穴太流印信物目録』を通して、光明院の法系をたどってみることとする。ちなみに「印信」は、「法門授受の証として阿闍梨より弟子に付属する」ものである。また「穴太流」は、すでにあげたごとく、谷流祖・皇慶の流れを受けた大慈房聖昭を流祖とするもので、栄西を経由して栄朝が相承するものであった。

さてその『印信物目録』は、まず「許可印信」十六通、「胎蔵伝法灌頂印信　七通　穴太流」、「金伝法灌頂印信

一宮光明院（尾崎山阿弥陀寺）

光明院（阿弥陀寺）本尊

五通　穴太流」「蘇悉地印信　五通穴太流」「合行灌頂印信　五通」「離作業灌頂印信　九通」「秘密灌頂印信　十四通」「瑜祇灌頂印信　十一通」をあげ「都法灌頂秘録一巻是付物許可云々」を添え、その奥に、

自許可印信于瑜祇印信上七十通

己上義源法印門流下云々

右印信物目録者為一流之己証雖不可及散在流布諸流許可至于秘密瑜祇都法録不胎

一紙悉授テ皇澄大法師畢

応永廿五年歳次戊戌三月十四日

勧学寺三部灌頂大阿闍梨遍照金剛皇源（花押）

とある。つまりこれは、応永二十五年（一四一八）、義源法印門流の勧学寺（光明院別院）の金剛皇源が皇澄大法師に伝授したものであった。その印信のそれぞれについては、これを収載する『群馬県史』所収（長楽寺文書）の「世良田山長楽寺聖教類」の「解説（解題）」に委せるが、そのなかでわたくしが注目するのは、最初の「許可印信　十六通」である。それをあげてみる。

一秘密許可第一谷流四ヶ秘密許可内名傳法許可 阿佐縛鈔許可下私寶菩堤院御流

一秘密許可第二法曇院　四ヶ秘密許可内

一秘密許可第三鶏足流　四ヶ秘密許可内

一秘密許可第四　四ヶ秘密許可内

一許可私記佛頂房傳　寶菩堤院御流

一許可作法佛頂房傳寶菩堤院御流先授之云々

勧学寺山門

勧学寺本堂

一許可日記 佛頂房傳　宝菩提院御流

一兩部許可密印

一許可印信 宝菩提院御流

一許可印信 胎宝菩提院御流

一許可上持明許可 宝菩提院御流 阿佐縛鈔許可上行私記

一許可私記 後廣授之 大原三部 宝菩薩院御流

一許可私記 宝菩提院御流　大原略

一金許可印信 第四　梨下

一胎許可印信 第四　梨下

一蘇許可印信 第四　梨下

已上十六通

右の十四紙「金許可印信」、十五通「胎許可印信」、十六通「蘇許可印信」の以下の「梨下」は、これが台密十三流の一なる「梨下流」伝受の印信を示すものと思われる。ちなみに『密教大辞典』でそれと確認してみる。

台密十三流の一。大原三千院門跡に傳ふる法流。同寺に梨本御所の別名あるを以て此称あり。同寺門跡第三十二世天台座主明快を祖とす。明快は叡山に登り、谷流祖皇慶に受法し、又明豪・覚運・尋叡の三師に就きて顕密の教を研鑽し、延久・承保の頃、座主慶命に法を嗣ぐ。第二祖良眞亦慶明に学び、後明快に受法し、第三十六世天台座主となる、初二祖共に名門の出にして、谷の嫡流を受け、之を門室に傳へ、以て一流を構ふるに至る。青蓮院門跡亦谷の嫡流を傳へて秘篋を襲蔵せしかば、茲に正嫡争ひを生じ、貞応より嘉暦頃まで持続せしといふ。一傳は明快・延覚・頼昭・覚範・尋仁と次第せり。

つまりこの流は、谷流の皇慶に受法する天台十二世座主・明快を祖とするものであり、後にあげる硲慈弘氏引用の「師資相承血脈譜次第」(8)によると、梶井正流につながるが、その法脈のなかに天台の記家（三聖二祖以来の日記・記録を伝習する家）なる壇那流の「義源」が存在する。それならば、これは義源のもたらした印信であることと示したものと言える。

次にもう一つ、「秘密灌頂印信　十四通」をあげる。

秘密灌頂印信　十四通 中道院御流

一秘密灌頂作法　宝菩提院御流

一秘密灌頂印信　宝菩提院御流

一通領灌頂秘密

一秘密行法私記 付不動

一秘密灌頂印信 中道院

一秘密灌頂私記 中道院

一第五灌頂密印 泉湧寺流

薄

一薄墨口決印信

一薄墨印記

一薄墨印信 兼慶付基好印信

一秘密灌頂印信

一薄墨印信

一先師遺文（基好傳榮両遺文）

一秘密灌頂密印（別時）

一印信（是不有三部都法深行之大阿闍梨ニ者不可授之云々又名ニ人形杵ト云々）

右に収める六通の「薄墨口決印信」、七通の「薄墨印記」、八通の「薄墨印信（兼付基好印信）」、九通「薄墨印信」の「薄墨」は、先の『群馬県史』の「世良田長楽寺聖教類」の「解説（解題）」によれば、平安末以降、比叡山の口伝法門における壇那流の「薄墨中道」に通じるものであるという。それならば、これも天台の記家なる壇那流の義源がもたらした印信なることを示すものと言えよう。

さてこの『穴太流印信惣目録』は、さらに続けて、「印信目録　蓮華院流　守明従子本阿闍梨伝受分」として「許可六通」「胎蔵界四通　蓮華院流」「金剛界　四通　蓮華院流」「合金行灌頂印信　八通（東福寺流）」「合行灌頂印信　九通　建仁寺流」「秘密灌頂印信　七通（東福寺穴太正流）」「秘密灌頂　三通」「秘密灌頂印信　九通（建仁寺方東福寺穴太流）」「灌頂口決　四通」をあげる。さらに「印信目録　建仁寺流　勧学寺開山俊源法印御流」として「許可印信七通」「両部印信　六通　葉上流」「合行灌頂　四通賜之」「秘密灌頂　一通」をあげ、「已上　俊源法印相承分　此内ニ都率印信交而已　廿一通云々」と記す。さらに「離作業印信　都率流　長楽寺了義和尚下（四通）」をあげ、「永和三年丁巳十月十五日於長楽寺普光庵離作業汀入壇受得記　金剛東伝沙門皇源記之」とある。さらに「別尊灌頂印信目録（穴太）」として、「阿弥陀灌頂印信　三通　餞別」「弁才天灌頂印信　五通」「大黒印信　四通」をあげ、さらに「雑部印信目録」として「寿命経汀血脈（役行者一紙）」から「不動生々而加護秘印一通」まで十二通（十二紙）をあげる。しかして、

穴太蓮華院建仁寺離作業無悟至于

尊法雑部印信

　惣己上百七十通云々

とある。その「無悟」は長楽寺九世了義の別称である。

　右のごとくそれは、蓮華院流・建仁寺流、その他の印信をあげているが、それが光明院とつながる「守明」、あるいは「俊源」「皇源」への伝受が示され、さらなる伝受の法系をあげることは注目すべきであろう。たとえばそれは、冒頭の「蓮華院流　守明従子本阿闍梨伝受分」とあれば、瑞応和尚「子本」（長楽寺方七世）からの伝授を伝えながら、「許可六通」の第一通には、

　一　胎許可　皇源卅三年忌汀皇澄執行々発病故三昧戒ヲハ能登阿闍梨鎮澄且有也

とあり、続く第二通には、

　一　金許可　一、下仁田へ皇源ノ仏法相承重秀（俊）へ付属アル事ハ光明院住持皇澄ノ意見也

とある。さらに「合金行灌頂印信　八通　東福寺流」の第五通には、

　一　五合行法　一、義源ハ光明院起立ノ人師也　源春ハ二ノ弟子守明ハ三弟子俊源嫡一也　守明ヨリ勧学寺へ付法有筋モ有也

とある。その光明院の法脈は、義源に始まるとする伝承については後にあげる。また「守明」のみならず勧学寺の「俊源法師」「金剛皇源」の伝受が示されていたことは、すでにふれている。

　右に続けて、この『惣目録』は、奥書ふうに唐以来の祖師、台密の諸流の祖や系譜、さらに光明院の系譜などが示される。それらはいずれも光明院の法脈を理解するには重要である。

　まず「山門七流」がある。それをあげてみる。

山門七流有異説本流

前唐院流慈覚大師根本　谷流皇慶　大原勝林院長宴　蓮華院流永意

法曼院流宰相法印相實　穴太聖昭　葉上流建仁寺榮西

三昧流　已上七流次第不同自谷下別云々

穴太
當流許可諸流私記在之謂

穴太聖昭　梨下明快　法曼院無動寺相實　佛頂房行嚴　鶏足流都率嚴範

大原勝林院長宴　谷流皇慶本流　前唐院慈覺大師正流　三光房　一心房都

加登上仙一條院御宇人生身観音令受合行汀　中道院秘密傳教　寶菩提院流小川承澄

。大原与勝林院一異名也云々

山門七流　東寺ニ本流　十二流又廿一流文

穴太流中鶏足流云者　即都率流也嚴範房

これは、長楽寺流・光明院への法系の源流を示したものと言える。次いで、谷流の祖・皇慶から義源、そして光明院への法脈を示す。

谷皇慶和尚有回天

長宴 大原僧都　安慶 後谷阿闍梨　院尊 聖行房大阿闍梨　頼昭 双嚴房 巳上了

義源三弟子 成乗坊法印 上野國

義源ハ八(マヽ)滿太郎義家ノ舎弟ナリ一宮光明院ハ旦那ニナリ起立シ又開山ニモナルナリ

三守明
　├宏海 播磨法印 天神能化
　└皇源—皇澄

義源一俊源
　├正源僧都
　└了惠—了義—皇源

二源春
　├清源 大雲 西方寺
　│　岡本 俊源法印ニ受兩且汀忠快汀私記傳受白翁和尚次第ノ受法源春云々
　└信源 高田北條圓應寺 助律師兩且汀受俊源従源春法印次第受法白翁和尚

應永廿五季歳次戊戌三月十六日於勸學寺
忝賜師御本誂他書寫訖　金資皇澄記
勸學寺三部都法灌大阿闍梨遍照金剛皇源（花押18）

応永二十五年（一四一八）、勧学寺において皇澄が、その師、金剛皇源の御本を書写、それに皇源が署名したものである。光明院起立の義源からの法脈の示されていることが注目される。続けて穴太流と蓮華院流の合掌があげられる。それは長楽寺流から光明院流への法系を示す。

一穴太流与蓮華院流合掌　五度合也

長宴（大原僧都）　頼昭（双嚴坊）　聖昭（穴太）　忠濟（法住寺勝林坊 / 亦住坊）　子本（那波大聖寺 / 瑞翁和尚）　守明（白翁和尚 / 西興寺）

守明 俊源　了恵（大雲）　了義（無悟）　皇源　巳上五度云々

中道院　傳教大師（止觀院）（延暦寺開山又根本大師）　諱　㝡澄　遇於大唐ニ顕宗四ヶ師結云々

道邃　道暹　智度　行滿　已上四ケ師

密宗師　善無畏　義林　順曉　㝡澄

隨順曉和尚入室瀉瓶付法云々日本眞言初也

禪宗師遇三ヶ師　行表（日本）　祖璿（天竺ニ）　儞然（大唐）

已上三師隨禪法受結云々

已上中道院

以下、「慈覚大師諱円仁」以来の八ヶ闍梨の系譜、「顕宗三ヶ大徳」「大唐四大師」「日本四大師」「穴太流二流在事」「八家伝法次第」をあげ、最後に、

伝燈住位三部阿闍梨皇源録云々
応永廿七年庚子閏正月初十日
金剛乗沙門皇澄記之
自了翁付鎮澄記之

と記す。守明の弟子、皇澄が録し、応永二十七年（一四二〇）に勧学寺の皇澄が伝写したとする。「了翁」とは長楽寺七世の了義、鎮澄は皇澄の弟子の謂いであろう。さらに最末にこの『惣目録』が永正五年（一五〇八）、光明院の慶淳から金剛慶弁へ付託された由の奥書を添えておわる。これについては前節でふれたことである。

さてこの稿の終わりに、右にあげた識語などによって、「世良田長楽寺聖教類」の「解説（解題）」が示された光明院の法系・図示をあげる。

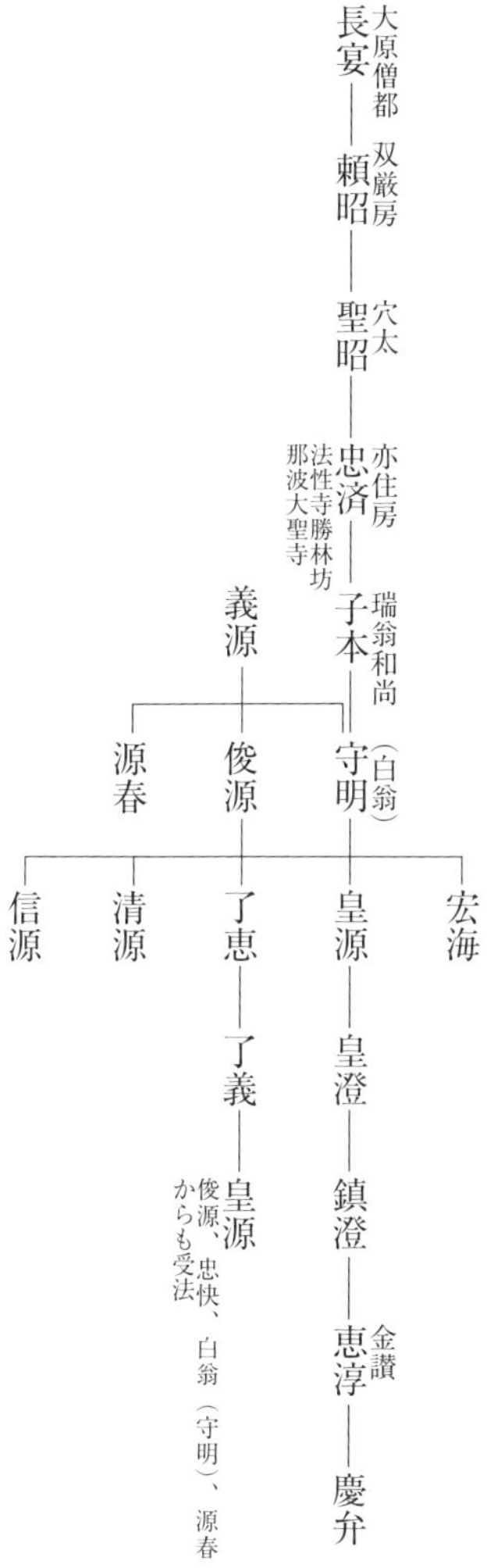

なお恵淳の側に「金讃」とあるのは、北武蔵、児玉金讃《かなさな》の大光普照寺《ふしょうじ》の謂いで、当寺は室町時代には、恵心流の談義所として、隆盛をきわめた寺院である。(9)源義家が奥州出兵の時に戦勝を祈願し、のち寺領を寄進したという伝えを有している。(9)

Ⅲ 『都法灌頂秘録』と光明院

右にあげた『穴太流印信惣目録』は、長楽寺末の光明院に蔵されていたものであった。ちなみに本書の写の一通には、「上野国一宮光明院住（ママ）物惣印信惣目録写　光明院（花押）」とある。ところで、その『惣目録』の前半の「七十通」の最後に、「都法灌頂秘録一巻是付物許可玄々」と記されていた。つまりこれは、『印信惣目録』と対をなすものと観じられていたということである。この『都法灌頂秘法』もまた、元来、光明院に蔵されていたものであることは、先にふれている。

本書は、表題もなく冒頭を闕失しているが、末尾の識語から推して、円仁撰といわれる『都法灌頂秘録』であると判じられる。その末尾に添えられる伝授系譜のなかにあげられる「義源」は延慶二年に横川霊山院明観上人からこれを受持、その口決を高弟・恵鎮に二度にわたって与えている。その内容は胎蔵界、金剛界、蘇悉地、合行潅頂、秘密潅頂、瑜祇潅頂と六分類され、その各々は伝法潅頂、阿闍梨位潅頂、自利利他冥合潅頂、内証交意潅頂に細分化されて示される。が、本稿では、その内容はともあれ、その『秘録』の伝受が光明院に至る伝承系譜に注目したい。それは『秘録』の奥書ふうによって示される。

まずそれは、「是秘々中最秘也」として、その伝承系譜が示される。以下これを「秘抄相承」〈その一〉と称して論述する。

瑜祇灌頂後能々鑒心機可授輙不可授與之
已上瑜祇灌頂四重密印畢
貞觀四年歳次壬午十二月朔乙卯十一日乙酉
阿闍梨圓仁記
貞觀四年歳次壬午十二月朔乙卯十五日巳未奉受
承雲記
元慶七年癸卯六月一日奉受
尊意記
天慶三年庚子正月廿四日奉受
安愿記
天元五年壬午九月十八日奉受
尋叡記
寛弘二年乙巳五月八日奉受
明快記
延久二年庚戌五月三日奉受
良眞記
嘉保三年丙子七月十一日奉受
仁豪記

保安二年辛丑八月四日奉受

最雲記

應保二年壬午正月十八日奉受

明雲記

壽永元年壬寅三月廿四日奉受

顯眞記

建久二年辛亥八月五日奉受

仁全記

嘉祿二年丙戌十月一日奉受

行忍記

正元元年己未八月十一日奉受

源全記

弘安七年甲申五月二日於飯室安樂谷奥房奉
奉受之畢

明源記

延慶二年配正月晦日於横河靈山院法釋房
受之畢

義源記

嘉曆元年丙寅十二月十一日奉受之畢

守明記

貞治五年丙午七月廿六日奉受之早

皇源記

應永二十五年戊戌十二月十三日奉受之畢
皇澄記
享徳三年甲戌卯月廿三日奉受之畢
什雄記

さて右にあげる「圓仁」から「義源」に至る系譜は、硲慈弘氏の『師資相承血脈譜次第』[10]にほぼ一致する。（それを傍点で示す）

付囑梨本門跡　梶井正流。
道邃和尚、傳教大師、慈覺大師、承雲和尚、尊意贈僧正、安恩内供、尋叡内供、明快大僧正、良眞大僧正、仁豪僧正、寂雲親王、明雲大僧正、顯眞權僧正
仁全法印梶井流祖師、承辨法眼同執當、源全法印同、辨全法眼、義源已上梶井流。光宗、慈顯。

右のごとく、これは檀那の門室から出た梶井門跡より発展した系譜を示すもので、檀那流に属する記家のそれを示すことである。したがって右にあげた「秘録相承」（その一）の系譜は檀那流の記家のそれを示したものと言える。しかるに、義源以下の相承は上州側固有のものである。すなわち延慶二年（一三〇九）の義源に次いで、嘉暦元年（一三二六）に守明、貞治五年（一三六六）に皇源、応永二十五年（一四一八）に皇澄、最後に享徳三年（一四五四）に什雄が奉受したとする。ちなみに什雄は皇澄の高弟である。

これに次いで、「惣許可」なるものをあげる。次のごとくである。

惣許可

惣許可
右彼秘録者前唐院之大師已來代々正嫡
之脉譜穴太流之骨目也然而什雄依
爲求法之志甚深奉授與也爾者於自今
以後者宜（カ）爲奥行密教灌頂師範而巳
享徳三年甲戌卯月廿三日
傳燈灌頂大阿闍梨位遍照金剛皇澄（花押22）

その奥書が「享徳三年」とあるのは、右の伝承系譜のそれと同じであるが、筆者を皇澄とするのが不審である。これに続けて『秘録相承』（その二）を改めてあげる。

秘録相承
阿闍梨圓仁記
貞觀四年壬午十二月朔乙卯十一日乙酉 又十五日己未云云 丑歟 亥歟 干支不審也
圓仁　承雲　第十三座主 尊意僧正　内供 安恩
尋叡内供　第卅二 明快　第卅六 良眞僧正　仁豪僧正
号梨本座主僧正
第四十八前梶井宮　第五十五座主僧正　後梶井宮　梶井根本
寂雲在東坂本之親王　明雲　顯眞　承仁　仁全
号機善院僧正大谷又座主

金剛壽院　梶井法印延暦壽執當　横川霊山院
行忽 中納言 阿闍梨　源全　明源妙観上人
横川霊山院法釋房
義源
　├守明―皇源―皇澄―什雄
　└上野一宮學頭 源春 尾崎房―俊源 上野州勸學寺―了恵 世良田山真言院―尊意

元[弘二]年甲[戌二]月[廿五]日於俊源法

それは「是秘々中最秘也」とあげられた「秘録相承」（その一）を補正してあげ、義源以下のそれと分りやすく図示するものである。その奥書は元弘四年（一三三四）は享徳三年と遡るが、書写は勧学寺の俊源とする。

なお『都法灌頂秘録』の最後の奥書は、慶長四年（一五九九）に、光明院二十六代・脩然が、二十七代の存秀に伝受した由を示すもので、これは先にふれたことである。

右のごとく『都法灌頂秘録』に付された「相承系譜」は、本書が『穴生流印信惣目録』に準じて、檀那流の記家・義源の門流なる光明院の相承することを主張するものであった。

Ⅳ　光明院と義源

さて一宮・抜貫神社の別当寺・光明院は、はやく平安時代に天台寺院として創設されたと伝える。しかるに鎌倉時代、天台別院・慈光寺にあった栄朝が、建仁寺の栄西に師事、やがて西上州世良田に長楽寺を開山するに及んで、その学流の影響を受け、長楽寺の末寺として活動することになる。その栄朝の教学は、一般には真言、止観（天台）、禅門の三宗兼学とされるが、密教祈祷的性格が強く、すでにあげたごとく、長楽寺は天台密教の穴太流、葉上流、蓮華流、味岡流の道場としての意義を有していた。この長楽寺の教学がいつ頃から西上州の光明院に及び、その末寺と化したかは明らかではない。あるいはそれは鎌倉時代半ば以降のことと推されよう。

およそ長楽寺の法系は、『長楽寺記』(10)によると、次のごとくである。

開山栄朝――第二世栄宗（開山ノ弟子）――第三世大円――第四世了一（弘安四年（一二八一）遷化）――第五世円爾――第六世琛海――第七世子本――第八世了意（延文ノ比ノ人）――第九世了義（延文元年（一三五六）～貞治二年（一三六三））――第十世了宴――……

そのなかで、もっとも光明院の学僧に影響を与えたのは第九世了義である。『禅刹住持籍』(11)によると、

　第十世牧翁諱了一
　嗣月船元応二年（一三二〇）庚申入寺歳五十八。住院八年、嘉暦二年（一三二七）丁卯四月十一日示寂、寿六十五歳

とある。しかしその活動が、正和四年（一三五一）、貞治二年（一三六三）、応安元年（一三六八）、永和三年（一三六八）に及んでいたこともすでにみた。永徳三年（一三八三）に、六十九歳で、慈覚大師画像賛しを書いているので、右の『禅刹住持籍』の叙述とは齟齬する。およそ南北朝時代に活躍した長楽寺の学僧であった。(12)

ところで、右にあげた『穴生流印信物目録』および『都法灌頂録』によると、光明院の学僧たちは、天台の記家なる義源を学祖と仰ぎ、その門流として、数々の印信を継承している。その光明院の学僧の中心は、先の「秘録相承」（その一）によると守明法印である。すなわち義源より「秘録」を相承したのは嘉暦元年（一三二六）である。その弟子・皇源が相承したのは貞治五年（一三六六）である。また「秘録相承」（その二）によると、義源の孫弟子・俊源法

印（別には一の弟子とする）がこれを相承したのは元弘四年（一三三四）のことであった。すなわち義源の教学にしたがった光明院の学僧の活躍は、同じく南北朝時代、およびその以降ということになる。

そこで改めて、『印信総目録』、および『都法灌頂秘録』の添える「義源」およびその学流の系譜を検することとする。まず『印信総目録』の「蓮華院流　守明従子木阿闍梨伝援分」にある「合金行灌頂印信　八通　東福寺流」の第五通の「五合行法」について、その系譜は次のように示している

〔系譜Ⅰ〕

一　義源ハ光明院起立ノ人也、源春ハ二ノ弟子、守明ハ三弟子、俊源嫡一也、守明ヨリ勧学寺へ付法有筋モ有也。

またその奥書ふうに添えられた「谷皇慶和尚有回天」には、「長宴」「安慶」「院尊」「頼尊」の系譜のなかで、義源の学流を次のようにあげている。

〔系譜Ⅱ〕

義源成乗坊法印 三弟子 上野国 義源ハ八満太郎舎弟ナリ、一宮光明院ハ旦那ナリ、起立シタ又開山ニモナルナリ、

三守明─┬─宏海 播磨法印 天神能化
　　　　└─皇源─皇澄

義源一俊源─┬─正源僧都
　　　　　　└─了恵─了義─皇源

二源春
├清源（大雲西方寺）　岡本（俊源法印ニ受兩且汀忠快汀私記傳受白翁和尚次第ノ受法源春云々）
└信源（高田北條圓應寺助律師兩且汀受俊源従源春法印次第受法白翁和尚）

また『都法灌頂秘録』に添えられた「秘録相承」（その二）には、「円仁」から義源に至る梶井門跡流の系譜をあげ、義源以下を次のように示している。

〔系譜Ⅲ〕

義源（横川霊山院法釈房）
├守明――皇源――皇澄――什雄
└源春（上野国一宮学頭 尾崎房）――俊源（上野州勧学寺）――了恵（世良田山真言院）――尊意

右の三つの〔系譜〕はかならずしも一致しない。が、〔系譜Ⅰ〕によると、義源の三弟子のうち、一の弟子は「俊源」、二の弟子は「源春」、三の弟子が「守明」で、これが勧学寺に伝えられたという。守明の法脈が勧学寺の「皇源」「皇澄」に伝えられたのは、『都法灌頂秘録』に添えられた「秘録相承」（その一）で確認している。〔系譜Ⅲ〕は今はおく。〔系譜Ⅱ〕をみると、〔系譜Ⅰ〕と通じながら、いささか矛盾も感じられる。その一流なる「守明」から「皇源」「皇澄」「什雄」は、〔系譜Ⅰ〕でも記されるごとく、光明院の別院・勧学寺の系譜である。しかるにもう一つの流なる「源春」から「尊意」におよぶ系譜は、先の「系譜Ⅰ」と矛盾する。それでは「源春」は義源の二弟子、

談義所・実相寺

実相寺蔵・菅原道真絵図

「俊源」は一の弟子としていた。ところが、これでは源春の弟子を俊源としているので、この方が信憑性があると言えよう。しかも義源の弟子たる源春を「尾崎房」とし、「上野国一の宮学頭」とすることが注目される。「尾崎房」とは光明院の創建を尾崎光明とする伝えによるもので、光明院直属の「学問所」ということになる。その光明院の学問所の別院が勧学寺である。しかも勧学寺は「守明」から「什雄」に至る学僧の拠点であった。しかるにこの〔系譜Ⅱ〕は、尾崎房・源春の弟子で、義源の一の弟子として伝える「俊源」を「勧学寺」と記している。おそらく光明院直属の尾崎房と、その別院の勧学寺とはそれなりの学僧の移動があったと推される。が、これが「元弘四年」（一三三四）の南北朝時代の半ば、俊源法印が記す伝承の実態である。ところで、勧学寺系統の学流の祖とされる「守明」の活動の拠点はどこにあったかが不明である。当然光明院にあったと推されるが、この義源の第三の弟子「守明」の足跡は、光明院の末寺・実相寺にある。当寺は妙法教院実相寺と称し、開山を法性坊尊意と伝え、鎌倉末期から談義所として知られた寺院である。(13) 寺歴によると、その中興が守明で、この学僧は世良田の長楽寺を出て、その法流を光明院、勧学寺、また最興寺に伝えたという。また当寺には天満宮が並立されており、当寺の記録には、正和元年（一三一二）比叡山総持院学頭守明禅師が東国巡錫の折、当寺に立ち寄るとき、道真の霊夢を蒙り、天満宮を造営したと伝える。

さてここで、光明院の学祖ともいうべき義源そのものに立ち戻る。すなわち〔系譜Ⅱ〕においては、「一宮光明院ハ旦那ナリ」と言い、「起立シ又開山ニモナルナリ」とある。これによると、少なくとも義源は、それまでの尾崎山光明寺に、ただならぬ影響を与え、その旦那として開山とも仰がれていたということになる。真偽のほどは明らかではない。果して叡山の記家として名をなした義源が、この西上州に足を運んだかどうかは、後に述べる。しかし「義源ハ八満《幡》太郎舎弟ナリ」は明らかに誤りである。しかしかの長楽寺の開基が新田氏の祖・義重の子、義季の開基とする伝承の混入とみることはできる。(14)その義重は義家の孫であり、義季は曽孫である。(15)しかして長楽寺の普門寺には、八幡菩薩立像があり、その銘には、正元元年（一二五九）源義家八代目の孫・正氏の造立が記されている。(16)また先にあげた金讃の大光普照寺には、源義家の寺領寄進が伝えられていた。義家伝説が、光明院にも及んでいたことは想像できる。

ところで、果して叡山の記家として知られる義源が、この西上州にまぎれ込むなどということがあるだろうか。その可能性を野本覚成氏の「成乗坊義源の行跡――鎌倉末比叡山の学匠――」(17)によって考えてみる。それによると、たしかに鎌倉末に生存して活躍したことは確かであるが、その行跡は不明の領域であるとされる。

義源が注目された主なる理由は、記家と称される学流としてであり、山王（一実神道）の秘典である『山家要略記』の口伝弘教者としてである。特に、当時興隆した戒灌頂家に重要な影響を与えた壇那流口伝記家の学匠として注目しているが、それは独自の密教と共に、無視できない教学なのである。（中略）義源の出身場所等は目下不明ながら彼の生涯は、若き時代から学究に満ちており、それが生涯に共通している。また、山王神道も変化しつつある時代に当り、南北朝期の比叡山を中心とした激動の社会背景も直接に影響しており、南北朝廷の争いに翻弄された晩年は、南朝系神道を唱えた慈遍（伊勢渡会神道家出身）の新しく組織された山王神道に、関東へ追いやられたかと思われるのである。

これに続けて『山家要略記』などの事跡（正応二年〈一二八九〉から観応二年〈一三五一〉に至る）をあげ、次のように述べられる。

義源が残した、これらの足跡からみると、比叡山（黒谷青龍寺慈眼坊・神蔵寺・横川霊山院・総持院）とその東麓双円寺、京都西山善峰寺、滋賀湖西和邇蓬戸、上野富岡光明院（群馬県）などに居住したことが解る。しかし、一二九一～一三〇二年の十二年間と一三五〇年の空白を推測すれば、一二九一年に梶井宮最助親王の四天王寺別当就住や翌年の総持院火災と関係が考えられる。また晩年の空白は前記の如く比叡山は南北朝の戦乱の中心となるため、恵鎮とともに鎌倉宝戒寺落成（一三三五年）に東上し、そのまま関東に居住し、諸学伝授したかも知れない。

つまり野本覚成氏によると、正応二年（一二八九）から観応二年（一三五一）までは、その事跡は確認できるとされる。そのなかに「上野富岡光明院」などの居住も認めておられる。続けて義源の寺歴をあげ、「風雲にわかに急を告げる頃、元弘三年（一三三三）慈遍は『審鎮要記』を著わして、山王神道を伊勢神道の教義から説く。翌年義源は権少僧都に補されたとみえ、『山家要略記』Ⅰに、覚林坊口決授与の三度目の奥書を記している。建武元年（一三三四）『面授口決』を叡憲に授けて以後、恵鎮に『都法秘録』の二度目の口決を与える（一三五一年、宝戒寺本で恵鎮直筆）まで、十六年間は全く不明である」とされる。しかして関東・光明院寄宿にふれられる。

さて、関東での義源は推測しかないのであるが、長楽寺文書の『都法灌頂秘録等』は、もと群馬県富岡光明院の蔵書であったが、長楽寺に寄贈された書で、このなかに義源が穴太流で長楽寺、光明院の密法流に伝法しているばかりでなく、光明院の開山であるとか、八幡太郎義家の舎弟であるとか、確定できない記述がある。しかし光明院は一宮貫前《ぬきさき》神社のかつての別当寺であり、口碑によると本社の旧御本殿であると記されていることなどかららして、『都法秘録』の伝授は、三崎良周博士（群馬県史の「解説」）の指摘どおり、顕真・仁全から義源に至る記家の血脈そのものであって、関東下向は本書を嘉暦元年（一三二六）関東の白翁和尚守明に授けたことも機縁になっているかと思える。そうすると、空白期に二度関東下向した可能性もある。

つまり野本覚成氏によると、義源の関東下向（光明院寄宿）の可能性は、鎌倉末期の正応二年（一二八九）から南北期前半の観応二年（一三五一）の間に認められるとされる。他方、野本氏は、「正応三年（一二九〇）から乾元二年（一三〇三）の六年間と、建武元年（一三三四）から観応二年（一三五一）の十五年間は奥書きが見られないので、「長空白の部分である」として、この空白時代に「二度関東下向した」可能性があるとされている。

長々しい引用となったが、野本覚成氏は「『山家要略記』属諸本と成乗坊義源の位置」(18)においても、義源の一宮光明院の活動にふれ、

その時期は奥書がみられない元弘四年（一三三四）から観応二年（一三五一）までの十七年間で、度会神道の天台僧慈遍の『天地神祇審鎮要記』三巻（一三三三）等の著書が出て、南北朝の争いで大塔宮護良親王が直義に殺された建武二年（一三三五）以後が考えられる。ともかくもこの十七年間は乱世にあり、叡山は戦場のごとき状態で恵まれず、関東（群馬高岡）に新天地を求めたと考えられる。

と記されている。先には元弘四年〜観応二年までに関東（光明院）下向の可能性を認めておられるが、これでは元弘四年（一三三四）から観応二年（一三五一）までの十七年間に認めておられる。それは慈遍の新しい山王神道説に追われるごとく、そして叡山の戦乱を逃れるためであったとされる点では一致する。

ここで再び西上州の光明院に属した学僧たちの活動の時期に戻る。すなわち「秘禄相承」（その一）によると、義源第三の弟子の守明法印がこれを相承したのは嘉暦元年（一三二六）であったとする。義源第一の弟子の俊源がそれを相承したのが元弘四年（一三三四）であった。それならば、その時期は義源の光明院寄宿時代とおよそ重なることとなる。勿論、義源の光明院寄宿の時代を確定することはできない。しかしそれは、南北の動乱がもっとも苛烈に及んだ南北朝前期、それも十年近くの滞在であったと推されよう。

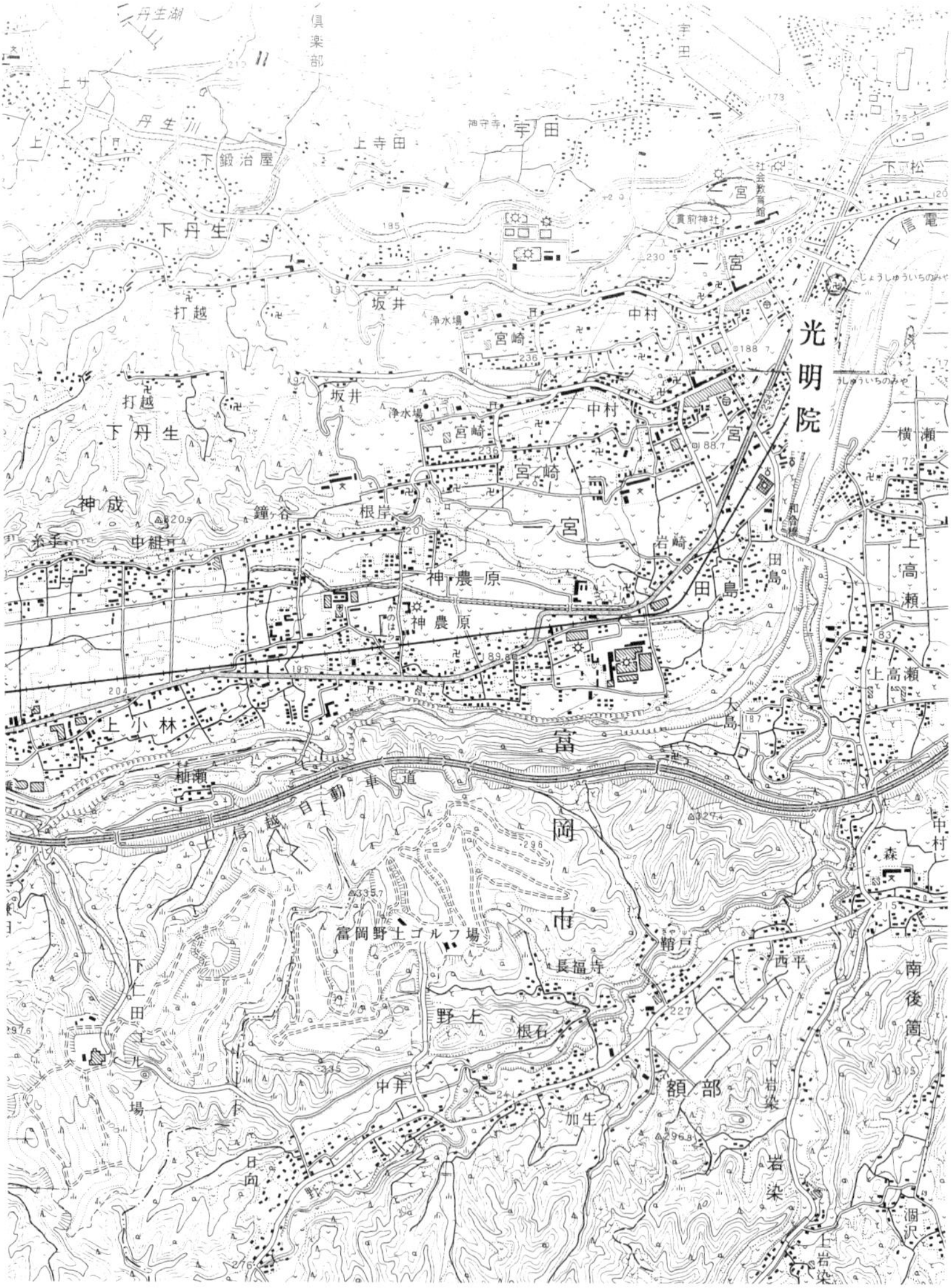

一宮光明院の教学文化圏

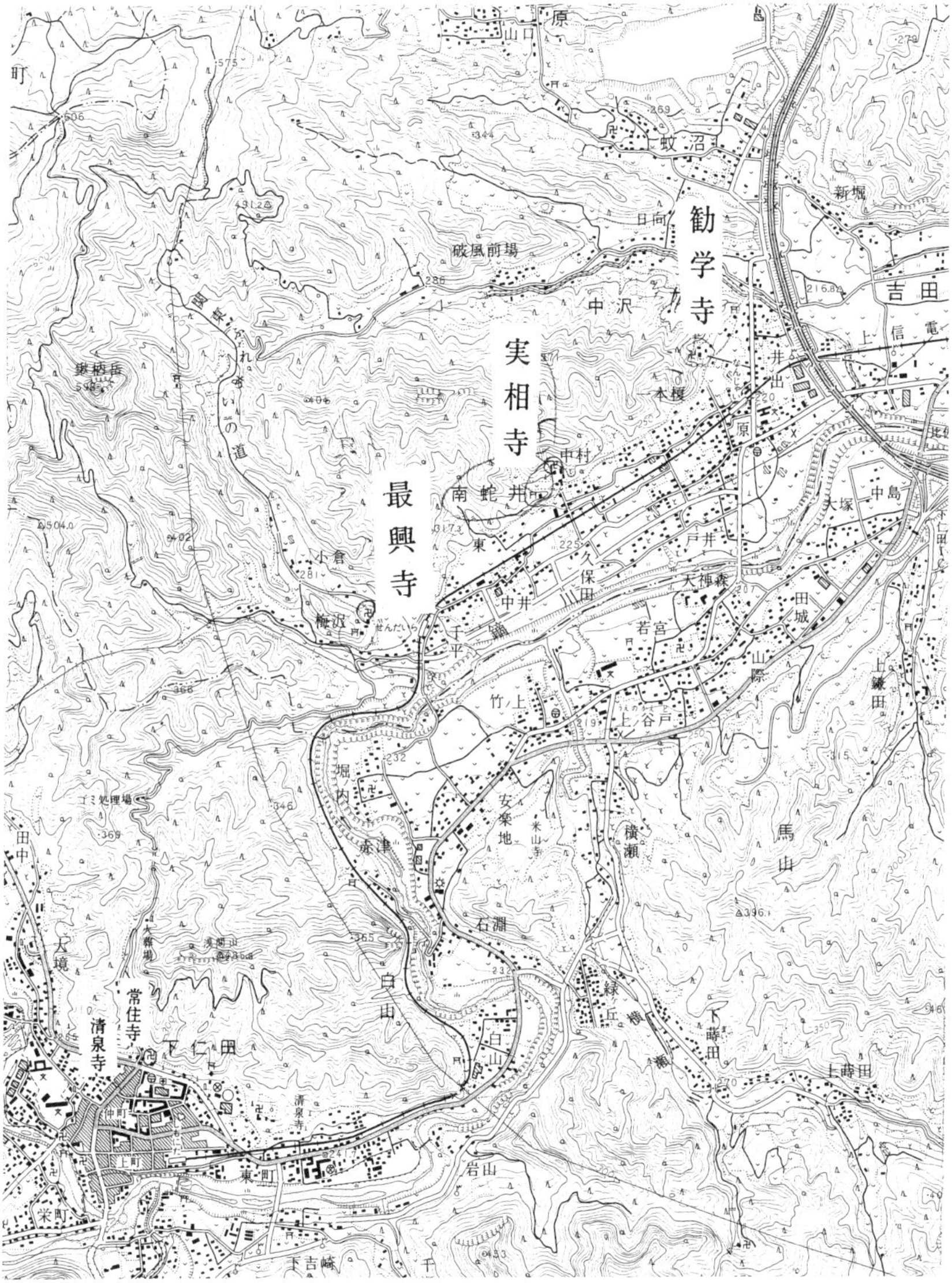
勧学寺
実相寺
最興寺
常住寺
清泉寺
蚊沼
吉田
新堀
中沢
日向
上信電
井出
一本榎
原
中村
南蛇井
東
中島
大塚
戸井
久保田
中井
天神森
田城
若宮
小倉
梅沢
千平
竹上
上谷戸
山際
上鎌田
堀内
赤津
安楽地
横瀬
馬山
石淵
白山
緑丘
下蒔田
上蒔田
下仁田
中町
上町
東町
岩山
栄町
大境
田中
下吉崎
山口
宮室かれいの道
ゴミ処理場
破風前場

おわりに——一宮光明院と安居院作『神道集』

およそ澄憲・聖覚を始祖とする梶井・壇那流の安居院の唱導文化が、慈光寺を中心とする武蔵、さらに上州に及んでいたことは、前章でみてきた[19]。それが、長楽寺末寺の一宮光明院にまで至っていたかどうかは必ずしも明らかではない。ただし右でみてきたように、南北朝前期に、壇那流口伝記家の学匠の義源が、当寺にしばらく寄宿し、この方面の天台学の学僧たちに、強い影響を与えていたということは、およそ信じ得ると言える。それならば、安居院作の『神道集』の編集が当寺においておこなわれたのではないかとの推測が生まれてこよう。勿論、当寺またはその周縁の寺院から『神道集』の原本が見出されたわけではない。ただしこれまでの論攷で、わたくしは、原『神道集』の成立を東国、それも西上州にあったのではないかと推測してきた。その西上州においては、鎌倉末期以来、長楽寺流の天台教学が隆盛ときわめ、その中心に一宮光明院があったとすれば、原『神道集』の編集は当寺において進められたかと一応推測される。しかもそこに叡山の記家なる巨匠の義源の存在があったとすれば、あえて原『神道集』と言わず、義源監修の『神道集』そのものの編集が当寺においておこなわれたとも考えられる。つまり「安居院作」とは壇那流の安居院法印作の謂いではなく、安居院流の唱導台本として、同じ壇那流に属する天台の記家の義源が総編集するものではなかったかというのである。その編集が義源の寄宿していた西上州・一の宮の別当寺光明院、あるいはその周縁の学問寺において成されたと推するのである。

およそ『神道集』の著録は、南北朝前期の文和三年（一三五四）から延文三年（一三五八）ごろであったと確認できる[20]。そしてそれは、義源の光明院滞在の時期とほぼ重なる。あるいはその弟子と称する「守明」「俊源」たちの活動の始発の時期でもある。まずは一の宮を中心とする西上州の物語的縁起（垂迹由来縁起・祭祀由来縁起）が収集される。その一の宮と深いかかわりをもった東信・諏訪がそれに加えられる。あるいは東国地方の物語的縁起も取り込まれる。おそらくこれまでは一宮光明院の学僧の活動範囲とも言える。それと伊勢（「神道集由来事」）八幡（「宇佐八幡事」「正八幡事」）を巻一に据え、東国の一の宮関連や公式的縁起（本地由来縁起）を各巻に配し、『神道集』全体を構成する。それは叡山の学匠・義源の力𠈓によるものと推してみるのである。

勿論、『神道集』のなかに義源の教学思想がうかがえるかどうかが問題となる。が、はやく村上学氏は、巻一「神道由来之事」における神明の三熱論について、『山家要略記』のなかにそれに準ずる思想を指摘されている。[21] 叡山の記家なる学匠・義源を監修者とする「安居院作『神道集』」の成立を教学思想の面から追求することは、今後の課題となろう。

なお一宮光明院を中心とする天台教学の学問寺は、同じ富岡の勧学寺、実相寺、最興寺に及び、さらに下仁田の常住寺、清泉寺に広がりをみせる。[22] その教学は長楽寺流の天台密教に属し、壇那流に及ぶものであったが、室町時代に入って恵心流が侵蝕し、いずれも恵心流に属するに至っている。[23] しかしそれぞれの教学活動の実態は、いまだ明らかにはされていない。地元の研究者に期待するところである。

注

（1）平成十四年（二〇〇二）青史出版。

（2）昭和六年（一九三一）初版、平成十四年（二〇〇二）縮刷版第九刷、法蔵館。

（3）（4）（5）右掲（1）同書、第一章第二節の「塔頭の存在と法流の相承」。

（6）日本歴史地名大系10『群馬県の地名』（昭和六十二年〔一九八七〕平凡社）「光明院」の項『ぐんまのお寺・天台宗Ⅰ』

（平成十一年〔一九九九〕上毛新聞社）「光明院」の項など。
（8）『群馬県史』資料編5・中世一（昭和五十三年〔一九七八〕群馬県）所収。以下はこれにもとづく。
（9）『日本仏教の開展とその基調（下）』（昭和二十三年〔一九四八〕三省堂）「慧壇両流における実際信仰」。
（10）日本歴史地名大系11「埼玉県の地名」（平成五年〔一九九三〕平凡社）「大光普昭寺《だいこうふしょうじ》」の項。
（11）右掲（7）同書。
（12）右掲（8）同書。
（13）尾崎喜佐男氏『上野国長楽寺の研究』（昭和五十九年〔一九八四〕尾崎先生著書刊行会）所収。
（14）『ぐんまのお寺』（天台宗Ⅰ）（平成十一年〔一九九九〕上毛新聞社）。
（15）右掲注（6）同書「長楽寺」の項。
（16）『尊卑分脈』（清和源氏）「義家―義国―義重―義季」）。
（17）右掲注（1）同書第一章第三節の「台密栄朝流のひろがり」。
（18）『天台学報』第二十七号、昭和六十年〔一九八五〕。
（19）『天台学報』第二十六号、昭和五十九年〔一九八四〕。
（20）前章『安居院作「神道集」の編者〈その一〉―澄意・聖覚の文化圏―』。
（21）近藤喜博氏「東洋文庫本・神道集」（昭和三十四年〔一九五九〕、角川書店）「神道集について」。
（22）岩波講座『日本文学と仏教』第八巻（昭和四十九年〔一九七四〕、岩波書店）所収「神道集」の項。
（23）右掲注（13）同書。
東信州における天台壇那流寺院が漸次恵心流に転化したことについては、尾上寛仲氏の「関東における中古天台（下）―金沢文庫の資料を中心とする壇那流について―」（『金沢文庫研究』一〇一号、昭和三十九年〔一九六四〕）がある。また桜井松夫氏「信濃国の天台談義所とその微証をもつ寺々―東信濃への集中と背景―」（私家版）も参考になる。

初出一覧

第一部　『神道集』と諏訪信仰
第一章　諏訪の中世神話―神道集の時代
平成二十七年『諏訪信仰の中世』三弥井書店
第二章　『神道集』「秋山祭事」「五月会事」の生成（書きおろし）
第三章　『陬波私注』『陬波御記文』の伝承世界（書きおろし）
第二部　『神道集』の成立
第一章　『神道集』原縁起攷―巻七「赤城大明仰事」「伊香保大明神」の場合―
平成二十七年『伝承文学研究』64号（昭和四十二年、草稿）
第二章　『神道集』とヨミの縁起唱導―上州在地性をめぐって
平成元年『唱導文学研究』第一集、三弥井書店
第三章　安居院作『神道集』の編者〈その一〉―澄憲・聖覚の文化圏（書きおろし）
第四章　安居院作『神道集』の編者〈その二〉―西上州の天台文化圏（書きおろし）

跋

昭和三十年四月、わたくしは國學院大学文学部文学科に入学した。新制度になる高校を卒業して、漆工芸の家業にしたがっていたが、文学への志はやみがたく、五年遅れての進学であった。入学まもなく欧米文学担当の助教授・丸谷才一先生に出会い、その指導を受けることとなる。先生は、当時は無名の作家で、むしろジェームス・ジョイスを中心とする新進気鋭の英文学者であられた。が、國學院は古典研究の伝統あるメッカであるから、まずは日本の古典を学ぶべきことを勧められた。

昭和三十一年の十月（後期授業）、わたくしどもは、久我山分校から渋谷の本校に移って専門科目を中心とする課程に進んだ。そこでわたくしは、丸谷先生の勧めにしたがい、古典文学の学習につとめ、中世文学の研究を志して、助教授・臼田甚五郎先生の門を叩いた。当時先生は、主宰の説話研究会において、御伽草子の輪読を進めておられた。その刺戟を受けて、わたくしの関心も、説経節・浄瑠璃節から室町時代物語に及び、その本地物語に学習の中心を置くこととなる。その三年生の終わりの頃、たまたま臼田先生のお宅を訪ねると、ご架蔵の写本「諏訪明神縁起」二種（いずれも兼家系の貴重本）を示され、これで卒業論文を書いてはとお勧めになった。これでわたくしの卒業論文のテーマは決し、やがてこれがわたくしの古典研究の出発点となったのである。

昭和三十四年四月、わたくしは卒業と同時に、東京都立高校の専任教諭（定時制）に任ぜられ、他方、大学院に籍を置いて中世文学の研究を進めることとなった。大学院においては、研究分野を諏訪縁起を中心とする多くの社寺縁起を収載する『神道集』説話全般に広げ、近江・伊賀および上信地方の縁起説話の本文とその実地調査による考察を進めたのである。爾来、二十五年、昭和六十年、それらの考察をまとめて、『神道集説話の成立』（A五判、七七八頁、三弥井書店）を公刊した。改めて本書の目録をあげる。

第三章　児持山縁起の原態
第四章　児持山大明神縁起の成立
第四編　上信地方縁起の生成
第一章　諏訪五月会説話の生成
第二章　赤城山縁起の生成
第三章　群馬八ヶ権現説話の形成
第四章　阿波八郎大明神説話の成立

同年、わたくしは、本書をもって國學院大学に学位の授与を請求した。これに対して、その審査は、恩師・臼田甚五郎先生を中心に進められ、（副査は先輩に当る倉林正次、春田宣の両教授）翌六十一年二月に、文学博士の学位（乙文）が授与された。その審査の経過報告書がわたくしの手許に残されている。臼田先生自筆の手書きの写しである。それは、まず「論文内容の要旨」が詳しく示され、最後に「論文審査の結果の要旨」が収められている。それを全文掲げるのははばかられるが、感謝の意をこめて、その一部をあげる。

『神道集』の存在意義は、柳田國男・折口信夫・筑土鈴寛・近藤喜博らの研究によつて、ここ半世紀の間に高められて来た。そのあとをうけて、論者は二十数年にわたり、文献の渉獵と民俗の踏査を精力的におし進めた。諏訪縁起を第一の標的として、次に兒持山、続いて上信地方各地の縁起の流布伝承の実態を明らかにした。かくて、唱導文学としての位置づけを確乎と定めたのが、本論文『神道集説話の成立』七七八頁である。

日本文学史の流れの中に唱導文学を提唱したのは、折口信夫博士である。折口博士の視座は上代文学に据ゑられて、日本文学の発生を説くのに信仰起原説の新風をまき起し、降つて中世文学の世界に及び、下級宗教家の活動に注目した。中世こそは唱導文学の黄金時代であることが、錯雑を極めた社会と歴史の中に浮び上って来た。中世の宗教文藝に仏教史学と民俗学の視点から成果をあげたのが筑土鈴寛氏であつた。

論者は筑土氏の迹を追ひながら、地方縁起説話の生成を検証すべく地域の採訪に周密な足跡を印した。民間信仰の底辺を形成した下級宗教家の活動を探求し、修験山伏・唱門師・陰陽師・巫覡などの実態をえぐり出した。その結果、諏訪縁起・兒持山縁起・金剛醜女譚・赤城山縁起・群馬八ヶ権現縁起・那波八郎明神縁起の成立にかかはる巫祝の活動ぶりがはじめて詳細に究明されたところが実に多い。中でも諏訪縁起・甲賀三郎譚の成立に関する追求は、多面的・多角的で、今まで光のとどかなかつた部門を粘り強く探り出した。従来の研究がとらえられなかった在地の巫祝の徒に寄せた論者の執拗な追跡は功を奏した。望月氏・滋野氏をめぐつて、錯綜した線をときほぐして、祖先と後胤のつながりを説話伝承の構造と機能の中で證明した。……

その後、わたくしの研究は、『神道集』との関係が問われる真名本『曽我物語』に及び、かつ中世の唱導性の強い物語、説話、さらに昔話を中心とする民間説話の調査と研究に費すこととなるが、『神道集』に対する関心は持続して、その研究の展開をめざして今日に至っている。――ちなみにこの十年来、石井行雄・大島由紀夫・小助川元太・山本淳の四氏と『神道集』の注釈を進め、その上巻がまもなく上梓の予定である。――その成果を問うたのが、本書の『安居院作『神道集』の成立』である。したがって本書は、まずはわたくしを指導・助言して、前者の学位論文の審査をその中心となって進められた、恩師・臼田甚五郎先生に捧げるものであり、冥界にて再審査をたまわりたいと念ずるものである。

なお本書のご検閲を願いたい方をもう一人あげたい。それは院生以来、研究の指導とご支援をたまわった故・角川源義先生である。先生は出版業務のかたわら、折口信夫博士以来の学説を重んじ、自ら中世の語り物研究に大きなエポックを作られた先達であった。五十八歳で亡くなられたのは、今さらながら悔やまれる。もう少し長くご存命であったならばということである。先生は『妙本寺本曽我物語』（昭和四十四年、角川書店）に添えて「妙本寺本曽我物語攷」を示されている。その最後は〈北関東の唱導文芸〉の「神道集の世界」である。その最末に、次のように書いて結んでおられる。

雪をいただいた赤城山が寝釈迦に見えてくる。赤城山をめぐりに坐して号泣してゐるのだろうか。私はひとり微苦笑する。やはり世良田の長楽寺をおいて、『神道集』の結集はあり得ない。（中略）学問といふものは、きびしい実証を必要とすること論をまたない。その手がかりもないまま私は架空会見記をもつて結びにしよう。私は世良田長楽寺で見かけた時衆僧と、箱根山中、精進池のほとり、蓋子山福田寺で再び逢つた。彼は『神道集』を浄書し終へ、箱根別当の求めに応じ、これから届けに行くのだと云ふ。別当坊では珍しい京都の客人が滞在中であつた。

角川先生と生前、最後に会話を交わしたのは、『義経物語』についてである。先生は、入院中の病院から寝屋川の拙宅に電話をくださった。末尾の「含状」について意見を求められたのである。義経御霊の物語としての『義経物語』について、共編者と意見の相異があってのことであった。しきりと学統の違いを嘆かれた。しかしそうではない、客観的に論証できるとおこたえした。その折の先生の声は、終生忘れることはできない。まもなくわたくしも冥界に赴く。本書の報告は勿論、日本人の精神史を通して、古典のすごさを改めて談じ申し上げたい。

やや長い跋文とはなった。最後に國學院大学の同期、三弥井書店の社長・吉田栄治氏にお礼を申し添える。およそ五十余年、非力なわれわれ伝承文学研究会を支え、多くの出版物を刊行していただいた。すでにその当初の仲間は、この世を去っていった。やり残したもの、書き残したものも沢山あったはずだ。それを補うべく、わたくしは生きるつもりである。編集担当の吉田智恵さんともども、もうしばらく、お力添えをいただきたい。ありがとうございました。

――寝屋川・三井ヶ丘の桜花に囲まれて――

平成二十八年三月末日

著者略歴

福田　晃（ふくだ・あきら）
昭和7年、福島県会津若松市に生れる。國學院大学文学部卒業、同大学院博士課程・日本文学専攻修了。
立命館大学名誉教授。文学博士。

主な著書　『軍記物語と民間伝承』（岩崎美術社、昭47）、『昔話の伝播』（弘文堂、昭53）、『中世語り物文芸――その系譜と展開――』（三弥井書店、昭56）、『神道集説話の成立』（三弥井書応、昭59）、『南島説話の研究――日本昔話の原風景――』（法政大学出版局、平4）、『京の伝承を歩く』（京都新聞社、平4）、『神話の中世』（三弥井書底、平9）、『神話り・昔話りの伝承世界』（第一書房、平9）、『伝承の「ふるさと」を歩く』（おうふう、平9）、『曽我物語の成立』（三弥井書店、平14）、『神話りの誕生』、（三弥井書店、平21）、『沖縄の伝承遺産を拓く』（三弥井書店、平25）『昔話から御伽草子へ――室町物語と民間伝承――』（三弥井書店、平27）、『放鷹文化と社寺縁起』（三弥井書店、平28）

主な編著　『神道物語集㈠』（三弥井書店、共編、昭41）、『蒜山盆地の昔話』（三弥井書店、共編、昭43）、『伯耆の昔話』（日本放送出版協会、共編、昭51）、『日本昔話事典』（弘文堂、共編、昭52）、『沖縄地方の民間文芸』（三弥井書店、昭54）、『沖縄の昔話』（日本放送出版協会、共編、昭55）、『日本伝説大系』第12巻〔四国編〕（みずうみ書房、共編、昭57）、『奄美諸島・徳之島の昔話』（同朋舎出版、共編、昭59）、『民間説話――日本の伝承世界――』（世界思想社、昭63）、『日本伝説大系』第15巻〔南島編〕（みずうみ書房、共編、昭64）、『講座・日本の伝承文学』第1巻〈伝承文学とは何か〉（三弥井書店、共編、平6）、『京都の伝説』〈全4巻〉（淡交社、共編、平6）、『民話の原風景――南島の伝承世界――』（世界思想社、共編、平8）、『唱導文学研究』第一集（三弥井書店、共編、平8）、『幸若舞曲研究』第10巻（三弥井書店、共編、平10）、『巫覡・盲僧の伝承世界』第一集（三弥井書店、共編、平11）、『日本の民話を学ぶ人のために』（世界思想社、共編、平12）、『伝承文化の展望――日本の民俗・古典・芸能――』（三弥井書店、平15）、『鉄文化を拓く〈炭焼長者〉』（三弥井書店、共編、平23）、『鷹と鍛冶の文化を拓く〈百合若大臣〉』（三弥井書店、共編、平27）

安居院作『神道集』の成立

平成29年 2 月25日　初版発行

定価はカバーに表示してあります。

©著　者　　福田　晃
発行者　　吉田栄治
発行所　　株式会社 三 弥 井 書 店
〒108－0073東京都港区三田3－2－39
電話03－3452－8069
振替00190－8－21125

ISBN978-4-8382-3308-3 C0021　　印刷　藤原印刷